中国蓝：
省级卫视创新发展的浙江实践

赵 瑜 ◎ 著

中国出版集团
世界图书出版公司
广州·上海·西安·北京

图书在版编目（CIP）数据

中国蓝：省级卫视创新发展的浙江实践 / 赵瑜著 . --广州：世界图书出版广东有限公司，2012.8
ISBN 978-7-5100-5007-7

Ⅰ.①中… Ⅱ.①赵… Ⅲ.①电视台－发展－概况－浙江省 Ⅳ.① G229.275.5

中国版本图书馆 CIP 数据核字 (2012) 第 176804 号

中国蓝：省级卫视创新发展的浙江实践

策划编辑	刘锦宏
责任编辑	赵　泓　吴小丹
封面设计	方漪然
投稿邮箱	uyling@163.com
出版发行	世界图书出版广东有限公司
地　　址	广州市新港西路大江冲 25 号
电　　话	020-84459702
印　　刷	虎彩印艺股份有限公司
规　　格	787mm×1092mm　1/16
印　　张	13.75
字　　数	218 千
版　　次	2013 年 1 月第 1 版　2014 年 11 月第 2 次印刷
ISBN	978-7-5100-5007-7/G·1080
定　　价	38.00 元

版权所有　翻印必究

序
FOREWORD

我始终坚信,梦想是我们生活中的必需品,而不是奢侈品。

在当下这个浮躁的社会,当我们在现实中挣扎沉浮时,梦想似乎常常成为人们眼中的奢侈品,遥不可及。这种做法实际混淆了两组概念:梦想和幻想;梦想和现实。幻想难以落地于现实,而梦想却可以;梦想只有通过坚持不懈的努力才能成为现实,只是停留于口头的梦想与幻想其实毫无差别。

我们常常能看到这样一种现象:真正愿意拿时间和勇气做梦的人,在现实中往往更有力量。浙江卫视"中国蓝"四年以来的发展,就让我们看到了执着梦想的力量。

浙江卫视《中国梦想秀》的出现,就像理想主义的明灯,埋下了梦想的种子。而这些梦想的种子,通过舞台上一个个追梦人的辛勤灌溉,生根发芽,茁壮成长。在这片由"第一梦想频道"搭建起来的蓝天下,人们蜕去了不信任的外壳,聆听内心最深处的呼唤,让梦想之土绽放璀璨的梦想之花。

如果说《中国梦想秀》开启了人们追寻梦想的大门,那么《中国好声音》则点燃了人们追寻梦想的火炬。在这个"只听声音,不看长相"的舞台上,那些怀揣梦想、四处碰壁、踽踽独行的"好声音们"插上了飞翔的翅膀,振翅高飞,搏击长空,用自己的不懈努力拥有了属于自己的蓝天。他们的歌声遥远而宁静,他们的梦想质朴而真诚,他们用心点燃的梦想之火,开启了一个全民梦想的电视大片时代。

浙江卫视一路走来,面对当代社会,面对传统媒体的激烈竞争,面对新兴媒体的喷井之姿,毫无畏惧,以人文情怀看淡世俗之争,以新闻视角剖析社会发展,以综艺跳板撬起蓝色天下。在当今社会,能真正做到叫好又叫座,而且不以"三俗"搏出位的栏目少之又少。浙江卫视用自己的实际行动向电视界交出了一份令人满意的答卷。它用坚定的脚步告诉我们:只要努力,梦想就在前方。

赵瑜同志带领的浙江大学课题组用近一年的时间深入浙江卫视,写就《中国蓝:省级卫视创新发展的浙江实践》一书。本书从浙江卫视四年的发展实践为写作脉络,从"顶层设计"、"电视大片"等概念入手,尝试解答省级卫视社会属性和市场属性如何有机统一,中国省级卫视"未来究竟在何方"等疑问。

在这本书中,我们可以从四个方面看到浙江卫视就上述问题的解答。

在价值观问题上,态度决定一切。从浙江卫视所有栏目来看,新闻、综艺、人文栏目分布均衡,坚守新闻专业主义和传播职业理想,自办节目以公益、梦想为主元素,给人以向上向善的精神启示。在《中国梦想秀》的舞台上,失去光明却从未对生活失去信心的吴光、为了梦想忍受病痛折磨的"想爱组合"、明辨机智、活力四射的"蛋蛋后",诸多追梦人用自己个性鲜明、善良向上的精神气度点燃了人们对梦想的激情。浙江卫视用自己的实践表明了自己的态度,也为"中国蓝"更增添了一抹气韵。

在执行力问题上,细节决定成败。2008年浙江卫视用短短22天完成了让业界刮目相看的"蓝色变法",以卓越的组织变革领导力带领浙江卫视走上了一条高速发展道路。在这个过程中,执行力是决定成败的关键元素之一。细节决定成败。浙江卫视对细节的关注令人触动,小到节目现场的每一把椅子、每一个走位,大到"中国蓝"和"第一梦想频道"这些媒介品牌的塑造与推广,

>>> 序

对细节的严谨态度促成了浙江卫视的成功。

在审美观问题上，诗意提升现实。通过《中国梦想秀》和《中国好声音》两档节目的成功，浙江卫视的"电视大片"战略得到了社会各界的认可。所谓大片，即"三高一长"，高含金量、高科技、高文化品位，时长较长。高含金量意味着节目创制、人员安排、环节设置、舞美布景等等各方面的协调一致，整体所呈现出来的一种"质"的升华。高科技，高清演播室的建立、新闻直播航拍常态化等措施，都提升了浙江卫视节目的整体品质。高文化品位，浙江卫视对人文的情有独钟，随着时间的流逝潜移默化地在观众心中树立起了高品质的形象。而时长，并非拘泥于形式，更多的是考量观众的需求。这些措施，使得浙江卫视所有节目都在追求一种美的极致，培养观众的审美情趣，诗意提升现实。

在创造力问题上，智慧改变一切。纵观中国当下的节目形态，时下很多热门栏目，基本都是引自国外版权。但是同样在国外热播的栏目，在国内的境遇却不尽相同。"本土化"的成功运作，在于引入者的眼界和创造力。浙江卫视第三季《中国梦想秀》突破原版，进行革命性的创新改变，凸显梦想、公益元素，把舞台还给观众，引发了强烈的市场震动，赢得了社会效益和经济效益的双赢。而随后《中国好声音》的火爆荧屏，再一次证明了浙江卫视的眼界和创造力。

通过这本书，浙江卫视"中国蓝"以最本真的姿态走出了高阁，走向了观众，谱写了一曲"顶层设计"指挥下的梦想协奏曲。期待"第一梦想频道"给观众带来更多的惊喜。

2012 年 11 月

目录 CONTENTS

理论篇 使命与愿景　　　　　　　　　　　　　　　001

01　第一章　缘起：
浙江卫视顶层设计的理论来源　　　　　003

第一节　文化发展顶层设计的基本内涵　　　　　004
第二节　省级卫视顶层设计的谋变需求　　　　　009
第三节　浙江广电集团的战略先导　　　　　　　020

02　第二章　变革：
浙江卫视顶层设计的理念引领　　　　　027

第一节　浙江卫视"中国蓝"的理念发展脉络　　028
第二节　浙江卫视"中国蓝"的理念内涵　　　　036

| 第三节 | 浙江卫视顶层设计的内涵分析 | 045 |

03 第三章 创新：浙江卫视顶层设计的创新实践 055

第一节	引领变革：省级卫视的电视大片时代	056
第二节	公益底色：中国梦想秀	065
第三节	专业态度：中国好声音	076

实务篇 践行与变革 091

04 第四章 追求卓越：浙江卫视的内容生产战略 097

第一节	新闻立台：强化舆论引导力	097
第二节	人文美台：拓展文化传播力	108
第三节	综艺强台：提升品牌竞争力	115
案例闪回：《"7·23"甬温动车事故》直播报道		122

>>> 目录

05 第五章 整合传播：
浙江卫视的创新品牌传播　　129

第一节　明星主持提亮品牌个性　　129
第二节　大型活动深化品牌体验　　134
第三节　广告推广落实品牌营销　　140
第四节　衍生产品拓展品牌外延　　147
案例闪回："麦霸"汇英雄　　153

06 第六章 动态管理：
浙江卫视的组织变革制度创新　　159

第一节　卓越的组织变革能力　　160
第二节　系统的组织行为管理　　163
第三节　战略性组织动态能力开发　　172
案例闪回："青出于蓝"师徒计划　　177

后记

梦想与现实的对话　　181

附录

省级卫视综合评估研究报告　　189

理论篇

LI LUN PIAN

使命与愿景

第一章 CHAPTER 1

缘起：浙江卫视顶层设计的理论来源

"顶层设计"这一概念运用于中国改革实践最早见于党的十七届五中全会，会议首次提出了"要更加重视改革顶层设计和总体规划"的"顶层设计"理念。"顶层设计"强调体用一致，通过全局化、系统化的方式整合要素，联接价值理念与操作实践。

2011年浙江卫视将这一术语引入省级卫视实践，借鉴"顶层设计"理念中宏观性、系统性、体用一致性的内在要求，进一步明晰浙江卫视的组织信念和媒介责任，再造媒介运营战略，通由节目实践传达当代性的媒介价值理念。这一理念应用于浙江卫视实践，展现出战略性、变革性的内在逻辑要求，不仅给浙江卫视的电视实践带来全新风貌，也为省级卫视群体的整体战略优化提供了参考范本。

浙江卫视提出"顶层设计"战略有其深刻的内在动因：我国社会主义文化大繁荣大发展的国家战略提供了媒体顶层设计的基本逻辑框架；省级卫视近年来出现的实践困局切实需要以"顶层设计"的理念和方法予以系统解决；

浙江广电集团"做大、做强、做久"的组织愿景给浙江卫视的永续发展提出了直接要求。上述三个方面从宏观、中观、微观三个层次规约了浙江卫视"顶层设计"战略的整体路径，是浙江卫视新一轮革新的理论来源和实践缘起。

第一节　文化发展顶层设计的基本内涵

在全球化的今天，文化与经济相融合产生的竞争力，日益成为一个国家或地区最根本、最持久、最难以替代的竞争优势。文化产品既有教育人民、引导社会的社会属性，也有通过市场交换获取经济利益、实现再生产的经济属性。

2007年，党的十七大从中国特色社会主义事业"四位一体"总体布局的高度，将推动社会主义文化大繁荣大发展放在重要位置。2011年，党的十七届六中全会审议通过的《中共中央关于深化文化体制改革推动社会主义文化大发展大繁荣若干重大问题的决定》对深化文化体制改革、建设社会主义文化强国作了战略部署，标志着文化发展顶层设计蓝图的基本形成。其中，强调"提高社会主义先进文化辐射力和影响力，必须加快构建技术先进、传播快捷、覆盖广泛的现代传播体系"。而这一文件也可以说是国家战略层面对文化产业做出的"顶层设计"。

一、"顶层设计"的概念内涵

"顶层设计"，是一个系统工程学术语，其在工程学中的本义是统筹考虑项目各层次和各要素，追根溯源，统揽全局，在最高层次上寻求问题的解决之道。例如，要完成某一项大工程，就要从全局视角出发，对项目的各个层次、要素进行统筹考虑，避免各自为政造成工程建设过程的混乱无序。第二次世界大战前后，"顶层设计"这一概念被西方国家广泛应用于军事与社会管理领域，是政府统筹内外政策和制定国家发展战略的重要思维方法。[1] "顶层设计"被引入我国改革领域，是从改革与发展的实际情况出发，而提出的战略性思考方式。

从国家战略层面，所谓"顶层设计"，是指最高决策层对国家发展层面

---

[1]　汪玉凯：《什么是"改革顶层设计"？》，载《浙江日报》2011年2月11日。

第一章 >>> 缘起：
浙江卫视顶层设计的理论来源

的战略规划、战略目标、战略重点、工作机制和推进方式等领域，进行带有全局性和根本性的整体设计，是来自高端的总体构想。我国近期"顶层设计"的核心理念是，坚持落实科学发展观，以发展为主题，以转变经济发展方式为主线，以调整经济结构为重点，对政治、经济、社会和文化等领域进行整体战略谋划。[1] 2011年，党的十七届六中全会审议通过的《中共中央关于深化文化体制改革推动社会主义文化大发展大繁荣若干重大问题的决定》对深化文化体制改革、建设社会主义文化强国作了战略部署，站在"顶层设计"的高度第一次提出建设社会主义文化强国的宏伟目标和战略任务。近期又进一步提出中国特色社会主义事业"五位一体"的总体布局，将推动文化事业全面繁荣、文化产业快速发展放在重要位置，指出："全面建成小康社会，实现中华民族伟大复兴，必须推动社会主义文化大发展大繁荣，兴起社会主义文化建设新高潮，提高国家文化软实力，发挥文化引领风尚。"这从国家战略高度对文化顶层设计做了宏观部署。

二、我国文化发展的顶层设计框架

我国文化发展的顶层设计，重点是要围绕努力建设社会主义文化强国，突出抓好四个方面的重点任务，加快推动社会主义文化大发展大繁荣。

1. 满足民众深层次的文化需求

满足人民群众的精神文化需求，是文化顶层设计的现实基础和立足点。人民群众是文化需求的主体，正是因为人民群众的文化需求具有丰富的个性和差异性，决定了文化生态的多样性和多元化。

十七届六中全会《决定》强调，要"扩大文化消费"、"增加文化消费总量，提高文化消费水平，是文化产业发展的内生动力"。2011年，我国人均GDP超过5000美元，处于国际公认的"中等收入"发展阶段；而我国沿海地区大多正处于人均GDP由7000美元向10000美元跨越的关键时期，城乡居民文化消费水平进一步提升，教育、传媒、体育、旅游、娱乐等领域的消费热点不断涌现，文化消费进入一个空前旺盛的阶段。

从总体上看，人民群众的文化需求可以分为两部分，一部分是体现人民群众文化权益的基本文化需求，另一部分是多层次、多方面的文化需求。

---

[1] 汪玉凯：《顶层设计是对未来改革的整体谋划》，载《北京日报》2012年3月26日。

现阶段，我们界定的基本文化需求主要包括读书看报、听广播看电视、进行公共文化鉴赏、参加公共文化活动等。随着我国经济持续快速发展和人民生活水平不断提高，城乡居民恩格尔系数已经降到0.4以下，文化需求越来越旺盛，文化消费进入了快速增长期，人民的文化需求日益呈现多元化、个性化。

在社会主义市场经济条件下，市场越来越成为人们进行个性化文化消费、满足多样化文化需求的主要途径。这就要求我们必须大力发展经营性文化产业，加快构建和培育统一开放竞争有序的现代文化市场体系，建立门类齐全的文化产品市场和文化要素市场，培育大众性文化消费市场。

2. 提升文化产业的竞争力

文化产业由于其高附加值、高文化价值和低碳环保、生态发展的基本特征，被誉为21世纪的黄金产业、绿色产业、朝阳产业。据文化部的统计，2010年中国文化产业增加值达到11052亿元，占同期GDP的2.75%。根据中国文化软实力研究中心报告显示，美国文化产业占世界文化市场份额的43%，欧盟占34%，日本占10%，澳大利亚占5%，而中国所占的份额不足4%。[1]在美国，文化产业作为其国民经济三大支柱产业之一，已取代航空航天业成为第一大出口行业。可见，我国文化产业规模仍然较小，跟发达国家相比还有很大的差距，不过这同时表明我国文化产业存在巨大的增长空间。

在《国家"十二五"时期文化改革发展规划纲要》中提出要重点发展壮大出版发行、影视制作、印刷、广告、演艺、娱乐、会展等传统文化产业；加快发展文化创意、数字出版、移动多媒体、动漫游戏等新兴文化产业；推动文化产业与旅游、体育、信息、物流、建筑等产业融合发展，提升品牌价值，增加物质产品和现代服务业的附加值和文化含量。鼓励有实力的文化企业跨地区、跨行业、跨所有制兼并重组，推动文化资源和生产要素向优势企业适度集中，培育文化产业领域战略投资者。目前，文化产业已成为我国最有吸引力的投资领域之一。

3. 增强国家的文化软实力

文化软实力，是综合国力不可或缺的组成部分，是文化顶层设计的重心。当今国家之间的竞争，主要体现在综合国力的竞争，而文化软实力已成为综

---

[1] 顾江：《中国文化产业发展的机遇与挑战》，载《人民论坛》2011年第35期，第36页。

第一章 >>> 缘起：
浙江卫视顶层设计的理论来源

合国力的重要内容。不断扩大中华文化国际影响力，才能加快形成与中国国际地位相适应的文化软实力。

首先，文化软实力根植于中华传统文化。在继承优良传统中推进文化创新，与时俱进、推陈出新，赋予传统文化以新的时代气息，使传统文化焕发出时代的光芒。

其次，文化软实力体现于公民文明素质。需要顺应新发展阶段的特点，将文化建设重点落实于思想道德建设、新闻宣传、文化教育、文艺出版等各项工作之中，发挥对经济社会发展的精神动力和智力支持作用。

最后，文化软实力蕴藏于民众的自发文化创新力之中。目前的媒介技术发展给民众草根智慧提供了展示平台，大众文化有机会与精英文化达致相互理解。这种趋势真正体现了民众作为创造物质和精神财富的主体，所蕴藏的文化创造活力。尊重、接受和引导大众的文化趣味，是加强国家软实力的重要工作，也是现代媒介体系营建的现实背景。

4. 保障国家的文化安全

国家安全是一个综合体，不仅取决于军事、经济等方面的有形硬力量，而且决定于作为意识形态、政治体系、文化价值观等隐性软力量。在涉及国家安全的关键要素中，文化安全是国家最深层次的安全。随着世界多极化、经济全球化加快发展，以及我国对外开放不断扩大，中外思想文化交流、交融、交锋更加频繁，这既为我们学习借鉴世界有益文化、推动中华文化"走出去"、扩大中华文化在国际上的影响力和竞争力提供了极好机遇，同时也使我国文化事业和文化产业面临着更加直接、更加激烈的国际文化竞争。

保障国家的文化安全，要以传承和弘扬文化的民族性为前提和根本。一个民族的身份认同，既从该民族的传统文化中吸取资源，又以民族的共同集体记忆为基础，体现了民族的认同感、归属感，反映了民族的生命力、凝聚力，具有极强的稳定性。同时，也要立足于改革开放和现代化建设的实践，跟踪世界文化发展的前沿，汲取世界各民族的长处，在内容和形式上积极创新。[1] 需要适应新形势，紧跟世界潮流，在吸收借鉴各国优秀文明成果中推进文化创新，着力建设具有中国特色、中国风格、中国气派的社会主义先进文化，使中华文化始终立于世界文化发展的潮头。

---

[1] 张其学：《民族传统文化与文化安全》，载《广东社会科学》2009年第4期，第46—51页。

三、浙江建设文化强省的总体部署

千百年来,浙江人民用勤劳和智慧谱写了灿烂的文明史,为中华文化的形成与发展做出了重要贡献。浙江有9000多年前的浦江上山文化、7000年前的河姆渡文化、6000年前的马家浜文化以及4000年前的良渚文化。浙江靠山临海的地理环境,兼具内陆文化和海洋文化的特点。浙江作为陆域资源小省,陆域面积3.5万平方公里,"七山一水两分田"。但浙江却是一个海洋资源大省,海域面积26万平方公里,不但拥有全国最长的海岸线,还有全国最多的海岛。正是因为内陆文化与海洋文化、中原文化与吴越文化、中国传统文化与西方近现代文化相互激荡,在浙江形成了多种文化的交融发展。在文化个性上,源于先秦儒家的"经世致用"思想在浙江得到大力弘扬和推进,如永嘉学派的代表人物叶适一反儒家重义轻利、重农轻商的传统,十分强调义理须见之于事功,主张"以利和义"、"义利并立"。[1]浙江文化具有鲜明的地域特色,表现出开拓的个性精神、务实的实践精神、重利的事功精神、尚学的理性精神、外向的开放精神[2]。

进入改革开放时代后,浙江人特有的文化基因,"一遇雨露就发芽,一有阳光就灿烂",建设中国特色社会主义的实践全面激活了浙江人的创业创新基因。浙江的经济社会发展走在全国前列,实现了由温饱到总体小康、再到全面小康的历史性跨越,并正在向建设物质富裕精神富有的现代化浙江迈进。2011年,全省地区生产总值达到32000亿元,人均生产总值超过9000美元;城镇居民人均可支配收入达30971元,农村居民人均纯收入达13071元,分别连续11年和27年居各省区首位。与此同时,浙江抓住文化体制改革的机遇,充分发挥政府、市场和社会三者的作用,走出了一条具有浙江特点的文化建设新路径,正在加快推动文化大省向文化强省迈进。据中国人民大学《中国省市文化产业发展指数》,目前浙江文化产业发展综合指数仅次于京沪粤,居全国第四位。

当前,浙江的经济结构、社会结构、城乡结构、消费结构变化显著加快,文化消费将进入大幅跃升阶段,人民群众精神文化需求迅速增长,呈现出多方面、多层次、多样性的特点,既为文化发展注入了新动力,也对文化发展

---

[1] 余华:《从区域传统看浙江人政治价值观的基本特点》,载《观察与思考》2012年第3期,第7页。
[2] 丁晓强:《浙江文化与浙江精神三题》,载《浙江社会科学》2000年第2期,第17—19页。

第一章 >>> 缘起：
浙江卫视顶层设计的理论来源

提出了更高要求。为此，2011年浙江省委十二届十次全会做出了《关于认真学习贯彻党的十七届六中全会精神，大力推进文化强省建设的决定》，对加快推动从文化大省向文化强省迈进做出了全面部署，开启了浙江从文化大省向文化强省跨越的新征程。在2012年6月召开的中共浙江省第十三次代表大会上，也对推动文化大发展大繁荣，加快建设文化强省做了重要战略部署。会议提出要以高度的文化自觉和文化自信，深入推进"三大体系"、"八项工程"建设，全面实施"十大计划"，加快文化强省建设步伐。[1]

在文化强省的建设过程中，浙江的现代媒体系统营建是重中之重。浙江的媒体资源丰富，发展迅速。早在2003年，浙江省被中央确定为全国文化体制改革的综合试点省，浙江广电集团、《浙江日报》报业集团等一批大型国有文化企业集团通过深化改革，对文化产业发展发挥了重要的带动示范效应。

目前以浙江广电集团、浙江卫视为代表的全国性媒体平台，以大众喜闻乐见的节目形态，对深入推进社会主义核心价值体系、公共文化服务体系、文化产业发展体系等三大体系建设发挥了重要作用。而如何在国家和全省战略机遇中，迅速提升平台实力，在完成市场开拓的同时传播社会主义核心价值观是省级卫视，特别是浙江卫视这样的强势先发平台，需要认真思考的问题。

第二节 省级卫视顶层设计的谋变需求

中国省级电视台上星工作始于20世纪80年代中期，到90年代末，全国所有省份都已获准拥有自己的卫星电视频道。省级卫视的出现首先依赖于卫星无线传输技术的发展，而随着改革开放，市场意识的萌发以及广电改革的推进，省级卫视群体逐渐成为中国电视业界颇具话语权的组成部分。

2007年前后，在全国电视媒体中，省级卫视异军突起，其市场份额连年以10%以上的增幅高速增长。2009年上半年省级卫视收视前五名的频道市场份额平均增幅更是超过40%，成为改写中国电视收视版图的重要力量。在省级卫视整体发展迅猛、你追我赶的过程中，第一阵营的格局常变常新。目前中国电视市场业已形成了央视、省级卫视和地面频道三分天下的格局，而

---

[1] 赵洪祝：《坚持科学发展 深化创业创新 为建设物质富裕精神富有的现代化浙江而奋斗》(中国共产党浙江省第十三次代表大会上的报告)。

强势卫视的全面突围也使得省级卫视群体的竞争优势不断扩大。

这十多年间省级卫视的发展实践，不但是中国广播电视改革的一个缩影，也强力形塑着目前的电视格局。在白热化的电视竞争中，整个卫视面临着监管格局、市场格局的变动。如何在我国媒介性质的整体把握下发展媒介市场，走出一条追求卓越、基业长青的发展道路，需要主管部门、卫视群体共同的"顶层设计"。

一、省级卫视竞争现状

近几年，中国媒介生态环境发生很大变化。近期卫视运营的主要背景因素有三：宏观经济对卫视群体的过冬预警；新媒体不断重写中国媒介格局；观众日益多元化、个性化的收视需求规约卫视节目革新方向。在上述背景之下，卫视竞争内部也出现一些的新的形势，但竞争焦点仍集聚在对市场稀缺资源的掌控能力上。

1. "剧核力"进一步体现，资源依赖型增长态势明确

省级卫视一直是电视剧播出的重要平台，2010年在35个中心城市晚间所有频道累计收视排名前十的电视剧中，有9部是在省级卫视平台播出。[1]2011年省级卫视电视剧播出比重较上年下降1.07%，但收视时长增加3.13%，收视贡献增长了4.25%。省级卫视晚间电视剧播出时长和收视分钟数详见图1.2.1所示。

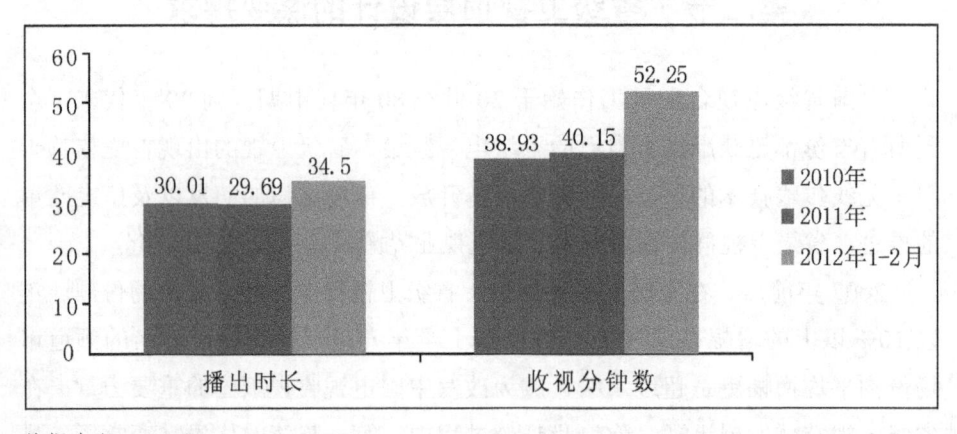

数据来源：CSM

图1.2.1　省级卫视晚间电视剧播出时长和收视分钟数

---

[1] 庞井君：《中国广播电影电视发展报告（2011）》，社会科学文献出版社2011年版，第48页。

第一章 >>> 缘起：
浙江卫视顶层设计的理论来源

2012年第一季度几乎所有卫视都调整了播出版面，电视剧的能见度进一步加强。其中晚间电视剧在黄金时段的收视贡献十分明显。在综艺栏目发展进入瓶颈阶段之后，电视剧的核心价值得到了进一步的体现，对各频道总体收视影响力进一步扩大。省级卫视晚间各节目类别收视比重详见表1.2.1所示。

表1.2.1　省级卫视晚间各节目类别收视比重

2011年					2012年一季度				
类别	收视率%	播出比重	收视比重	资源贡献	类别	收视率%	播出比重	收视比重	资源贡献
电视剧	0.31	29.73	39.92	134%	电视剧	0.40	29.53	46.04	156%
综艺	0.39	12.82	21.88	171%	综艺	0.41	11.58	18.53	160%
新闻/时事	0.08	19.95	7.2	36%	新闻/时事	0.09	22.50	7.77	35%
专题	0.18	9.23	7.07	77%	专题	0.17	10.38	6.71	65%
生活服务	0.15	7.88	6.37	81%	生活服务	0.17	8.29	6.64	80%
电影	0.16	1.12	0.78	70%	电影	0.20	1.46	1.11	76%
音乐	0.19	0.67	0.54	81%	音乐	0.24	0.46	0.42	92%
财经	0.06	2.21	0.55	25%	财经	0.04	1.86	0.30	16%
青少	0.17	0.9	0.67	74%	青少	0.20	0.37	0.29	78%
戏剧	0.12	0.49	0.26	53%	戏剧	0.12	0.52	0.24	46%
法制	0.16	0.15	0.11	73%	法制	0.24	0.19	0.17	92%
体育	0.08	0.42	0.16	38%	体育	0.08	0.36	0.12	32%

数据来源：CSM

省级卫视对电视剧的需求量大，收视依赖也大，一旦市场出现好剧必然是多家角逐。省级卫视面对竞争对资金的依赖越来越大，资源依赖型的增长模式影响这一群体的整体发展质量。

伴生的情况是省级卫视加强了对于电视剧的推广宣传力度，集合同类剧集打造"编播季"。编播季一方面使一部热播剧的影响时间加长，减少剧间收视起伏；另一方面从推广宣传看，也有效节省成本，提高效益。2011年晚间电视剧编播季详见图1.2.2所示。

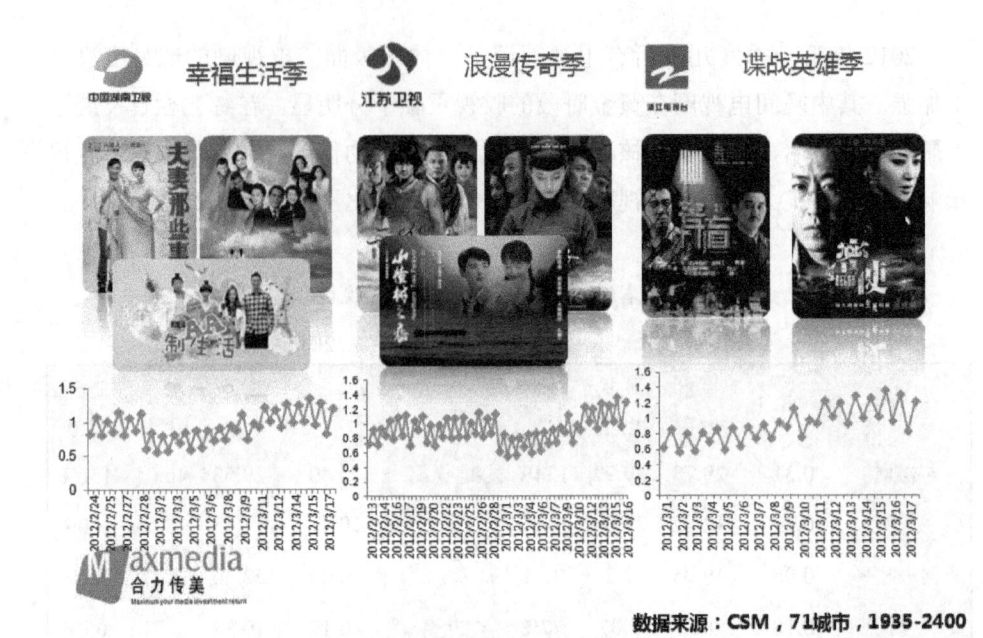

图 1.2.2　2011 年晚间电视剧编播季图

2. 综艺节目同质化倾向依旧，节目创新速度有所放缓。

2012 年以来，虽然强势卫视推出了一些新型综艺栏目，但从整体来看，节目类型变化不大，主要集中在婚恋交友、明星表演、游戏挑战、唱歌选秀等类型。同质节目扎堆竞争的情况也表现得比较明显，暑假期间省级卫视推出的音乐栏目至少 10 个，不少节目的表现形式、节目流程十分相近，克隆痕迹浓重。

形成这种情况的原因是多方面的。首先，创新风险增加，老牌节目市场号召力大，不少卫视为保证收视率不敢轻易尝试新的节目类型。其次，新节目收视习惯的养成需要时间，特别是在一些老牌综艺节目的挤压之下，生存空间不大。最后，卫视之间节目类型互相借鉴的情况持续存在，比创新更安全的策略自然是跟进。

2011 年底，广电总局下发了《关于进一步加强电视上星综合频道节目管理的意见》，提出从 2012 年 1 月 1 日起，34 个电视上星综合频道要提高新闻类节目播出量，同时对部分类型节目播出实施调控，以防止过度娱乐化和低俗倾向，满足广大观众多样化、多层次、高品位的收视需求。广电总局的管理意见出台，受到了媒体的普遍关注和报道，并概括为"限娱令"。在新的电

第一章 >>> 缘起：
浙江卫视顶层设计的理论来源

视发展背景下，2012年第一季度省级卫视综艺节目基本延续了老节目挑大梁的情况。各家卫视同时增开基于社会思想道德教育的节目，不少时段褪去综艺外衣，重新定位为谈话类节目。多数新开节目的收视数据并不理想，即便是强势卫视的新开节目收视率也基本维持在0.6%上下，除了《中国梦想秀》、《中国好声音》等少数几个优势栏目，大部分卫视尚未完成新老交替的重任。

在这样的困局下，浙江卫视《中国梦想秀》第三季和《中国好声音》的成功推出，为2012年的卫视综艺节目投入了更多的新鲜看点。我们也不难看出浙江卫视在困局中求立求破的决心，借助"顶层设计"的视野，期待其能够为中国电视业界留下循序发展的典范。

3. 省级卫视版面编排类型化，节目精彩程度要求提高

按照《关于进一步加强电视上星综合频道节目管理的意见》等文件规定，上星综合频道纷纷调整播出安排，一般晚间19:30—22:00两个半小时的编排多以电视剧为主，再加上一档自办栏目。编排空间受限，导致卫视频道在同时段进行同类节目的正面交锋。

2012年第一季度节目编排呈现同质化倾向，各台的编排表十分相近。目前流行的编排方式有两种：一是《新闻联播》之后两集电视剧连播，在21:20—22:00之间插入人文、法政、谈话类节目或情景剧，22:00之后播出自办综艺栏目。这种编排方式以浙江卫视为代表。二是在晚间黄金时间三集电视剧连播，规避21:20—22:00这一最易分流观众的节目插口。江苏卫视目前采取了这一方式。

具体来看：

◆ 18:00—19:30时段：基本上为"新闻专题+省级新闻联播新闻+央视新闻联播"；

◆ 19:30—21:20时段：一般播出电视剧2集，其中江苏卫视在周间播3集；

◆ 周间21:20—22:00时段：一般播出专题节目；

◆ 周间22:00—24:00时段：差异较大，安徽、山东等播出电视剧，浙江、江苏、湖南等播出综艺节目，黑龙江播出栏目剧，东方、北京、天津等播出自办节目和新闻。

◆ 周末21:20—23:00时段：一般播出王牌综艺节目。[1]

---

[1] 以上编排表主要参考省级卫视2012年第一和第二季度编排表。

编排模式的类型化，一方面形成同一时段基本是同一类型节目的直接对撞局面，另一方面，也迫使卫视不断创新提高节目的精彩程度，呼应观众对电视节目的观赏需求。

4. 省级卫视加快引进节目模版版权，深化国际节目合作

伴随部分省级卫视引入国外电视版权获得市场成功，2011年省级卫视纷纷将目光瞄准海外成功节目模版。

长期以来，一些省级卫视为了迅速提升影响力，模仿、克隆和参考境外的电视节目作为创新策略，虽然电视机构的"拿来主义"受到学界的批评，但是本土创新节目无法胜出的窘境也客观加剧了这一风潮。值得称赞的是，随着版权保护的逐步深入，省级卫视开始合法引进节目，通过购买电视模版版权快速获得市场优势节目的制作"宝典"，部分节目还获得海外团队的制作协助，缩短了节目导入期。

借鉴学习是创新的第一步，省级卫视群体持续与国际电视创制手法和创制团队对话，将有利于本土创新力量的培养。我们期待这一趋势的持续深化，省级卫视通过借鉴学习积累经验，尽快开发出中国原创、能够在世界范围流通的节目模版。目前BBC有意回购《中国梦想秀》第三季的节目模版，就是令人振奋的起点。

此外，为了应对激烈的电视市场竞争，一些省级卫视也采取了竞争合作并举、抱团发展的策略。2008年，浙江卫视、江苏卫视、河南卫视、安徽卫视组合成"星四军"，多次联合召开推广会，体现了较强的合作意识。四川、重庆、云南、贵州、广西五家卫视也成立了"合力联盟"，坊间一直将其概括为"西南联盟"。

类似的松散型联盟有利于打造区域卫视的形象，对卫视整体传播价值的提升有较大影响。而卫视之间信息互通互信、联合培训等工作的开展，也有力提高了各卫视的竞争能力和市场的整体竞争水平。当然，这种合作只是松散型的。真正的联合经营，如湖南卫视＋青海卫视、江苏卫视＋中国教育台等模式，能够产生多大的市场裂变效应，还要持续观察。

二、省级卫视的谋变困局

省级卫视发展过程中，在同质竞争、市场失灵等情况的共同作用下，爆点、

第一章 >>> 缘起：
浙江卫视顶层设计的理论来源

雷点成为部分节目的制胜法宝，甚至不少频道在节目中刻意制造炒作内容满足市场的审丑需求。

省级卫视群体的竞争失范，从宏观角度上看源自中国以行政资源配置广电资源的管理模式，从微观角度上看，自然也来源于卫视群体功利主义和实用主义情绪泛滥。

1. 宏观管理之困

1）以行政资源配置广电资源的管理模式导致卫视群体市场开拓遭遇刚性天花板

目前中国的电视机构出现三分天下的格局，央视集团、省级卫视集团和地面频道基本均分收视市场。2010年省级卫视市场份额首次超过央视，收视表现风头强健。详见图1.2.3所示。面对这一群体的整体发力，央视集团也被迫拉长战线，认真应对。

	2010年	2011年
中央级频道	25	24
34省级卫视	26	27
省级非上星频道	26	26
其他频道	8	8

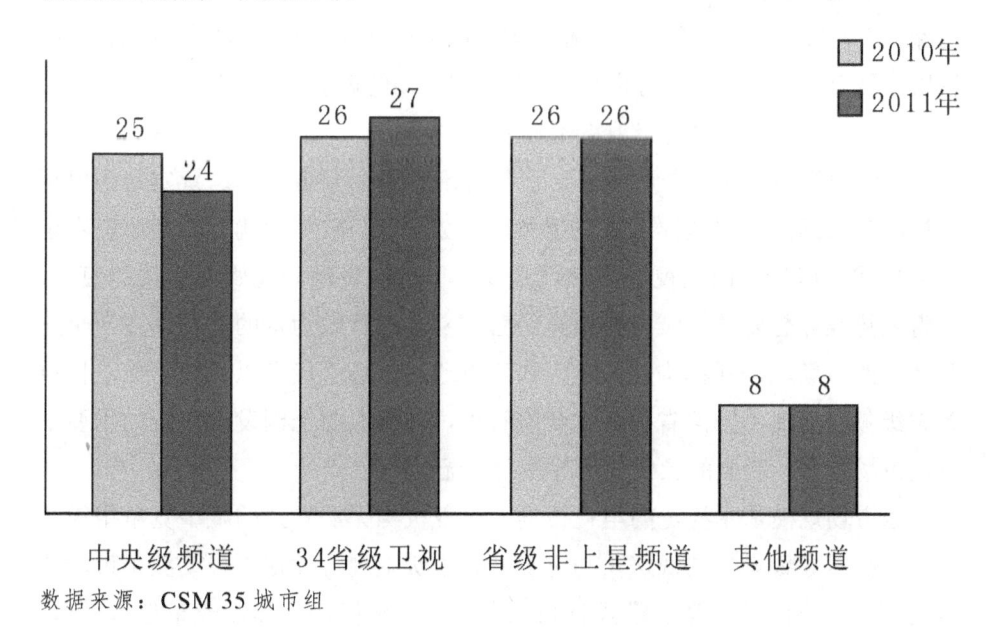

数据来源：CSM 35 城市组

图 1.2.3　电视收视市场份额图

中国电视机构数量庞大，内部竞争激烈。与此同时，新媒体也在不断占据电视媒体原有的市场份额，视听内容的跨屏传输已成现实。所有电视机构面临的可能是一个观众数量固定甚至不断缩小的市场，虽然电视机构整体广告额仍在上浮,但随着竞争的日渐饱和,从长远预测,成熟的电视市场广告额增长速度应与宏观经济增速相当,高速增长期或已告别传统媒体。

面对这一情况,真正的市场操作需要产生规模效应和范围经济。规模经济(economies of scale)又名规模效益,是指在一个给定的技术水平上,随着规模扩大、产出增加使平均成本(单位产出成本)逐步下降。[1] 广播电视节目具有公共产品的特性,即非独占性,一人的使用并不影响其他人的再次享用或同时享用,而且随着共享次数的增加,获取单位顾客的成本就会下降。

因而电视市场从全球考察存在自然垄断的倾向,即成功组织会通过兼并、联盟等方式实际减少市场竞争对手,拓展经济规模。以美国为例,迄今不过五大电视网:哥伦比亚旗下的 CBS 电视网和 ABC(美国广播公司)旗下的 ABC 电视网,NBC 集团旗下的 NBC 电视网以及 20 世纪福克斯下 FOX 电视网和由哥伦比亚及华纳兄弟共组的联合电视网(CW)。从等级结构来看,各大电视网除了所在城市的直属台之外,在全国各地又拥有许多数量不等的附属台。所以媒介最为发达也最商业化的美国,其电视市场的竞争寡头数量并不多。

这种情况在中国的省级卫视不可能存在。

省级卫视经过十余年的探索,已经涌现出不少具备融合运营实力的电视机构,例如湖南卫视这样的先发媒体,从 20 世纪 90 年代就开始拓展资本运营的模式。但是中国电视媒介管理格局中以行政资源固化媒介格局的模式,使得强势媒体想要跨区域、跨媒体经营容易遭遇行政力量的干预。在一个充分竞争的市场,电视机构的数量应该可以通过市场手段予以优化,但是目前各省级频道分属不同的省委、省政府管理,是地方向全国发出声音的重要平台,市场兼并、联盟的操作手法往往行之无效。

在市场规模基本稳定的电视市场,电视机构无法有效的减少竞争组织数量,这必然导致竞争的低水平和重复性。省级卫视群体很难推动整个市场的格局变化,小而全的竞争模式将长期存在。广电机构的体制改革任重道远,作为单一的市场参与者,尚无力撼动局势的整体变化。

2)广电体制改革知易行难

纵观我国的传媒体制改革,起初传媒业聚焦宣传功能,突显传媒的政治

---

[1] 任志安:《知识共享与规模经济、范围经济和联结经济》,载《科学与科学技术管理》2005年第4期,第120页。

第一章 >>> 缘起：
浙江卫视顶层设计的理论来源

性；随着市场开放，传媒沿着企业化、市场化、产业化的轨迹展开产业制度改革；近几年来，我国又提出"经营性文化事业"和"公益性文化事业"相区分的政策，旨在分类发挥传媒的产业、公共服务及宣传功能。[1]虽然我国媒介管理体制与欧美极尽不同，但是传媒规制和传媒改革的主线都围绕着传媒的公共性和商业性展开。如何平衡这对关系考验着政府的管理智慧。

作为党和政府的"喉舌"，我国电视机构承担着上情下达、引导舆论的重任，这是我国电视传媒政治性的直接呈现。而且这一功能的重要性在管理部门看来远远高于市场化竞争获取经济效益。换言之，追求经济效益最大化绝对不是卫视群体的核心职能，若按照这一思维模式持续开拓，遭遇管理调控是必然的。但现实中的财政脱钩，使得广电传媒也必须在市场经济中承受着经济发展和事业拓展的压力。主管部门早已认识到广电传媒双重属性之间的微妙角力，也尝试了多轮文化体制改革，而改革的主旋律就是经营性产业和公益性事业分开。网台分离、管办分离、制播分离，都曾经是文化体制改革的关键词。

但是，强调剥离的思路未必有利于产业整体实力的提升。"广电自身不是一个利益联动的产业链，任何时候一旦出现外部利益的诱惑和行政管制的放开，广电行业自身就会解体。广电这些年的改革，造成广电自身的产业链断裂，身首异处，反而越来越不可能做大做强。"[2]

中国广播电视体制改革目前已进入攻坚战，其重要性自不待言。但是如何在我国媒介性质的整体把握下发展媒介市场，需要主管部门的"顶层设计"。

2. 微观运营之惑

1) 商业逻辑的强化加剧竞争中的非理性因素

从1979年电视台播出第一条广告开始，传统依靠财政拨款生存的电视机构慢慢走向市场，自负盈亏。作为一个负责任的经济体，电视台也需要依法纳税回馈社会。

2010年，广告收入占广电产业收入来源的46.93%，其次是网络收入，比重达24.34%。[3]目前每年电视机构获得财政补助收入占到总收入的10%左

---

[1] 张丕万：《从公共服务角度谈我国广电体制的改革走向》，载《新闻界》2010年第5期，第100页。
[2] 尹鸿：《改革拐点上的中国电视》，来源，人民网 http://media.people.com.cn/GB/22114/52789/205663/13053026.html，访问于2010年10月26日。
[3] 庞井君：《中国广播电影电视发展报告（2011）》，社会科学文献出版社2011年版，第46页。

右，仅为市场来源的补充。财政脱钩，电视机构必须到市场领域获取必要的发展资金，因此通过操作运营突破市场边界是卫视群体的发展必需。

随着对媒介的政治和经济双重属性的厘清，使得媒介在以保障宣传为中心职能的前提下，越来越重视其经营功能。媒体文化研究者和批评家尼尔•波兹曼在《娱乐至死》一书中指出，现实社会的一切公众话语日渐以娱乐的方式出现，并成为一种文化精神。随着我国媒介市场化和产业化进程的推进，省级卫视开始出现泛娱乐化的倾向，不仅娱乐类节目偏多，而且有些节目一度出现低俗媚俗的倾向。这种只考虑收视率的做法，忽略了电视机构本身应该承担的媒介责任，而且对低龄观众群体可能产生极为不利的示范效应。无度攫取经济利益而带来的电视媒体异化，已经对公共利益和文化道德造成严重侵蚀。

与一般市场主体相比，广电市场主体的特殊性主要体现在政治性与社会性并存。广电媒体不能完全以经济效益为主，需兼顾政治传播、文化传播和公共服务功能。商业性指向为小群体谋利，而公共性指向维护整个公众的利益以及社会的文化、习俗及道德价值观。这两者天然具有一种内在的冲突性。[1]

在中国，义利之争在伦理学范畴已上演数千年之久。而电视媒介的商业和文化之争，其本质也不外于义利之争。省级卫视群体如何在满足社会对媒介公共性需求的同时获取经济上的长足发展，是一个需要理性对待的命题。

2）"事业体制"的科层烙印影响"企业经营"效率，科学管理知易行难

中国电视机构在近30年的市场探索中积累了长足的经验，基本能够依照市场原则配置技术资源、人力资源和节目内容资源。但是具象到单一卫视频道，或多或少还留存事业单位的管理惯性，工作效率和任务协同性较之其他行业尚有不足。

当然，电视机构是文化创意产业的组成部分，这一产业的特性就是人力是组织最大的资源，脱离智力资本，一个组织毫无竞争力。这种组织特性也给脱胎于传统生产管理的管理制度理论提出挑战。如何结合中国国情和电视竞争特点开发出一套行之有效的管理制度，是卫视群体目前的破题难点。

3）差异化竞争手段贫乏，品牌效应尚不凸显

卫视竞争尚没有走出同质化的竞争水平。细考大部分卫视的编排方式和节目内容、类型，都存在相似度较高的情况。市场跟进策略是大部分卫视的

---

[1] 王玉宝、何思翀：《商业和文化的双重变换》，载《新闻传播》2009年第5期，第43页。

第一章 >>> 缘起：
浙江卫视顶层设计的理论来源

现实选择，文化创新内驱动力不足。

在行政体系规约下的封闭体系中，虽然在形式上各个市场行动者会产生直接竞争，但是因为自然垄断和行政调控的存在，中国广播电视市场是一个不完全竞争的市场，竞争强度远不能与其他行业相比。

这是一个人人都具备"不死之身"的市场，即我们只不断看到电视机构涌现，却很难看到电视机构被市场竞争淘汰。在这种竞争"底线"的保障下，省级卫视往往没有动力去做真正的市场冒进。目前省级卫视多片面看重绝对收视率，而很少考虑具体节目类型对不同人群的吸引作用，以及这种吸引的市场细分价值。

在这一背景下，省级卫视的整体平台品牌效应辨识度必然较低，栏目品牌取代频道品牌成为市场认可的焦点。虽然强势卫视，在广告市场、收视市场有很高的收视期待，这种期待往往聚焦于一两档优势节目，而非整体平台。在这种竞争状态之下，一旦面临节目老化或者电视剧滑坡，就易造成电视机构长期性的表现疲软。

中国的省级卫视群体是一个在"夹缝中求生存"的群体。虽然拥有覆盖全国的表象优势，但"上天容易落地难"，要在竞争程度持续升温的中国电视市场占据一席之地并非易事。

在卫视竞争过程中，存在着某种"市场失灵"的状态，不少卫视频道追求短期市场效益，忽略了电视机构所应承担的媒介责任，导致社会效益能见度低于经济效益。同质化低水平复制屡见不鲜，非理性化的竞争手段也不利于市场的良性发展。

面对这一现状，强势卫视开始思考自身所应承担的责任，寻找长效发展的路径。浙江卫视"中国蓝"对省级卫视"顶层设计"的践行，给卫视群体做了一次理想化生存的顶层示范。以《中国梦想秀》、《中国好声音》等标杆节目为突破口，浙江卫视开始探索媒体公共性和商业性有机结合的卫视节目发展之路，其示范效应在于：坚守媒介责任，弘扬主流价值观，以专业主义态度创制的综艺节目不仅能获得收视市场的高度认可，更能对全国观众产生向上向善的正能量。

一言以蔽之，省级卫视群体发展至今获得了巨大的成绩，整体的活跃度已经获得市场和学界的认可。但若要创造良性竞争氛围，承担起应尽的政治、文化、社会职能，省级卫视群体需要整体变革，以浙江卫视的概括，就是需要"顶层设计"。目前浙江卫视的节目创制有力的说明，"顶层设计"并非空中楼阁，省级卫视在关注节目形式创新的同时，更应该关注节目内容的属性，及其对中国社会的正向引导能力。

第三节 浙江广电集团的战略先导

浙江广电集团成立于 2001 年 11 月 8 日，是浙江省委、省政府直属的新闻宣传单位。集团核心主业由 19 个广播电视频道和 6 个为广播电视提供技术、保障的事业中心组成，是一家以广播电视为主业、兼营相关产业的综合型媒体集团。2011 年，集团荣获"中国 500 最具价值品牌"，排名全国媒体前十，位居浙江媒体第一。

在发展过程中，浙江广电集团坚持正确的舆论导向和价值取向，勇于承担媒体责任与使命，创造性地提出"以精英的实力创造大众文化"的电视文化理念，创制了一批标杆节目。以浙江卫视、浙江之声为代表的一批实力媒体不仅在省内构建了媒介公信力和品牌力，还将影响有效推及全国。浙江广电集团在历次广电改革中都走在全国前列，省级电视台上星、集团化改革、文化体制改革等工作都是当年的全国试点单位和示范单位，而 2005 年之后的新一轮发展进一步巩固了浙江广电集团的先发优势，并朝着"做大、做强、做久"的组织目标，卓有成效的打造"品质广电，幸福集团"。

浙江广电集团充分认识到卫视平台的全国影响力，率先提出集全集团之力"合力打造卫视"，人、财、物全方位支持浙江卫视。在集团的战略先导和资源倾斜下，今天的浙江卫视，不仅牢牢占据收视率全国前三的位置，《中国梦想秀》、《中国好声音》等节目还引领了全国文化风潮，显现出一流卫视的大台气韵。

从浙江卫视的发展看，浙江广电集团是其发展的本源，也是卫视工作的战略决策中心和支持平台。浙江卫视提出的"顶层设计"理念，也可理解为在集团领导下实现"做大、做久、做强"的一次策略路径再造。而集团的战略思想，正是"顶层设计"理念的重要来源和理念发端。

第一章 >>> 缘起：
浙江卫视顶层设计的理论来源

一、基业长青的组织愿景

"做大、做强"是中国传媒改革的一个核心要求。而浙江广电集团在"做大、做强"的基础上，敏锐地提出"做久"，并推出了一系列行之有效的措施。这一发展理念体现了领导班子构建科学管理体系，创建基业长青的一流集团的组织愿景和实现能力。

为实现基业长青的组织愿景，浙江广电集团践行省党代会建设"两富"新浙江的核心精神，提出建设"品质广电，幸福集团"的目标。这八字目标，既有物质富裕的指标任务，又有精神富有的内在要求。它强调集团发展成果惠及全体员工，注重人文关怀，切实增强广大员工的成就感、归属感和幸福感。这不仅顺应了现阶段媒体的发展规律，符合广播电视工作的实际，更为集团抢占竞争制高点，赢得未来主动权，实现可持续发展确立了路径坐标，对于推动广播电视科学发展具有方向性、战略性和全局性的指导意义。

树立正确发展观以"做大"。浙江广电集团准确把握"做大"的科学内涵，明确发展是第一要务，是一切的基础。集团坚持走主业型、实力型、效益型的产业经营路线，加快推进广告经营方式的"三个转变"，积极培育新兴媒体产业，着力实施直属经营单位重组，有效优化集团资产总量、资产质量和资本机构，大幅度提升了集团的综合发展实力。同时，集团构建了先进的事业平台基础，全力推进科技、事业、网络三大平台建设，协调宣传与经营的关系，遵循市场经济和媒体发展规律，讲求速度与效益相匹配，成为全国省级广电经济效益最好的单位之一。

树立正确品质观以"做强"。品质就是品牌实力的象征，是集团综合实力的体现。在树立正确品质观的要求下，集团注重发展的品质和内涵，扎实推进品牌战略和素质提升工程，走内涵型、集约型、品牌型发展之路，以品质求发展，以品牌求效益。企业的核心竞争力是品牌，而品牌的核心是质量。集团提高管理品质，激发团队的创造力；积极研发推出高品质节目，满足观众日益增长的精神文化需求；大力推进高素质团队的建设，提高人才核心竞争力，真正打造具有浙江广电特色风格的品质广电集团。

树立正确价值观以"做久"。价值导向是一个企业的灵魂，决定着企业的长远发展。集团明确自身职能，勇于肩负时代赋予当代电视媒体的责任与使命，在完成围绕中心，服务大局的宣传工作之外，积极引导舆论，向社会传递积极向上的价值观，寻求经济效益和社会效益的统一。所谓"做久"，不仅有"品质广电"所体现的一流节目创制实力，更有"幸福集团"所营建的集团文化和人力资本实力。这一思路的提出，不仅对浙江广电集团后续发展提供了战略指导，并且从自身出发，务实地突破中国广播电视媒介发展的瓶颈问题，是又一次基于浙江发展实践的综合破题。

二、五位一体的品牌建设

在全球化、市场化的浪潮中，品牌力成为媒体的核心竞争力，是媒体发挥引导社会价值、创造社会财富职能的基础。挑战与机遇同在，浙江广电人牢牢抓住市场挑战所带来的发展机遇，提出了集团品牌建设的破题策略。根据自身品牌构建的需求，集团抓住品牌传播过程中影响品牌构建的重要因素，提出了以"节目、栏目、活动、主持人和频道"为主体的"五大品牌战略"。

在"五大品牌战略"的基础上，浙江广电集团在全国率先提出"合力打造卫视"的战略理念，在集团上下确立了"卫视兴、则集团兴，卫视强、则集团强"的共识，形成共同助推浙江卫视的整体合力。浙江卫视在集团"解放思想、打造品牌、激活机制、开创新局"的总体要求下，坚持"以精英的实力创造大众文化"、"明辨坚守、善思笃行"等理念，围绕提升"中国蓝"核心竞争力的主线，着力打好新闻"阵地战"，调整优化"新闻纵贯线"，当好舆论引导主力军；打好品牌"突围战"，升级"综艺纵贯线"，培育公益娱乐、人文专题等独有优势，占据媒体竞争制高点。

在集团各个层面的大力支持下，浙江卫视从2008年起，改革内设机构，优化内容生产，收视排名一举跻身省级卫视前三，全国落地覆盖率连续四年位居省级卫视第一，打响了"中国蓝"品牌。特别是2012年第二季度，浙江卫视推出《中国梦想秀》第三季，取得了良好的社会反响；第三季度推出《中国好声音》，更是席卷了整个暑期档，成为众人关注的焦点。这两大节目得到广电总局多次点名表扬并立为标杆节目向全国广电系统推广学习，毫无悬念的成为浙江广电集团和"中国蓝"全新的全国性强势品牌。

集团高度重视主持人品牌建设，策划推出"四大主持"、"阳光七星"、"广播六大名嘴"、"青春力量"等主持人集群，有效扩大了集团的社会影响力。

第一章 >>> 缘起：
浙江卫视顶层设计的理论来源

在品牌活动打造方面，集团创意策划"风云浙商"、"浙江骄傲"、"新农村建设带头人"三大年度人物评选等系列活动，提升了浙江广电品牌的知名度和美誉度。通过"五大品牌战略"的深入贯彻，浙江广电集团成绩斐然。2011年中国500强最具价值品牌榜，浙江广电集团跃居第143，品牌价值位居浙江媒体首位。

三、"三性统一"的创制方针

自法兰克福学派批评大众文化起，以生产快速文化消费品为目标的大众媒介及其创造的大众文化，似乎与精英文化开始存在学术隔阂。在"娱乐至死"的全球电视文化语态中，电视应当承载精英意志，还是娱乐大众生活，给业界留下难题，也成为不少社会精英批判电视文化的逻辑起点。

浙江广电集团创造性的提出"以精英的实力创造大众文化"的广电文化理念，积极探索体现广电特色的文化创新实践。在坚持新闻立台、加强舆论引导力的同时，大力推进大型文化节目和综艺娱乐节目的创新创优，着力打造彰显主流价值和文化内涵的公益性综艺娱乐节目，践行了电视综艺节目"思想性、艺术性、观赏性"三者统一的创制方针，探索出了一条"以主流价值为导向、以观众需要为目标、以社会责任为使命、以公益诉求为己任"的综艺娱乐节目之路，赢得了社会各界的广泛关注和好评。

强化公益特色，打造具有正确价值导向和文化内涵的综艺娱乐节目，一直是浙江广电集团这些年来坚持不懈的追求。"以公益为切入点，倾注人文情怀和思想内涵，通过娱乐的元素和表现手法加以电视的创造，实现综艺节目公益性和娱乐性的有机结合，做到寓教于乐，以情动人，情理交融。"[1] 公益性综艺娱乐节目的打造，彰显了媒体价值导向的本质属性，承担了媒体公共服务的社会职责，深化了媒体以观众为本的传播理念。

2007年，广电集团在浙江卫视推出了《公民行动》等公益情感类节目，讲述情感故事，感受生命温度，彰显公益行动力量；2008年精心打造《我爱记歌词》、《爱唱才会赢》、《我是大评委》等公益音乐节目，用大众娱乐方式呼唤社会爱心，建立综艺公益金，捐助弱势人群；2011年推出《中国梦想秀》

---

[1] 王同元：《彰显综艺娱乐节目的价值导向和文化内涵——浙江广电集团打造公益性综艺娱乐节目的实践探索》，载《中国广播电视学刊》2011年第10期，第29页。

等公益圆梦类节目，旨在展现人性光彩，帮助普通民众实现人生梦想，被广大网友称为"真正走进人民的电视节目"。

社会价值导向是贯穿浙江广播电视所有节目的价值之魂、立身之本、创新之脉。不管节目内容如何变化、节目样式怎样翻新，广电集团要求凸显价值导向的宗旨不变、主线不变、特色不变，强化公益主题，创新表现手段，全力打造"三性"统一的广电节目，提升浙江广电创制节目的价值品质和文化品位。

除了在广电节目上体现"三性统一"的创制方针，浙江广电集团还创办了不少品牌活动，切实拉近观众与集团的情感距离，在丰富的大众活动中体现了集团的精英实力。

其中，由集团直接策划并打造的"中国·电视观众节"是表征"以精英实力创造大众文化"理念的重要实践。从2006年首届"中国·电视观众节"至今，集团已经成功举办七届并产生了广泛的传播效应，社会好评与日俱增。"中国·电视观众节"以"回报观众、回报社会"为宗旨，坚持"参与、热闹、娱乐、开放"的办节方针，以"为观众办节、让观众满意"为口号，被广大群众誉为"观众的节日"、"文化的盛典"，被业界学者称作"电视的榜样"、"创新的范例"。

"中国·电视观众节"重点推出观众开放日、钱塘盛会、观众嘉年华、同城观众日、激情飞扬主题晚会以及十大剧献、电视剧和演员两大排行榜八大活动项目，同时每年都在传统活动的基础上有所创新。相对稳定的八大活动加上如《我爱记歌词》、《中国梦想秀》等常态节目在观众节中的彰显，对于观众节的品牌化以及观众节对集团影响力、品牌传播力的提升都有重要意义。

近些年来，以浙江卫视为代表的集团下属频道取得了丰硕的成果。这些成果的取得离不开集团层面"五位一体的品牌建设"、"三性统一的创制方针"、"基业长青的组织愿景"的宏观战略布局以及系统化的平台支持。

可以说，浙江广电集团的战略先导给浙江卫视的发展提供了强有力的平台保障，而集团"做大、做强、做久"的组织愿景也给浙江卫视提出了很高的要求。浙江卫视的发展在集团战略的部署下，不断探索提高频道品质之路，而"中国蓝"的顶层设计正是浙江卫视的策略选择，为其完成集团所部署任务提供了实现路径。

第一章 >>> 缘起：
浙江卫视顶层设计的理论来源

我国文化发展大繁荣的战略要求，给卫视群体的发展提供了新的历史机遇，也提出了新的发展要求。而省级卫视群体作为我国传播体系的重要组成部分，前期的快速发展多得益于增量改革，比较容易实现帕累托改进。目前省级卫视的发展逐渐遭遇刚性的天花板，改变发展模式、提高发展质量需要市场强势主体提前进行"顶层设计"，提供发展路径参考。浙江广电集团经过改革，六大体系营建为下属频道、频率以"以精英的实力创造大众文化"提供了战略依据和平台保障，而集团"做大、做强、做久"的基业长青愿景，也直接触发了浙江卫视"顶层设计"的战略再思考。

国家文化发展战略、省级卫视发展现状和浙江广电集团发展愿景，这三个方面是浙江卫视"顶层设计"理念的发端。自2008年浙江卫视改版以来，"中国蓝"为中国电视带来多重惊喜，而借由"顶层设计"理念触发的新一轮节目革新和频道组织变革，为观众带来了《中国梦想秀》和《中国好声音》这样具备改变市场格局和文化接受模式的优秀节目。浙江卫视凭借其卓越实践，证明了"顶层设计"理念的重要性和可行性，为改变省级卫视群体评价体系和运营模式，提供范本。

第二章

CHAPTER 2

变革：
浙江卫视顶层设计的理念引领

面对不断变化的媒介市场，大部分卫星频道似乎在坚持"创造变革"的战术，即"当我们无法驾驭变革，我们只能走在变革之前"[1]。那么在求新求异的持续变革中，是否存在某些核心要素需要卫视群体不断秉承？

2011年伊始，浙江卫视提出了"顶层设计"理念，其根本宗旨在于"通过整体战略布局特别是来自于管理层对频道运行的宏观设计，连接办台理念与操作实践，使卫视频道保持文化辐射力和长效竞争力"[2]。这是一种基业长青的思维模式。而《基业长青》一书的作者科林斯在论及"高瞻远瞩"公司的成功之处时总结道，面对不断变化的世界，首先应该问的不是"我们应该怎样相应地变化"，而是"我们自身代表的是什么，我们为什么存在"。[3] 换言之，商业谋略不断变化，但是核心价值观和组织使命应该

---

[1] [美]彼得·德鲁克：《德鲁克日志》，蒋旭峰译，上海译文出版社2006年版，第64页。
[2] 夏陈安：《浙江卫视中国蓝顶层设计的探索和实践》，载《中国广播电视学刊》2011年第8期，第2页。
[3] [美]吉姆·科林斯：《基业长青》，真如译，中信出版社2006年版，第6页。

经久不变。也许"顶层设计"理念正是要思考并尝试回答"省级卫视竞争发展过程中所应坚守的核心价值究竟为何"这一问题。这一思考和实践对应近年来纷繁复杂的卫视竞争,不失为一次充满自觉、自省意识的"顶层设计"。

第一节 浙江卫视"中国蓝"的理念发展脉络

浙江卫视在中国电视的版图上一直占据着非常重要的位置,这不仅得益于浙江省本身在市场经济改革过程中所焕发出的创新激情,也得益于近30年来几代浙江广电人的持续探索。

1994年1月1日,浙江电视台1套上星,通过"中星五号"覆盖全省、全国及周边41个国家和地区,节目在全国县级以上有线网入网率达96.1%,居全国第一位。[1] 在近20年的媒介实践中,浙江卫视始终充满创新激情,先后创制了"周末版"、探访三极、《风雅钱塘》等知名节目,是我国电视史上能见度极高的频道。

2008年8月,浙江卫视再次崭新亮相,用22天实现了一场被业界形容为"蓝色变法"的组织变革,将品牌统一包装为"中国蓝",通过改版、改制,实践"全力以赴,守正出奇,主攻新闻、综艺,彰显人文、公益"的整体策略。

历经四年,浙江卫视历经品牌再造、生态传播和顶层设计三个发展过程,厚积薄发,于新闻、人文、综艺三位一体全面突破。从2012年开始,浙江卫视"中国蓝"周身洋溢"梦想"的气质,通由《中国梦想秀》、《中国好声音》等综艺大片,对中国观众进行了一次意味深长的心灵直击,充分体现了其价值理念的前瞻性和可行性。

一、浙江卫视"中国蓝"的发展历程

1. 打造"中国蓝" 跻身一流卫视

2008年8月2日的浙江卫视全体干部员工大会上,浙江广电集团党委提出"解放思想、提升品牌、激活机制、开创新局"的四点要求,并

---

[1] 南野等:《浙江电视发展史》,中国广播电视出版2008年版,第88页。

第二章 >>> 变革：
浙江卫视顶层设计的理念引领

推出了浙江卫视新一届领导班子，从而开启浙江卫视"中国蓝"的新一轮变革。

当时浙江卫视要解决的第一个问题就是将"中国蓝"打造成一个全国性的强势卫视品牌。根据收视市场一般规定，全国市场份额超过1%的电视频道才称得上全国性的频道。改版之前，浙江卫视的收视排名和市场份额尚未达到这一要求。市场对浙江卫视的普遍认知是江南卫视，区域特色明显。

浙江卫视领导层针对这一情况，立下军令状，承诺在任内"争创一流，挺进前三"；将浙江卫视的品牌包装为"中国蓝"予以全国推广。

"中国蓝"这一品牌从学理上抽象，似乎在力图突破两个维度对浙江卫视的规约：空间、时间。占据倒叙的优势，今天我们至少可以抽象出这一理念发轫的两个逻辑起点。

1）空间突破：江南卫视 VS. 中国品牌

在论及卫视竞争历史时，我们可以清晰地看到，先发卫视的最大优势在于他们率先突破了卫视频道的地域性，让频道影响力走向全国。尤其值得注意的是，先发频道并非诞生在经济发达的省份，即其本土广告资源和市场容量无法有效保障电视频道的长效发展。

浙江卫视2008年改革最大的思想解放在于突破了浙江、江南的概念，走全国发展道路。"中国蓝"三字中的"中国"二字切准了卫视发展的主脉络。胡雪岩的名言"如果你拥有一省的眼光，那么你可以做一省的生意；如果你拥有天下的眼光，那么你可以做天下的生意"，这句话也生动概括了浙江卫视开创新的发展格局的内在动因。卫视领导层在"中国蓝"一周年论坛上将这一战略概括为"格局为王"。

调查结果显示，从1999年至今，浙江卫视全国覆盖人口增长近2.91亿，实现省会、直辖市、283个地级市全部严实覆盖。2008年至今，连续四年全国卫视覆盖第一，其中，2011年，浙江卫视全国覆盖人口突破9亿大关。入网率名列前茅，荣获"全国最受欢迎"的卫视频道称号。浙江卫视1999—2011年的全国覆盖情况如图2.1.1所示。

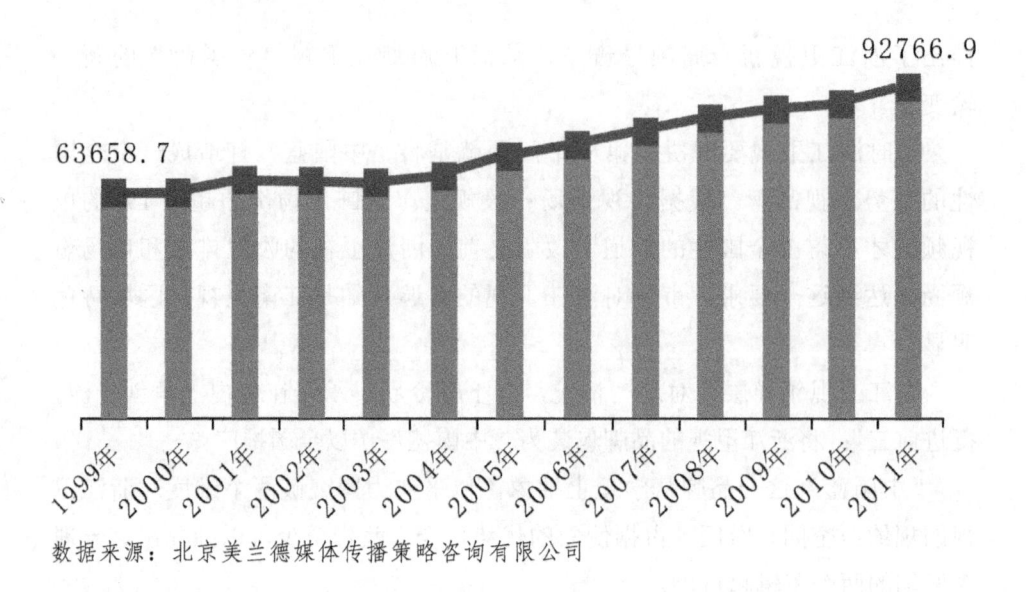

数据来源：北京美兰德媒体传播策略咨询有限公司

图 2.1.1　浙江卫视 1999—2011 全国覆盖情况（万人）

"中国蓝"的理念发轫从一开始就明晰了市场指向，这既是成功卫视一再验证的经验，也是浙江卫视突破区域规约的一次节目战略调整。

2）时间转承：文化之蓝 VS. 无界之蓝

"蓝"是浙江卫视台标的颜色。这一"Z"型的蓝色字母既是"浙江"拼音首字母，也意寓浙江的母亲河钱塘江（又名之江）。在 18 年的上星过程中，浙江卫视没有换过台标，这在中国的电视史上并不多见。而这一直观的特质成为"蓝"之所源。

如果说蓝色台标抽象为品牌形象表达了浙江卫视在时间上的延续性，那随后以《我爱记歌词》单点起飞到综艺纵贯线的全面铺陈却是一种"破"的思路。

2008 年《我爱记歌词》在"十一"长假期间连续 7 天直播，打造"城市麦霸对决"。栏目组以有限的人力物力投入获得平均收视率 1.081% 的战果，真正将这一栏目推向全国。百度网络数据显示，2008 年改版之后，浙江卫视网络影响力在全国电视频道中一举名列第三位，仅次于湖南卫视和中央八套，增幅高达 995%。

籍此一役，浙江卫视综艺版块发力显著，"综艺三剑客"、"综艺纵贯线"成为外界媒体报道最多的概念。相对而言，作为一个拥有深厚人文节目传统

第二章 >>> 变革：
浙江卫视顶层设计的理念引领

的频道，一部分观众对浙江卫视的发展走向产生担忧。

"中国蓝"以观众认可的利好胜出平息了时间维度继承与发展的话题，尤为可贵的是，"蓝"色的文脉亦在延续，先后推出《西湖》、《中国外交档案》、《江南》和《人文深呼吸》等节目。也就是说，"中国蓝"品牌的推出并非摒弃文化栏目，而是把更多的精力投入人文大片，以贴合观众业已演变的文化接受习惯。这样的兼容并包，既满足了市场竞争的需求，也有利于提炼浙江卫视与众不同的文化特质。

"中国蓝"改版见效很快。在集团领导的全力支持下，浙江卫视领导层以"胸有大格局，出手无定式"的超常规思维和"守正出奇"的行动策略，获得了社会各界对"中国蓝"品牌影响力的认可。国家广电总局收听收看中心发表专文，认为浙江卫视在各省上星频道中脱颖而出，新闻、节目、大型活动齐头并进，全面发展，办出了风格，办出了特色，办出了社会效益和经济效益。得到了观众的喜爱，业界的好评，也形成了媒体平台的公信力和电视媒体的影响力。

2. 倡导"生态传播" 走均衡发展之路

2008—2009年，浙江卫视的强力崛起给卫视群体投去了一条"鲶鱼"。激烈的竞争迫使所有的市场行动者审时度势，加快节目创新。2009年，湖南卫视购买《Take me out》节目模版，于当年12月推出《我们约会吧》；2010年1月，江苏卫视立即跟进推出《非诚勿扰》，收视率一路攀升；浙江卫视于2010年4月推出《为爱向前冲》应对这一节目风潮。

此类节目以婚恋交友为主要内容，体现了新一代年轻人对爱情、家庭的新观点、新做派。这一轮的婚恋交友节目与1997年前后红遍中国的《非常男女》、《玫瑰之约》、《相约星期六》相比，"相亲"色彩淡化，"秀"的成分急剧加强，"话题性"、"争议性"是节目的真正卖点。特别是某些嘉宾所表达的拜金主义倾向令人瞠目。"宁可坐在宝马车上哭，不愿坐在自行车后笑"一时成为网络热词，名为婚恋的节目却成为一场场与爱情无关的"秀"。

数家卫视混战的婚恋类栏目以及情感调解类节目等，模糊了社会主流价值观，尤其是参与节目的嘉宾身份作假、节目真实性等问题，受到上级主管部门的高度关注，社会各界纷纷呼吁的"反三俗"成为2010年的管理关键词。上文所提及的《关于进一步加强电视上星综合频道节目管理的意见》，也可视作这一现象持续发酵的产物。

　　面对电视竞争发展的新形势，2010年7月，浙江卫视在"中国蓝"两周年高峰论坛上，提出"唱响时代旋律，倡导生态传播"的传播理念。浙江卫视认为，所谓"生态传播"，就是将和谐共生、良性循环、全面发展、持续繁荣的"生态文明"理念宗旨引入媒体传播领域，积极倡导用导向正确鲜明、内容丰富鲜活、情趣健康向上、品质雅俗共赏、形态活跃互动的"生态"信息、文化产品，促进文化繁荣和社会的和谐发展；牢固树立"协调、可持续"的媒体"生态"发展理念；不断提升主流媒体建设文化生态文明、维护公共文化安全、满足大众精神文化需求的自觉性和责任感。

　　生态传播，宏观上看，既要弘扬主旋律，增强引导力，又要捕捉鲜活生动的生态信号。浙江卫视一直坚持新闻立台，不断做到常规栏目布局均衡、突发事件直播常态化、新闻品牌栏目化，在历次的新闻战役中，着眼细微，把握舆论主旋律，以小见大，不断展现大台意识和大台风范。2010年"生态传播"理念提出后，卫视从丰富新闻栏目品类、优化各类报道形式、巩固新闻优势等方面入手，推出了三网融合的新闻评论节目《新闻深一度》、"三看系列"新闻行动以及新闻直播《你好，世博》专栏、《八月十八观大潮》、"沪杭高铁"通车等等。这些风格各异的栏目从不同角度捕捉生态信号，为客观严肃的新闻报道注入了鲜活的生命力。当然生态传播并不仅仅局限于新闻栏目，它也普适于综艺、人文等栏目。

　　生态传播，细化来说，还要通过与观众的多平台互动，来增强媒体活力的生态循环，不断打造绿色生态收视，传递美好向上的力量。从一年一度的"电视观众节"到新近召开的"开门办台观众座谈会"；从正在筹建的专家评议小组到总监一一回复观众来信，浙江卫视用自己的实际行动表达对观众的尊重和对凝聚观众力量的渴望。新闻栏目"三网融合"的创新尝试，综艺节目"公益"、"梦想"等元素的融入，人文节目的推陈出新，自制剧、独播剧的崛起，都不断更新卫视媒介环境，收获高收视率和高美誉度。

　　生态传播，归根到底是要用机制和文化梳理、涵养媒体的生态肌理，追求媒体的可持续发展。浙江卫视"中国蓝"四年的发展历程中，曾有过品牌引领下平民唱歌类综艺系列的优势扩张；有过详细受众分析后灵活编播的巧妙安排；有过"相亲大会"、"超级领唱"等大型活动强势突进；同时也经历

第二章 >>> **变革：**
浙江卫视顶层设计的理念引领

了从"中国蓝"形象的全新推出到主持人集群的倾力打造；从"喜洋洋"现象的奇思妙想到"爱的三部曲"、《新亮剑》等自制电视剧投拍。浙江卫视通过机制调整和团队文化的打造，不断梳理自身的生态肌理，树立品牌形象，力争成为一个健康、和谐、可持续发展的主流媒体。

综合而言，浙江卫视"生态传播"理念是面对广电总局规范市场之后的一种运营反思，是市场实用主义情绪泛滥之后的理性回归。在2012年全国多家卫视因为"限娱令"而被迫临阵换将、收视大幅变动之时，浙江卫视因为布局较早而实现平稳快速发展。

3. 首倡"顶层设计" 提炼名牌品质

在"生态传播"的基础上，2011年浙江卫视提出"顶层设计"理念，对三年的发展进行理性反思。在这一阶段，浙江卫视希望通过系统构建，使得主流媒体的价值观念和媒体运营有机结合，从而达到体用一致，提高卫视群体发展的质量。这是一个卫视在品牌化初步建构之后，向名牌品质的跃进。

"顶层设计"是浙江卫视"中国蓝"理念在实践中不断丰富完善的产物，也是浙江卫视业已巩固其市场地位后的一次宏观战略布局。得益于四年的实践，浙江卫视已位列全国卫视前三强，并且朝着2015年省级卫视综合指标领先这一目标迈出了坚定的步伐。在目前这一发展阶段，浙江卫视已有底气开始腾出精力系统性思考频道组织信念和管理模式这些看似务虚实则影响深远的问题。"顶层设计"在这一层面上应该理解为强势卫视在"做大"之后面对"做强"和"做久"的命题全面规划发展路径的一次自觉选择。在保持发展速度的同时力图改善发展质量，从而提炼出独特的品牌气质，是浙江卫视"顶层设计"的主要目标。

同时，"顶层设计"是对省级卫视媒介责任的理性思考。"顶层设计"看似宏大，其实这首先是一种回归原点的思维模式，即电视媒介重新思考社会赋予媒体的"义务与期望"。[1] 这是媒介责任论在中国省级卫视群体的一次价值再确认，是面对市场竞争出现的实用主义哲学泛滥的一次媒介责任强化。

"顶层设计"强调体用一致，也就是说，必须落实于微观层面对卫视频

---

[1] Jo Bardoel and Leen d'Haenens：《Media Meet the Citizen: Beyond Market Mechanisms and Government Regulations》，载《国际传媒政策新视野》，上海三联书店2005年版，第58—84页。

道运营操作的战略再设计。具象到浙江卫视的发展实践，又有节目生产、科学制度和组织使命三个维度的战略设计。即从单一节目竞争式的点状竞争逐渐过渡为平台竞争，最终又将进入气质竞争或者说理念竞争阶段。到最终阶段，卫视竞争焦点绝非单纯的市场指标，更应该表征对中国人价值观正向引导的能力。

综合来看，浙江卫视"中国蓝"的"顶层设计"是一种全新的战略设计体系，她的愿景恐怕在于通过系统性设计完善自身组织达致"基业常青"。而号召卫视群体特别是先发卫视在媒介责任规约下思考系统性战略布局，从优秀到卓越，是"中国蓝"力图在电视历史上书写的全新功绩。

标杆突破是这一战略实施阶段的主要战术，再次锻造引领市场的优势节目满足观众深层次的心理需求和文化需求是浙江卫视的目标。2012年4月，《中国梦想秀》第三季一改往日明星圆梦的传统窠臼，真正将舞台还给平凡大众，让他们在梦想这一宏大主旨的集结下，展露中国人向善向上的力量。《中国梦想秀》第三季不仅牢牢占据同时段第一名，而且节目倡导主流价值，彰显公益力量，传递感动欢乐，获得了上级领导的肯定和鼓励。

而《中国好声音》怀持"只要好声音"的纯粹与"以振兴中国乐坛、培养未来巨星为己任"的责任出现在电视荧屏，力图用"声音"的魅力，将正在远离电视的观众拉回到电视机前。节目播出后始终雄踞收视排行榜；百度影视热搜榜持续排行第一、实时热点排行第一；视频点击率远超热门电视连续剧……所有数据无不雄辩地说明《中国好声音》是2012年省级卫视最成功的电视节目。而观众、网友对这一节目的好评亦成井喷之势，直呼这是"2005年以来最值得期待的音乐盛事"和"耳尖上的中国"。

可以说，《中国梦想秀》第三季和《中国好声音》在浙江卫视提出"顶层设计"理念的大背景下产生，也成为"顶层设计"的践行模版。从这两档综艺节目中，不仅能解读出浙江卫视于收视市场的雄心，更能看出她力图在中国电视史册上留书的决心。超越一般意义的市场竞争，每一个行动者到底能为中国电视、中国媒介乃至中国人留下什么？表面喧嚣却内心空洞的节目已经无法承载这一命题，而《中国梦想秀》、《中国好声音》等节目所彰显的社会价值和媒介责任感则有望成为破题的起点。

第二章 >>> 变革：
浙江卫视顶层设计的理念引领

二、浙江卫视"中国蓝"的理念发展脉络

浙江卫视四年来的发展先后经历了"争创一流，挺进前三"、"生态传播"和"顶层设计"三个过程，提炼"中国蓝"的品牌特质和名牌品质是贯穿四年的主旋律。综合评价浙江卫视的发展脉络，至少可总结出三个特点。

1. 从局部调整到全面布局

2008年浙江卫视全新改版，主要意图在于集中优势力量迅速找到撬动整个收视市场的节目支点，《我爱记歌词》恰是那一阶段浙江卫视手中的"星星之火"。综艺节目这一浙江卫视原有的短板客观上成为当时频道最为关注的区域，也是提升最为迅速的部分。

"生态传播"战略的提出再次强化新闻节目和人文节目的合理布局，这不仅呼应主管部门要求，也表达了浙江卫视对节目布局均衡性和频道整体气质提炼的再思考。但是"生态传播"的提出仍然主要针对节目生产策略，所谓发展的均衡性在当时并未渗透到组织信念和管理理念中。

"顶层设计"的顶层性在于她不是单纯针对节目创制或频道节目改版而提出的应用性策略，而是一种自上而下，以发展理念更新为主要特点的全案解决思路。"顶层设计"最为重要的作用在于她本质上超越了频道运营的技术层面而进入媒介理念层面，对频道信念和运营理念予以通盘思考，并通过管理体系营建，将之渗透到频道工作的方方面面。这是平台竞争阶段电视品牌构建的重点，从关注节目内容本身，转而关注节目的属性和频道的气韵，这使得浙江卫视在传统人文气质的基础上，在气质内涵的深度、广度上得到强力提升。

一言以蔽之，浙江卫视"中国蓝"前两个发展阶段的关注焦点更多地还停留在技术层面，而"顶层设计"理念却超越了工具理性，从局部节目调整上升到组织战略布局。"顶层设计"的关注焦点已不再局限于单一节目、单一部门，而是希望系统化再造组织信念，关注频道运营的人文内核和电视产品的文化意义，向外部传递正能量，走协调发展之路。

2. 从市场驱动到责任驱动

"中国蓝"前期或多或少带有市场驱动的痕迹，迅速做大做强也是当时最现实的生存之困。在这一背景下，部分节目创制不可避免带有工具理性的

色彩和疲于应对节目风潮的焦虑情绪。这客观上使得其与竞争卫视陷入节目阵地战，较难提炼自身独特的平台特质。

浙江卫视立即意识到这一问题，从 2009 年开始就淡化市场指标在组织运营中的指挥棒色彩，关注品牌品质的提升。"生态传播"这一理念也反映出频道承担媒介责任，合理规划频道节目的愿景。而"顶层设计"则是对媒介社会责任的宏观确认和微观践行，组织目标设置中硬实力和软实力并举。责任驱动的组织经营模式，给浙江卫视带来了超越红海的从容感。

3. 从摸索学习到自成一体

浙江卫视的发展是"摸着石头过河"式的探索，初期部分节目存在借鉴学习和过度开发的痕迹。当然，浙江卫视当时尚不具备跳脱原有发展路径的实力，也不可能违背媒介发展规律做跳跃式发展。因此市场跟进策略是那一阶段的现实选择，但其客观弊端就是导致媒介品牌可辨识性不高。

2012 年浙江卫视以"梦想"丰富"中国蓝"既有理念，充满文化自觉与文化自信。这是"顶层设计"理念经过一年内化之后的一次厚积薄发，再次向业界展现了浙江卫视在节目创制、产业链延展之中的运筹能力，而其节目所体现出来的人本主义尤为可贵。《中国梦想秀》第三季和《中国好声音》做到了叫好又叫座，其节目内核所蕴含的梦想气质，和对中国、中国人持久的信心，获得了中国社会各个阶层的交口称赞。

2012 年对于浙江卫视的意义也许不在于那两档耳熟能详的节目，也不在于其后即将推出、未播先红的《中国梦想秀》第四季、《与卓越同行》、《天下义乌》、《艺术：北纬 30 度》等节目，而在于借由这些节目浙江卫视所展现出自成一体的独到气质。目前浙江卫视发展态势迅猛，逐步摸索出通过合作互动以撬动媒介市场的"浙江模式"，展现了一个卫视频道的文化自觉和文化自信。

第二节 浙江卫视"中国蓝"的理念内涵

中国的电视市场在变，竞争焦点在变，任何一种理念都无法在时间纵向维度下言说永恒。"中国蓝"的概念于 2008 年提出到今天，同样也存在一个内涵丰富的过程，从最早的单纯突破地域概念，到强调社会效益的"生态传播"，直到"顶层设计"，一个原本务虚的品牌概念，延伸出"立志如山"的

第二章 >>> 变革：
浙江卫视顶层设计的理念引领

组织使命和"行道如水"的竞争策略。

得益于四年的实践，浙江卫视"中国蓝"的内涵经由时空观念再造、均衡发展走生态传播之路、战略设计打造"顶层设计"标杆三个历程，内涵理念有了极大丰富。

正如上文所述，"中国蓝"是一个相对务虚的概念，本身就希望借助每个人心中对于"蓝"的不同想象，映射出多维的频道气质和品牌形象。诚如频道在官网宣传所言，蓝色代表着"蓝海"，象征着浙江卫视差异化的竞争策略；"春来江水绿如蓝"，蓝是江南文化品质的本色；地球上最大面积是蓝色的，海阔天空，蓝象征着生生不息、波澜壮阔和放眼天下。

实践四年，中国蓝的理念业已丰满，是否能在"顶层设计"的统辖下做进一步的学理抽象？从浙江卫视"中国蓝"的言行判断，至少目前这抹蓝色体现了三层含义：

从精神气质看，"中国蓝"是海洋经济的文化体现，创业创新和永续发展是其中的内核；

从价值理念看，"中国蓝"力图完善社会责任的媒介表征，包容性发展与和谐发展是其中的主线索；

从战略路径看，"中国蓝"是现代文化的电视承载，用多元节目表征、引领当代性的价值体系，走现代化、差异化的发展道路是她目前的实践主题。

一、蓝色经济的文化体现

2011年国务院批准建立浙江海洋经济示范区，"走向蓝海"成为这个"七山一水二分田"区域的世纪战略。江浙虽素有"鱼米之乡"的美称，但人多地少的现实制约使得这个区域的民众也颇具海洋文化基因，创业创新既是浙江人的现实选择，也成就了这一区域的经济、文化品牌。

浙江卫视"中国蓝"在气质层面十分类似浙商所体现的蓝色经济气息，以"中国蓝"破釜沉舟式的发力为开端，到近期浙江卫视充满激情的创业创新，这一气质奠定了她今日在中国电视版图上的地位。

1. 创业创新

若要用一句话来概括"中国蓝"四年的实践，那必然是充满创业精神，善于运用节目创新、组织创新改变媒介现状。

卫视频道间竞争的激烈程度并不亚于其他行业，甚至因为中国以行政资源配置媒介资源的管理模式，使得卫视频道既因自身生存需要持续市场开拓，又面临市场刚性的"天花板"，无法企及更高的行政资源、经济资源乃至文化资源。认清现实并不等于安于现状，卫视频道整体的突破需要创业创新精神指领不断突破边界。

1）运用"巧实力"快速挺进前三

具象到"中国蓝"，其创业创新精神最好的诠释来自于2008年改版时通过巧实力，以"四两拨千斤"的方式获得市场认可。为何将浙江卫视这一阶段的举措概括为巧实力，是因为当日浙江卫视并无资金优势和资源优势，无法走高投入、大制作路线，所以她快速上升的诀窍是"花小钱，办大事"。

《我爱记歌词》是一档面对普通老百姓几乎零门槛的节目，前期节目无需邀请明星，但获得的影响力通过《麦霸英雄汇》之类的活动迅速提升，一举成为既叫座又叫好的节目。

与此同时，在白天时段，"中国蓝"创新性地集中播出《喜羊羊与灰太狼》，居然大受欢迎。目前这一动画片家喻户晓，但在当时，此剧并无市场影响力，浙江卫视用极低的价格就获得极高的收视反馈。这样的操作手法反倒引领了卫视频道的动漫热。

2008年11月15日下午15:20，杭州地铁1号线萧山风情大道湘湖站工地突然发生塌陷。面对突如其来的灾难，浙江卫视打破频道常规编排，在第一时间滚动推出事故现场特别直播报道。仅11月15日、16日两天，浙江卫视就增开17档、共计264分钟的直播报道，成为省内报道地铁事故最及时、最全面、最权威的新闻媒体。这种快速反映、灵活编排的能力充分说明了浙江卫视法无定法的"巧"。

2）节目创新步伐加快

也许是因为浙江卫视没有走单纯依靠资源的市场发展之路，在2010年之后，业界对其缺陷也形象地概括为缺乏"亮点"，这里所谓的亮点恐怕是指能一战成名的标杆类栏目。于是，"标杆突破"成为浙江卫视2012年的节目发展重心。

除了《我爱记歌词》一直体现着浙江卫视综艺节目平民娱乐的特质并持续焕发生机，《越跳越美丽》、《冲关我最棒》等栏目都体现了创制团队持续创新的理念：通过季播式的轮换，这些栏目都在转型升级，探寻新的突破点。而《中国梦想秀》三季节目的开发更加直观地显示了这一探索的过程和功效。

第二章 >>> 变革：
浙江卫视顶层设计的理念引领

《中国梦想秀》第三季与前两季的操作模式不尽相同，脱离原有模版进行了全面革新：引入圆梦大使周立波，增加"梦想观察团"互动和多元化才艺表演等。这些举措使节目成为一个更加开放的文本，给观众情绪的介入提供了更多的入口。从市场数据看，这一操作模式是成功的。从组织创新看，运作过类似标杆节目的频道再开发同类节目将具备先发优势。

目前我们对"中国蓝"的描述皆属于"追述"，是在明晰了其市场地位后的倒叙。但轻松笔触下掩盖的是当日频道决策层所面临的多种路径选择，每一个决定都可能影响深远。所谓成功陷阱，就是一个组织在既往经验下容易陷入保守，一方面处于高原期的组织战术调整将面对更大的风险，另一方面他们面临的组织惯性也更大。

"中国蓝"四年来始终保持省级卫视前三强的位置，在这个层面上仍能坚持创新，就要归因于整个组织创业创新的精神。正是这种能力，使得她能持续"走向蓝海"。这中间企业家精神的冒险意识和创新意识，缺一不可。

2. 永续发展

蓝色经济在当下文明体系下还带有可持续发展的意味，必须考虑基业长青的内在动力。"中国蓝"在永续发展上的主要创建是管理体制革新，通过一整套管理制度将频道发展经验予以固化。

目前浙江卫视分为总编室、新闻中心、节目中心、营销（广告）中心、技术中心和管理中心六大部分统辖全频道工作。每个部门各司其职，形成较为固定的工作模式和团队整合经验。

电视频道作为广义文化产业的一种形式，强调创意，人力资本是其中最主要的资本。但如何调动人的能动性，却需要管理制度予以落实。浙江卫视经过长期总结，创立了"三令五申七星十有"等一整套制度，涉及节目创制、员工管理、组织分工等多个层面。

这种管理思维模式就是永续发展、基业长青的思路。变粗放型的事业管理模式为强调绩效的精细管理模式是一个渐进的过程，浙江卫视在努力探索扁平化高效管理和系统制度管理之间的平衡点。也许目前她无法在朝夕间调整到位，但永续发展的思维模式将协助她最终达致目标。

为了达至"永续发展"，还必须在科学发展的整体规约下进行全面发展、系统发展，"坚持以人为本，树立全面、协调、可持续的发展观，促进经济、社会和人的全面发展"。[1] 对应到浙江卫视的实践，首先是坚持履行媒介基本功能，满足观众的基本文化需求。坚持舆论导向的正确性是这一发展观的核心要素。其次是响应集团"幸福集团"的方针，坚持"以人为本"，通过制度保障、组织文化营建保证"人尽其才"，打造出一支充满活力、勇于创新的电视工作队伍。最后，浙江卫视强调频道的全面发展，不仅着眼于标杆节目和明星主持人这些显性符号的强化、完善，更加强调组织统筹发展、系统发展的频道战略。标杆节目的锻造依靠的不是少数骨干，而需要频道各方面的全力配合，是综合能力的展现。而浙江卫视近期的集中发力，恰是四年全面发展的成果展现。

二、社会责任的媒介表征

电视频道的传输必须依赖公共资源——广播频谱，任何国家的电视媒体都无法被视作普通的经济体，必须承担更大的社会责任来反哺社会。即使在数字技术使得传输效率不断增加的今天，"资源稀缺性"仍是广播电视规制的主要依据。

从更抽象的角度看，因为电视媒介拥有中国最大多数的观众，这一群体本身应努力打造个人空间与国家行政场域中间的"公共领域"。公共领域是社会生活场域中人们可以聚集并自由讨论、鉴定（identify）社会问题，并通过讨论影响政治行动。在经典公共理论范畴下，公共领域是私领域（Private Sphere）和公共权力（Sphere of Public Authority）之间的中介。[2]

据此省级卫视不能将自身降格为仅仅追求盈利的经济体，或者说，单纯为观众提供娱乐的平台，她应该承担更多地基于当代中国的反思性功能，推动社会发展，并对社会保持持续性的信心。

浙江卫视"中国蓝"从"生态传播"理念提出开始，走的即为注重发展质量、提倡媒介社会责任的发展道路。

1. 舆论引导力 文化传播力

浙江卫视目前的编排版面基本做到黄金时段新闻、人文、综艺（电视剧）的相对平衡，日播新闻量在 200 分钟以上，而且这一数据产生于"限娱令"颁

---

[1] 参见中国共产党第十七次全国代表大会胡锦涛总书记《高举中国特色社会主义伟大旗帜 为夺取全面建设小康社会新胜利而奋斗》的报告。

[2] Habermas,Jürgen (German(1962)English Translation 1989), The Structural Transformation of the Public Sphere: An Inquiry into a Category of Bourgeois Society,Thomas Burger,Cambridge Massachusetts:The MIT Press, p. 30, ISBN 0-262-58108-6。

第二章 >>> 变革：
浙江卫视顶层设计的理念引领

布之前。浙江卫视的直播报道充分体现了她所承担的媒介责任。从2008年11月杭州地铁塌陷事故开始，浙江卫视经历了数次大型报道战役。如杭州"5·7"飙车案直播、"7·23"甬温动车事故直播，浙江卫视每次都打破常规节目编排跟进事态，及时引导舆论。特别是在动车事故中，浙江卫视第一时间开辟直播窗口，实施大容量直播报道，获得极高的评价。在中国媒介格局下尤为可贵的是，这些直播报道紧紧把握报道口径，并没有陷入现场情绪做非理性的传播者，体现了较高的新闻专业素养。此外，每年的抗击台风报道和钱江潮直播报道也是浙江卫视演练直播队伍的常规项目。经历数次直播报道，浙江卫视对突发事件直播积累了大量的工作经验，并且借此强化舆论引导力和媒介影响力。

"中国蓝"近年来的文化节目日渐丰富。除了传统强项大型纪录片之外，还开辟常规化文化栏目，如《江南》、《人文深呼吸》，与此同时，部门联动，制作播出的"富春山居图合璧"等直播节目，模糊了新闻直播和文化传播之间的界限，凸显频道的文化传播力。2012年，"中国蓝"联合央视探寻千岛湖水下古城，并开始《艺术：北纬30度》和《南宋》等纪录片的拍摄，文化传播的重心逐渐超越江南而放眼四海。

浙江卫视人文栏目的收视情况详见表2.2.1所示。

表2.2.1 浙江卫视人文栏目收视情况

年份	节目	同时段卫视排名
2009年	浙江文化地理	2（专题类）
2010年	西湖	2（专题类）
2011年	江南家族传奇	3（时段）

数据来源：索福瑞CSM71城市组/4+

2. 开放式发展

"中国蓝"的包容性发展体现在两个方面，媒介竞合以及对社会弱势群体的人文关怀。

卫视竞争在外界看来是一场没有硝烟的战争，似乎彼此之间是此消彼长型的零和关系。其实整个卫视群体是在竞争中合作，于合作中竞争，实践的是媒介竞合的路径。例如在电视剧购买上，广电总局面对一剧多播现象曾经规定，最多四家卫视于黄金时间同时播出一部电视剧。浙江卫视率先提出"4+1"模式，四家上星卫视和一家地面频道同时获得首播权，或者是，四家上星卫视黄金时段加上一家卫视非黄金时段同时播出。这就是一种合作共赢的模式。而请进外脑的做法在"中国蓝"也屡见不鲜。2012年，浙江卫视邀请著名主持人吴小莉领衔《与卓越同行》对话全球华人世界级领袖CEO，外聘灿星制作团队参与《中国好声音》制作环节，这都是市场元素充分流动后出现的竞争与合作。

对弱势群体的人文关怀是媒介责任的重要组成部分。所谓多元，除了节目构成，还在于对社会各个群体的同等关注。在《新闻深一度》节目中网络评论员的引入在某种程度也可视作让尽可能多的群体发声的做法。《中国梦想秀》和《中国好声音》则更是将《我爱记歌词》开辟的草根娱乐文化进一步深化，对平凡人的尊重、对生命韧性的讴歌、对梦想追求的理解和帮扶以及对奋斗励志的鼓励都是节目主旨的体现。

三、现代文化的电视承载

电视技术的即时传播特性使之成为现代文化的上佳载体，即使在网络议程设置能够抗衡传统媒体的今天，诸多议题如果没有通过电视的进一步放大传播，也不可能真正的家喻户晓。

"中国蓝"身处中国沿海地区，继承海洋文明的基因，注重开拓进取，强调创业创新。注重当代性价值体系的构建和对城市文化的表征，是题中应有之义。

1. 当代性的价值体系

"中国蓝"所体现的当代性价值体系首先表现在传播内容的时效性上。浙江卫视的新闻直播、新闻行动、主题报道都是其间的代表，而文化传播中对当代都市文明的表现亦可圈可点。

其次在于"中国蓝"传播内容所体现的理性、建设性。在网络的推波助澜下，目前中国媒介也存在民粹主义和民族主义的倾向。尤其民粹主义对精英文化的敌对，对社会权威的挑战不容忽视。面对突发事件，如果一味采取"谁弱势谁有理"的立论立场，对所有国家行为采取解构式的解读，未必是理性的做法。浙江卫视面对突发事件采取的表达立场较为中立，例如《新闻深一度》对"抢盐"风潮的解读，对"最美妈妈"的理性评价，都体现了这一专业主义态度。即使在"5.7"飙车案直播报道中，也没有一味强调富二代的身份特殊性，而是多从社会公德角度予以评价，避免了单一事件承载过多社会争端的放大扭曲效应。

第二章 >>> **变革：**
　　　　　　　浙江卫视顶层设计的理念引领

　　"中国蓝"的当代性价值体系还存在于对当代中国与中国人形象的塑造。在《中国梦想秀》第三季的舞台上，最打动人的往往不是贩卖苦难者，而是面对生活重压迸发生命激情的人群。他们的梦想脚踏实地，而且充满真实的向上力量，这比任何说教都更动人。

　　加强当代中国的文化传播力，并不能依靠"高大全"模式的典型宣传，而要更多地蕴含于平凡中国人依靠自身能力改变命运的经历，包括他们对广义的"爱"的呵护与追寻。"不开心也一天，开心也一天"，这样的语言比眼泪更动人。

　　也许变动的社会让很多人无所适从，生活的苦难会戏剧性地堆积到一个家庭，但《中国梦想秀》力图留下励志的部分，描绘当代中国人真实的情感和努力，那种一夜成名式的功利主义在这个舞台上日渐式微。这就是当代中国媒介应该颂扬的处世态度：积极地生活以改变现状。

2. 城市化、差异化的发展路径

　　"顶层设计"强调体用一致，即宏伟蓝图需要现实战术的支撑。浙江卫视"中国蓝"目前的发展路径可以概括为城市化、差异化。

　　所谓城市化，更多地指涉传播内容的指向性，即强调频道覆盖人群的经济实力和所处区域等因素。图2.2.2显示了浙江卫视70后观众收视忠诚度。

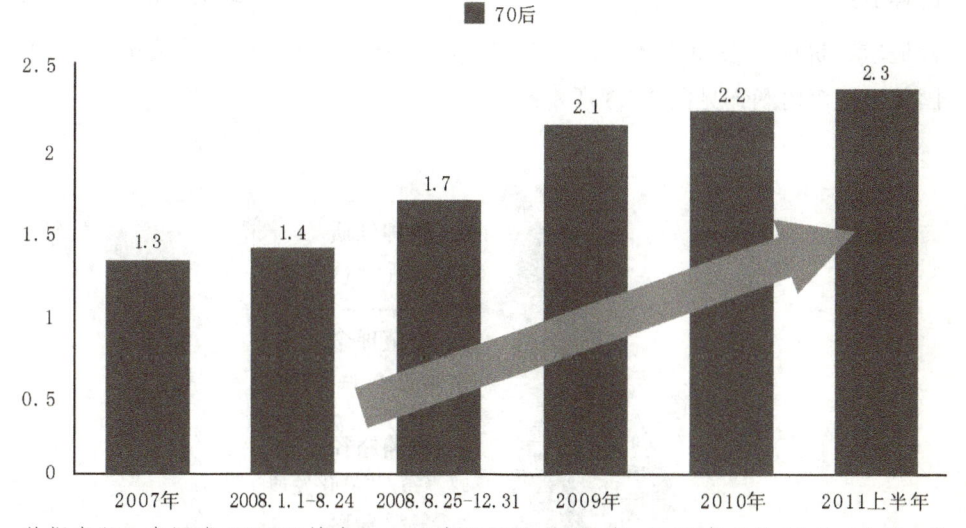

■ 70后

年份	忠诚度
2007年	1.3
2008.1.1-8.24	1.4
2008.8.25-12.31	1.7
2009年	2.1
2010年	2.2
2011上半年	2.3

数据来源：索福瑞CSM35城市组/4+/浙江卫视/2007年-2011年6月30日/全天/平均忠实度

图2.2.2　浙江卫视70后观众收视忠诚度

浙江卫视的收视人群更多地集中在都市区域。究其原因可能部分是因为长三角地区城市化程度较高，身处这一区域的媒体在内容选择和传播模式上更加接近城市语态。

此外"中国蓝"在发展的道路上力图打造蓝海，走差异化的发展之路。浙江卫视所引领的几次节目风潮，《我爱记歌词》在当时综艺选秀席卷全国之时走大众 K 歌之路，把一个初期被认为内容不够丰厚、形式过于简单的节目做成凝聚年代记忆、展现草根风貌的类型。此后《喜羊羊与灰太狼》、《蓝巨星和绿豆鲨》的动漫战场开辟，不仅吸引了少儿群体，还为频道推广探明一条产品衍生的道路。《中国梦想秀》脱胎于国外节目却融合本土欣赏旨趣，也在借鉴的过程中积累原创能力，目前的节目形态和英国原版已相去甚远，和国内流行的节目模版又有较大区别。

在经济学中，同质化道路和差异化道路各有利弊，很多时候跟进策略与原创相比更易控制风险。"中国蓝"在逐渐过渡为一个引领性品牌之后慢慢探索出一种差异化生存的思维模式，成为其市场地位进一步稳固的有效策略。

综上，"中国蓝"是一个内涵丰富的主体，即使采取深描方式亦无法逃避挂万漏一的结果。但经过四年的探索，"中国蓝"的内核逐渐分层为其精神追求、价值体系和战略路径三个层面，各个层次各有当下的关键词。"中国蓝"理念内涵详见图 2.2.3 所示。

图 2.2.3 "中国蓝"理念内涵

第二章 >>> **变革：**
浙江卫视顶层设计的理念引领

基于以上实践，"中国蓝"提出了顶层设计理念，而自身的内涵完善亦可视作这一理念的生动注解和行动模板。

从"中国蓝"的内涵分析我们至少可以将省级卫视的顶层设计模式分梳出几个思考起点：频道信念、价值体系和战略设计。每个卫视所处的竞争环境和既有组织文化各不相同，不可能也没有必要规约一个整齐划一的模式。但通过成功实践抽象出卫视运营的基本思路，却可为中国省级卫视群体的做大、做强、做久提供参照体系。

第三节 浙江卫视顶层设计的内涵分析

通俗地讲，顶层设计就是指价值理念与操作实践之间的蓝图。[1]它不同于传统设计模式即底层设计模式（Bottom-up）是一种新的逆向设计模式，它既是一种新的方法，也是一种新理念。这一概念引入人文社科领域，则重点落于战略设计和决策科学，强调的是系统性、科学性和实践性。

具象到卫视频道，"顶层设计"就是通过整体战略布局特别是来自于管理层对频道运行的宏观设计，连接办台理念与操作实践，使卫视频道保持文化辐射力和长效竞争力。[2]

一、"顶层设计"理念的现实针对性

1999年迄今，省级卫视的发展特别显现在其经济价值的彰显上。2009年中国广电行业总收入1852.85亿元，2010年突破2000亿，达到2301.87亿元，2011年广电行业总收入高达2894.79亿。

电视业界在面临市场化生存的挑战时，纷纷把目光投向了能够获取高收视率，观众喜闻乐见的娱乐节目。尤其在2005年《超级女声》在商业上取得巨大成功后，全国各地的选秀节目如雨后春笋般出现。一时之间，各级电视台纷纷开办娱乐节目，娱乐节目比例大幅度上升，婚恋交友类、才艺竞秀类、情感故事类、游戏竞技类等类型的娱乐节目充斥荧屏。随着市场竞争的白热化，娱乐节目开始呈现恶性竞争的态势，低俗炒作、制造故事、贩卖苦难，

---

[1] 安宇宏：《顶层设计》，载《宏观经济管理》2011年第7期，第70页。
[2] 夏陈安：《浙江卫视中国蓝顶层设计的探索和实践》，载《中国广播电视学刊》2011年第8期，第2页。

甚至出现不惜触碰社会道德底线博得眼球的举措。

这种追求娱乐至上、忽视思想内涵、拒绝承载社会责任的倾向是对电视作为事业性质、公共服务功能定位的严重背离。电视作为一种传播力强大的公共平台，凭借视听语言的感官冲击对观众形成潜移默化的影响。因此，电视机构更应当站在国家和民族的高度，弘扬先进文化，引导社会价值，承担其应有的社会担当。但过度娱乐化使得当下电视文化生态恶化，电视媒体深陷"综艺怪圈"的泥潭而不可自拔，且有越陷越深的趋势。

2011年下半年，《人民日报》、《光明日报》等多家主流媒体联合中国电视艺术委员会等机构，针对"电视泛娱乐化"开辟专版，邀请专家、学者、业界人士进行了持续性的观点争鸣，发表了《坚持文化自觉，防止过度娱乐化》、《过度娱乐化会让电视失去力量》、《抵制过度娱乐化是电视媒体的责任》等多篇文章，以寻求破题之法。在讨论中，学者、业界人士各有观点，但对于"电视泛娱乐化"的批评是一致的。

2011年7月，广电总局专门召开了"关于防止部分广播电视节目过度娱乐化座谈会"，会上专门邀请各大卫视的相关负责人参与讨论关于"限娱令"的意见。10月下旬，广电总局下发了《关于进一步加强电视上星综合频道节目管理的意见》，对卫视娱乐节目的播出数量及播出时段进行了管理调控。《意见》的出台，使得依赖娱乐节目的数家卫视短期内受到了较大的影响，但总体而言"限娱令"以政策调控的形式，缓解了国内卫视娱乐节目恶性竞争的困局，为深陷"综艺怪圈"的卫视提供了走出困境、"限"则思变的契机。

而如何变，或许成为电视人的一大难题。在复杂的当下，电视业界面临着来自多方面的诉求。将中国社会存在的诸多问题归咎于媒体，失之公允。但电视媒体在娱乐喧嚣背后，也应该反思那些鼓励一夜成名的功利主义和机会主义的做法是否需要加以矫正。从更加根本的角度，评估电视节目优劣的标准是否应该更加详尽而合理。

"限娱令"是一剂短期强效药物，可治标但不一定治本。电视人需要寻找一剂可一劳永逸的长效药，一种能够将电视媒体经济效益和社会效益两者完美结合并执行的指导思想。

第二章 >>> 变革：
浙江卫视顶层设计的理念引领

浙江卫视提出"顶层设计"理念，本身即是对四年发展过程中出现问题的理性反思，而在此理念下的"电视大片"化操作则是一个强势卫视对跳脱综艺怪圈的破冰举措。"顶层设计"绝非灵光闪现式的兴之所至，她的提出具有深刻的现实针对性。其中不少"设计"具有普适价值，既是面对自身的行动指针，也是面向省级卫视群体的变革号召。

二、顶层设计的主要内容

1. 省级卫视的媒介责任

无论从中国电视媒体的根本属性，还是世界媒体的价值共识。"顶层设计"在笔者看来首先是一种回归原点的思维模式，即电视媒介重新思考社会赋予媒体的"义务与期望"。[1] 这是媒介责任论在中国省级卫视群体的一次价值再确认，是面对市场竞争出现的实用主义哲学泛滥的一次媒介责任强化。

1946年，美国新闻自由研究委员会（哈钦斯委员会）发表《一个自由而负责的报刊》。报告指出，现代世界中新闻的重要性和能见度增强；一部分新闻媒介操办者提供的服务脱离社会需要；还有一部分，则时而从事一些受社会谴责的勾当，这种行径如果继续下去，必定会引起来自政府的约束和控制，而见闻广博的公众应当采取更多的行动，监督新闻传播的责任性。委员会感觉到，政府认为新闻自由"攸关政治自由"；除非那个自由成为"一种具有责任的自由"即对"良知和社会道德"负责，要不然，那种自由是危险的。为了避免政府直接采取法规管理要求新闻媒体负起社会责任，哈钦斯委员会倡议新闻界提早自律。

哈钦斯委员会总结公众有权利要求新闻媒介遵循以下基本五点[2]：

（1）应该提供翔实、全面的当天新闻；
（2）提供一个交流观点的论坛；
（3）为沟通群体之间的想法和态度提供一个渠道；
（4）提供一套展现并阐明社会目标和社会价值的方法；
（5）提供一条接近社会各成员的途径。

---

[1] Jo Bardoel and Leen d' Haenens：《Media Meet the Citizen: Beyond Market Mechanisms and Government Regulations》，载《国际传媒政策新视野》，上海三联书店2005年版，第58—84页。
[2] [美]J·赫伯特·阿特休尔：《权力的媒介》，黄煜、裘志康译，华夏出版社1989年版，第209页。

上述思考的逻辑起点是二战前后欧美报业出现的问题。有志之士在总结历史教训时强调，媒介必须对他所服务的公众和社会负责，以抗衡传统媒介自由主义理论中将这一问题的解答完全交给市场、让民众"用脚投票"的做法。

社会责任理论的提出背景与目前省级卫视遇到的情况并不相同，不同体制下的思考起点也不尽相同。但从这一理论希望扭转媒介陷入"与各地活生生的人们的典型生活毫不相干，其结果不外乎无聊、平淡、曲解和永无止尽的误解"的目的看，这一理论没有丧失对中国现状的指导价值。

媒介应当承担什么样的社会责任，这还可以引入一个在西方媒介管理的政策工具中能见度很高的一个概念——公共利益。对公共利益的诠释多种多样，但是通过对其子目标（subgoals）——政治福利、社会福利和经济福利——的分类进行分析行之有效。[1]

● 政治福利（Political welfare）：在这里指平等和参与（equality and participation）同等重要，平等要求传播内容拥有广泛的公共渠道；参与意味着确保市民充分接受信息、观点以及拥有传输和交流方式的权力。

● 社会福利（Social welfare）：社会秩序和凝聚力（social order and cohesion judged），评估其价值的依据不仅仅局限于国家层面，也包括亚民族、地区、种族或语言等范畴。

● 经济福利（Economic welfare）：在信息社会的背景下，传播系统日益被看作是经济的一个组成部分，本身就构成了一个重要而复杂的市场。这里的主要评判指标有效率、就业、营利等，相关价值还体现在革新和互相联系之中。

具象到中国卫视群体，同样可以参照欧洲公共电视规约思路，将其所承担的社会期待与媒介义务分梳为政治责任、社会责任和经济责任。

省级卫视顶层设计之媒介责任详见图 2.3.1 所示。

---

[1] 《Media Policy Paradigm shifts: Toward a New Communication Policy Paradigm》，Jan van Cuilenburg and Denis McQuail：European Journal of Communication 18(2) 2003，P185。

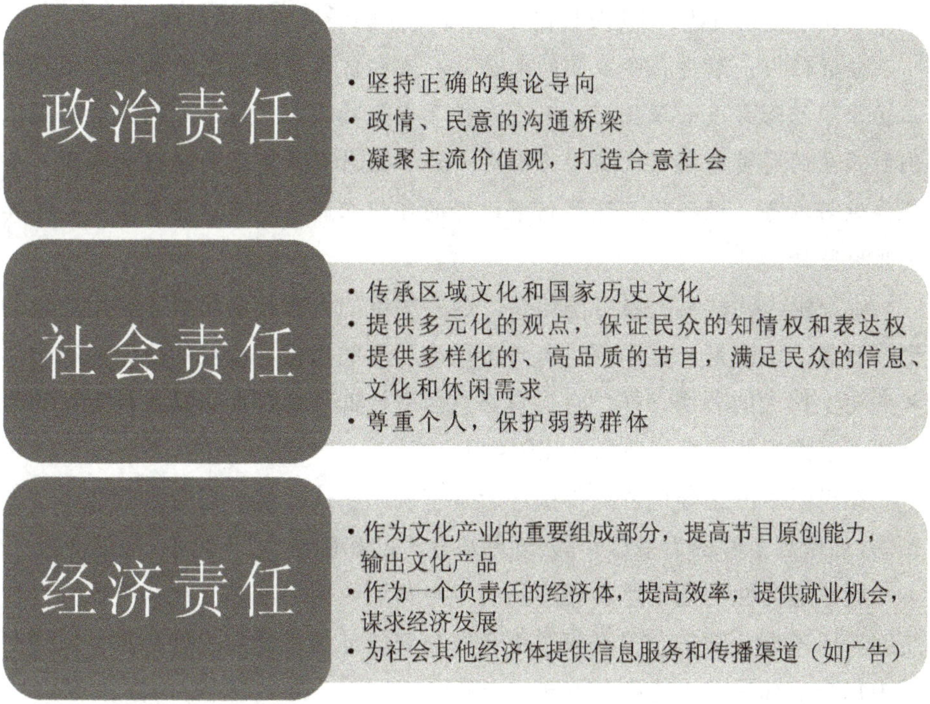

第二章 >>> **变革：**
浙江卫视顶层设计的理念引领

政治责任
- 坚持正确的舆论导向
- 政情、民意的沟通桥梁
- 凝聚主流价值观，打造合意社会

社会责任
- 传承区域文化和国家历史文化
- 提供多元化的观点，保证民众的知情权和表达权
- 提供多样化的、高品质的节目，满足民众的信息、文化和休闲需求
- 尊重个人，保护弱势群体

经济责任
- 作为文化产业的重要组成部分，提高节目原创能力，输出文化产品
- 作为一个负责任的经济体，提高效率，提供就业机会，谋求经济发展
- 为社会其他经济体提供信息服务和传播渠道（如广告）

图 2.3.1 省级卫视顶层设计之媒介责任

顶层设计首先是卫视群体的价值体系再确认，卫视竞争本身提升了中国电视产业的市场化水平和经营运作能力，为中国电视的体制革新、节目创新提供了诸多有效实践。但竞争的重压也使得卫视群体片面强调"收视率"、"广告创收"等硬指标，忽视了对舆论引导力、人文辐射力和文化传播力的持续关注。顶层设计希望构建一个媒介责任体系来纠正过度商业化的谬误，从而更多地关注当下社会物质、精神和审美观念。

2. 媒介责任的实践路径

媒介责任落实到每一个卫视的实践，也许会有不同的实现路径。这取决于卫视所处区域经济文化规约、卫视的生存状态、既有的卫视组织文化等因素。但是具象到单一卫视组织的顶层设计，至少有三个维度的思考可以成为破题的起点：

首先是**组织使命和频道气质设定**，或者可以将之概括为**组织信条**。

小托马斯·沃森[1]在谈及自己在IBM工作的经历时曾概括道：

分析任何一家存在了多年的大企业，我相信你都会发现它的适应性不是归功于组织形式或管理技巧，而是归功于我们称之为"信条"的力量以及他们所产生的对员工的巨大凝聚力。……为了面对世界变化所带来的挑战，企业要做好准备，调整除了这些信条以外的任何东西，但对这些信条则要终其一生地坚持。[2]

媒介组织同样需要自身的信条，这些频道的终极使命绝对不会用定量的语言写就，不会是一连串描述自身市场成功度的指标。成功的媒介组织必然和历史上伟大的公司一样，有自身必然会坚持的理念，而正是这种定性的语言决定了组织的精神气质和文化辐射力。

在组织中占主导地位的价值观念没有统一格式，但一般会包含几个基本概念，如做到最好成为最佳实践、创制最佳产品和服务、以人为本、鼓励创新。[3]

这些通约性的规则落实到不同的卫视频道会因为地域文化和组织既有传统而有所不同，即每个卫视频道都会有自身的品牌理念和品牌形象，求同存异中每个卫视频道才能焕发不同的光彩。

其次，卫视频道的顶层设计必然落实到**系统的管理制度**中。目前的卫视竞争尚未形成固定的格局，其中一个重要的因素在于过于依赖领导力，魅力型领导决定了卫视的成败。

我们回溯中外历史上伟大的企业，强有力的领导力是成功的保障。管理学经过实证研究，认为有领袖魅力的领导人都有一个力图达到的理想目标，为此目标能够全身心投入和奉献；反传统，非常顽固而自信，往往是激进变革的代言人而非传统现状的卫道士。[4]

---

[1] Thomas Watson Jr.（1914-1993），美国著名企业家，1956年继承父业，担任国际商用机器公司（IBM）总裁，1971年辞去总裁职务。在他的苦心经营下，IBM成了世界计算机行业中独占鳌头的巨型公司，而且一跃成为世界上第五大工业企业。

[2] [美]托马斯·彼得斯、罗伯特·沃特曼：《追求卓越》，戴春平译，中央编译出版社2000年版，第262页。

[3] 在《追求卓越》一书中，作者提炼了七个要点：成为最好的信念；要想做好工作，决策和之行上的细节和配合很重要的信念；每个员工都很重要的信念；最好的质量和服务的信念；公司大多数员工都应该是创新者的信念，以及公司能够支持失败尝试的推论；打破常规以促进沟通的信念；对经济成长和利润重要性的明确意识和信念。

[4] [美]斯蒂芬·P·罗宾斯：《管理学》，孙健敏等译，中国人民大学出版社1997年版，第426-427页。

第二章 >>> **变革：**
　　　　　　浙江卫视顶层设计的理念引领

　　面对快速变化的中国媒介市场，几乎没有定规可循，海外的经验也只能作为一种参照系存在而很难照搬照抄，此时一个强有力的领导团队带领员工"摸着石头过河"，正确判断环境因素而采取正确的战略就显得尤为重要。

　　成熟的组织通过强大的领导应该固化组织文化和管理制度，通过外在行为的规约传承成功基因。套用《基业长青》的概括，那就是造钟而不是报时。领导力从卫视频道的历史来看，不过是一次次准确地判断了形势，如同报时一般做出了精准的反映。若一个频道要永续发展，那锻造组织，或者说，完善频道才是最终的目标。

　　卫视频道脱胎于事业体制，存在大量科层制和粗放管理的问题，包括目前主管部门都没有真正将电视频道等同于国有企业一般注重组织管理和体制创新。若卫视频道全国性的生存突破需要中央主管部门的顶层设计方能破题，那内部的组织行为管理科学化、系统化却是可以立即践行的方向。

　　最后，**生产高质量的节目**是卫视频道"顶层设计"最直观的部分。所谓高质量的节目不是单纯技术层面的问题，更重要的还在于对于"高质量"的定义。

　　仍然从公共利益的角度出发，省级卫视频道生产的节目至少应该包含以下要素，即信息服务、文化传承、休闲娱乐，详见图 2.3.2 所示。

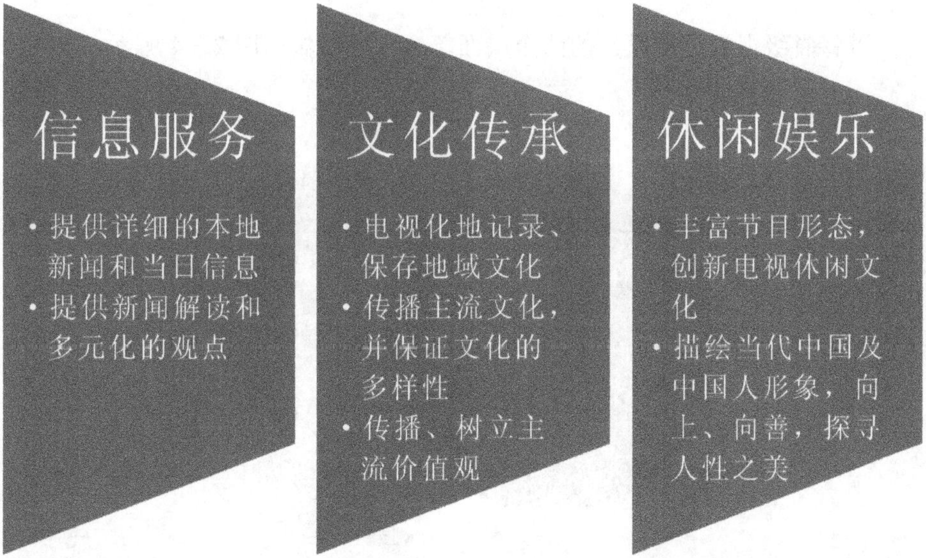

信息服务
- 提供详细的本地新闻和当日信息
- 提供新闻解读和多元化的观点

文化传承
- 电视化地记录、保存地域文化
- 传播主流文化，并保证文化的多样性
- 传播、树立主流价值观

休闲娱乐
- 丰富节目形态，创新电视休闲文化
- 描绘当代中国及中国人形象，向上、向善，探寻人性之美

图 2.3.2　高质量节目体系

综上，省级卫视的"顶层设计"可以分为宏观层面对于媒介责任的再确认和微观层面对卫视频道运营操作的战略再设计两个层次。其中媒介责任需要保证社会发展的政治福利、社会福利和经济福利，其中舆论引导、传承文化、永续发展是关键词。而具象到单个省级卫视的顶层设计，又有组织使命、科学制度和节目生产三个维度的战略设计。见图2.3.3所示。

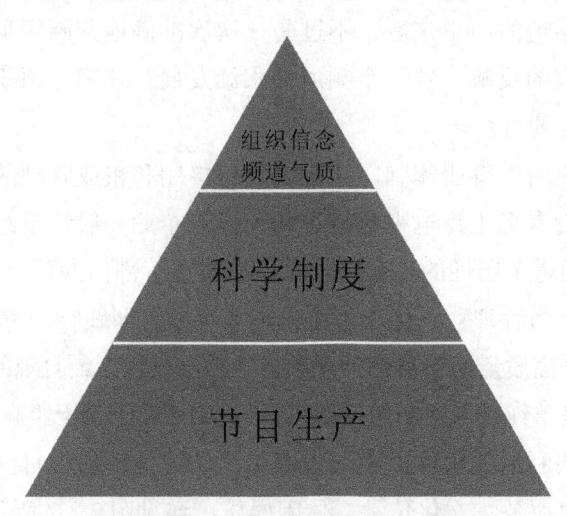

图 2.3.3　媒介责任的实践路径

若将省级卫视顶层设计的两个层面统合，可以做如图 2.3.4 所示。

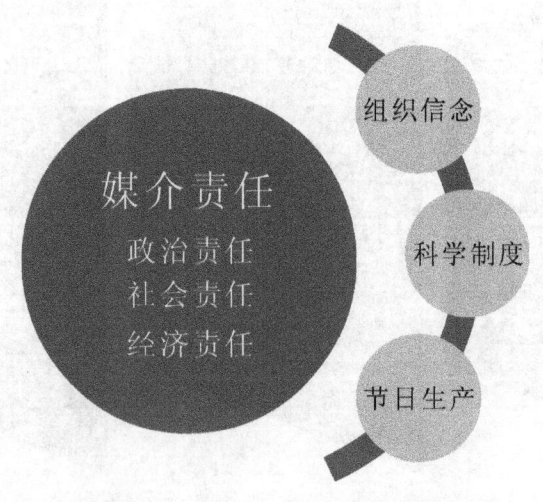

图 2.3.4　省级卫视顶层设计逻辑图

第二章 >>> 变革：
浙江卫视顶层设计的理念引领

其中，媒介责任是所有卫视共同遵守的通约部分，这一层面的设置取决于国家主管部门对卫视群体的职能规约和电视媒体本身的社会功能。这一层面是顶层设计的基础部分。

而落实到实践路径，每一个卫视都可能出具自身不同的答案。在此过程，每个卫视可以从组织信念、管理制度、节目生产三个纬度切入思考，而这三个层次本身存在一个逻辑关联。即节目生产是频道的产品创制，这是频道生存的基础；通过有市场号召力的节目解决频道的"温饱问题"，电视组织就需要锻造系统性的科学管理制度固化组织特性。最后，通过组织层面的系统设置，结合组织文化和地域文化、时代特性，就应抽取组织信念，追求"从优秀到卓越"。

从卫视竞争的发展趋势分析，目前整体市场仍处于节目竞争的阵地战，单一节目的成功与否会直接影响整个频道市场表现的沉浮。但若竞争格局逐渐固化，竞争门槛高筑，会使得节目研发制作的成本急剧增加，竞争的焦点就会落到科学管理对团队能动性的持续拉动，也就是变单一"点"状竞争为"平台"竞争。到这一阶段，想藉由单一个体或单一节目改变频道整体，将变得极其困难。而先发卫视逐步进入平台竞争之后，竞争的焦点又将转移为谁会率先成为伟大的电视频道这一命题，即需要在社会整体期待的基础上锻造频道与众不同的气质与信念。这一层次的设计绝对不是单纯面向市场纬度的考量，如果一个频道的使命是用收视率和广告创收写就的，就证明这一平台尚未达到"组织信念"这个设计阶段。

三、浙江卫视"顶层设计"理念的示范价值

1. 体用一致

"顶层设计"不是空中楼阁，强调实践是这一概念所具备的特性。目前浙江卫视将这一概念引入电视操作，不仅着眼于其宏观性、系统性，更重视其可操作性。

从浙江卫视的节目生产实践看，"顶层设计"理念强调的媒介责任蕴含于节目创制。电视大片的创制策略希望达到"美国大片"式直入人心的传播效果。目前电视大片策略已经在《中国梦想秀》和《中国好声音》两档节目中显露竞争优势。而2012年抗击台风"海葵"的连续8小时直播所体现的媒介责任、媒介实务能力也说明新闻栏目亦可以有"大片"的思维实践。简言之，从浙江

卫视本身的实践看,"顶层设计"完全可蕴含于频道管理体系和节目创制过程。

2. 引导市场

卫视群体发展面临诸多问题,浙江卫视的实践提供了破题的新思路。而强调媒介责任,做大之外真正在理念上做强,打破迎合市场的窠臼,开发引导市场的能力,是"顶层设计"的意义所在。

观众对庸俗的娱乐供给早已心生不满,只不过收视惯性使得这部分节目仍然取得了生存空间。浙江卫视 2012 年实践的价值在于她用自身节目雄辩地说明,综艺节目并不必然娱乐至死,电视仍然能帮助社会构建自我形象、加强文化认同。

3. 可持续发展

"顶层设计"强调可持续发展。纵观目前省级卫视的发展路径,领导力是其中最重要的组织能力。作为文化创意产业,人力资本是企业最重要的资源,因此电视机构在本质上是人力资源驱动的组织,领导团队和执行团队的综合能力影响整体绩效。

浙江卫视凭借其领导层强有力的组织变革领导力获得了先发优势,而构建科学系统的管理体系、固化科学系统的管理经验、锻造强有力的团队是其"顶层设计"阶段的大智慧所在。基于此,卫视方能可持续发展,达到集团提出的"做大、做强、做久"的战略目标。

浙江卫视顶层设计得以协助组织永续发展,还在于通过组织信念调整,快速增强了文化创新能力,一个动态、持续的创新机制呼之欲出。目前 BBC 提出反购《中国梦想秀》第三季节目模版正是浙江卫视创新力的充分例证。

"中国蓝"四年的实践积累了丰富的节目生产经验,并着手建立系统性的管理制度确保生产能力得以持续开发。通过《中国梦想秀》和《中国好声音》浙江卫视开始认真思考自身的频道使命和媒介责任。

浙江卫视"中国蓝"的顶层设计是一种全新的战略设计体系,她的雄心恐怕在于通过系统性设计完善自身组织达致"基业常青"。而号召卫视群体特别是先发卫视在媒介责任规约下思考系统性战略布局,从追求优秀到锻造卓越,是"中国蓝"力图在电视历史上书写的全新功绩。

第三章
CHAPTER 3

创新：
浙江卫视顶层设计的创新实践

《中国好声音》热播期间，浙江卫视总监夏陈安在接受采访时谈道："我们内心的格局和境界，决定了我们的气质和魄力。做电视节目需要使命感。告别浅娱乐，必须抛开唯收视率这个杂念，转而仔细思考电视节目能给观众带去什么。"[1] 也许"格局和境界"就是《中国梦想秀》第三季和《中国好声音》的成功以及浙江卫视近期强劲表现的诀窍所在，"做电视的使命感"是浙江卫视倡导"顶层设计"的理念起点。

终于浙江卫视周身洋溢的理想主义气质，经由《中国梦想秀》所开辟的励志大片通途，在2012年探索出一条突破卫视竞争红海的创新道路。这不仅仅是单一节目的成功，更是浙江卫视顶层设计战略能够切实发挥文化辐射力和市场竞争力的明证。

相较于2008年的"蓝色变法"，2012年这场以"电视大片"创制为主要

---

[1] 尹欣、刘璐：《比收视率更重要的是气质——对话浙江卫视总监夏陈安》，载《解放周报》2012年8月31日。

特征的变革将深刻影响中国电视竞争的整体语境和运作法则,改变了中国观众对于电视艺术的认知与接受方式。

第一节　引领变革:省级卫视的电视大片时代

2012年浙江卫视"中国蓝"先后推出两档颇具梦想气质的节目:《中国梦想秀》、《中国好声音》。这两档节目之所以重要,是因为她们开创了省级卫视节目创制的新路径,以此为起点,综艺节目有望脱离那些已经造成审美疲劳的视觉缠斗,将震撼与触动从感官推入内心,重建更加完整与完善的综艺概念。

浙江卫视将这两档节目所代表的节目策略总结为"电视大片"。截至2012年9月,这一策略取得了成功。两档节目播出期间,浙江卫视收视率和收视份额快速提升,牢牢占据同时段第一的市场竞争区位。详见表3.1.1所示。

表3.1.1 《中国梦想秀》、《中国好声音》市场表现

中国梦想秀		中国好声音	
日期	收视率%	日期	收视率%
4月13日	2.063	7月13日	1.482
4月20日	1.855	7月20日	2.773
4月27日	2.337	7月27日	3.093
5月4日	2.284	8月3日	2.214
5月11日	2.597	8月10日	3.302
5月18日	2.377	8月17日	4.062
5月25日	2.381	8月24日	4.103
6月1日	2.465	8月31日	4.324
6月8日	2.461	9月7日	4.295
6月15日	2.293	9月14日	4.551
6月22日	2.311	9月21日	5.036
6月29日	2.306	9月28日	4.584
		9月29日	4.129
		9月30日巅峰时刻	6.109

数据来源:CSM 42城市

第三章 >>> **创新：**
　　　　　　　　浙江卫视顶层设计的创新实践

　　这两档节目带给浙江卫视的不仅仅是收视率破2、破6这样的市场佳绩，更是电视大片这一格局和境界所焕发的文化辐射力。由此，浙江卫视在一线卫视脱颖而出，"梦想"丰富了"中国蓝"的精神内涵，也成为"顶层设计"理念在节目创制中的生动写照。

　　目前这两档节目及其所引领的"电视大片"风潮影响了中国省级卫视的节目创新和平台运营，是自2005年省级卫视纷纷寻求突破之后又一轮全面的电视革新。这一轮电视革新表象上以入眼、入心、入脑的电视大片为内容特征，核心则是节目创制、媒介理念和电视文化三个方面的深层切入，一定程度上改写了中国省级卫视节目的文化气质。

一、引导市场：引领省级卫视节目革新新浪潮

　　省级卫视发展迄今经历了上星初创、市场探索和多强竞争三个环节，在2005年前后以湖南卫视《超级女声》为代表的平民选秀节目引领了一股影响至今的节目风潮，扑面而来的草根气象冲击电视荧屏，给观众带来全新的观感，亦给业界带去全新创制思维。

　　《中国好声音》同样是一档音乐栏目，但是她与既往节目相比却有迥然不同的文化旨趣，正如日前媒体报道所指称的"大片与大饼"，"电视大片"绝非休闲充饥的文化大饼，更因其背后深刻的社会价值和文化价值，汇集成一股强有力的革新力量。

1. 节目创制：从技术革新到理念革新

　　中国电视业界曾因受制于资金实力，在节目创作中流于小作坊、粗线条的模式。以2005年为起点的省级卫视的节目革新主要聚焦于技术层面，改变粗放型的电视创制模式是当日亟待解决的问题。所谓技术层面的革新，包含市场研究、节目策划、流程控制、产业链延展等中观层面的操作，也包含诸如主持人、节目包装、舞美灯光等微观层面。而日益激烈的行业竞争，也给电视创制的技术创新提供了现实压力。以《超级女声》为代表的省级卫视节目突破，让观众看到省级卫视群体的节目创制实力，也深刻影响了中国电视三分天下的市场格局。

　　而经过七年的实践，部分选秀节目从当日颇具革新意义的形态转变为"泛娱乐化"的异化形态。市场普遍对业已落入窠臼的综艺节目表示不满，但创

制惯性和收视惯性又无法在短时间内改弦易辙击破这一僵局。

《中国梦想秀》和《中国好声音》具备的示范价值在于其对电视文化生态的变革能力，这两档节目以综艺形态融合了新闻、人文等节目元素，不仅拓展了综艺节目外延，也提升了综艺节目艺术魅力。与2005年那场革新相较，她至少包含以下突出特点。

1）聚焦平台气质

早前的节目创新更重于节目本体，"自下而上"的点状突破的意味明确。而这一阶段创制革新重在平台革新，是一次"自上而下"的平台突破。浙江卫视一年前提出"顶层设计"战略，正是在这一年，频道脱胎换骨，以厚积薄发之势一下子推出诸多成功节目，将大片战略从综艺栏目推及新闻、人文、财经、评论类栏目。这恰是"顶层设计"原本所蕴含的优势：自上而下，根本性、系统性地解决实践问题，形成全面合围之势。

2）关注节目信念

第一轮省级卫视节目革新聚焦于器物层面，对节目构成的各个要素予以整体突破，呈现出与既往相异的节目气质。但是受制于媒介实践发展，当日的革新无力在节目信念上予以同样的重视，草根性、平民性的笼统概念从根本上无法传达具有社会性和当代性的媒介理念和节目信念。而浙江卫视所引发的这一轮节目革新，更多关注节目的社会属性和对正向情感的激发能力。通过类似戏剧艺术"间离效果"的营造，综艺节目极大程度规避了煽情主义的陈词滥调，将舞台表演转变为与观众就现实生活进行的一次对话，把节目的焦点还原到社会情境，以"日常生活历史化"的叙述方式让观众始终对习以为常的欣赏经验保持警惕。通过传媒技术的有效运用，浙江卫视真正将电视机屏幕转变为舞台与观众之间的"第四堵墙"，给观众提供独立思考的空间，而非成为应声而倒的情感靶心。[1] 这一尊重观者、尊重社会经验的收敛性表达方式，让近期节目散发出浓郁的人文气质，在赢得市场的同时也赢得了美誉度，社会效益和经济效益得以统一。

3）打造正版大片

客观说，中国电视业界迄今尚未脱离借鉴学习阶段，大量热播节目都有海外母版影子。但是与十年前相比，这一轮的借鉴学习是在法律框架内的学

---

[1] [德]贝·布莱希特：《间离效果》，邵牡君译，载《电影艺术译丛》1979年第3期，第162—163页。

第三章 >>> 创新：
浙江卫视顶层设计的创新实践

习，皆购买了节目模版，站在海外版本的肩膀上提升细节。大到节目理念、节目流程，细到机位布局、人员走位、现场音响安装调试、灯光色彩、明暗调校、接线方法等，都予以关注。山寨版本无法或无力顾及的盲区，在这一轮节目革新中被全面关注，展现出精益求精的细节感。

2. 媒介理念：从市场导向到责任导向

2002年产业化布局完成之后，全国省级卫视开始主动或被动地依照规则开始了市场化的发展。各家卫视为了谋求全国传播的地位和价值，获得更大的发展空间，纷纷开始踏上了争夺收视份额以及广告份额的征途。2005年前后的省级卫视发展给人以"野蛮生长"的感觉，活力充沛却也充满着危机。

先发卫视打开了市场全国化的视野，打破了原有的市场边界，加速了卫视群体的转型。这是对整个电视业界投下的"鲶鱼"，搅动了原本固化的电视市场格局。但是当卫视群体过分追逐经济利益，将"做大做强"片面理解为收视率、广告额，媒介责任弱化的负作用开始显现。2010年《人民日报》和《光明日报》密集批判省级卫视综艺节目，也切实代表了一部分中国人的真实观感。浙江卫视早于这一轮政策调控就开始意识到媒介责任的统辖意义，生态传播和顶层设计理念都是这一阶段频道领导层思考的重点。顶层设计理念回到了电视业务的原点，力图超越功利和超越技术，《中国梦想秀》、《中国好声音》所展现出来的人本主义和对当下中国社会的温情凝视体现了一个电视频道的媒介责任感，彰显了她创造社会合意的实践努力。

省级卫视群体发展至今，至少一线卫视已经积累了丰富的媒介运营经验，如何在现有实力基础上加强文化辐射内涵，是这一轮卫视竞争的焦点。伟大的企业，绝不只生产适销对路的产品，而更为关注企业的运营哲学，这是组织信念的沉淀和传递。浙江卫视借由"顶层设计"塑造、内化和传播的正是这种平台气质，而其节目实践正在不断全面丰富这一平台气质的表现形式。

3. 文化形态：从大众文化到融合共生

当电视供给仍然处于卖方市场时，电视频道的文化形态多少带有精英主义的痕迹，对观众采取的也是教化的态度。省级卫视第一轮革新的意义就在于打破了精英主义的电视创制文化，迎合了大众文化时代的观众欣赏旨趣。草根性、平民性是当日省级卫视最关注的节目气质，大众文化形态的鲜活性和时代性给中国电视带来全新的气质。

但是当这一节目风潮走到极致，电视节目文本却出现了封闭和刻板的弊端。标签化的现实重现、模式化的情感表达、单向度的思维方式，无益于社会不同阶层的理性对话和情感互通。大众文化走到民粹主义，反精英文化的惯常思维模式反而导致电视节目的文本封闭和平庸。社会精英日益远离电视就是这一过程的突出特征。

《中国好声音》的突出之处在于她成功地将精英阶层拉回电视，媒介名人、社会名流纷纷自发在微博中抒发对这一节目的赞誉。在这一开放的节目文本中，各个阶层的观众都得到了情感投射的可能性。音乐视听的享受、专业主义情怀、选手的励志故事、梦想成真的现实童话，诸多元素融合在一起，勾起了人们本性中沉淀已久、隐藏在角落里不轻易示人的真情和善良。心中的珍藏与映射在屏幕上的样本，在一个频率上一次又一次地共振出涓涓细流，或浸润、或温暖、或冲刷着被层层厚茧裹缚的心田。其间，中国社会每一阶层的观众都获得情感体验的升华，而其中正向的文化整合能力尤为值得称道。

浙江卫视的大片时代绝非重回精英主义，而是更多地在于寻找到大众文化和精英文化的平衡点，在融合共生的过程中摒弃非此即彼的窠臼。

可见，浙江卫视近期创造的综艺浪潮绝非单一节目的成功，而是一次电视节目生存发展普适价值的成功探寻，也是一次"自上而下"顶层设计后的平台全面发力。这一轮节目浪潮引领了省级卫视开始认真思考如何超越技术、超越功利地发展，真正体现社会公器的公共服务性质。比节目形态更重要的是节目的属性，这是《中国梦想秀》、《中国好声音》给予省级卫视节目创制的启示；比收视率更重要的是媒介责任，这是浙江卫视实践对省级卫视群体的启示。

二、电视大片：省级卫视节目创作新理念

在省级卫视新一轮的变革中，浙江卫视提出了"大局意识、大台格局、大片创制"的发展思路。意在以开放共融的心态，以大台格局创造对外风云际会的局面，形成对内百舸争流的景象，为实现大片战略提供根本保障。纵观目前的电视大片实践，这一节目创制理念至少包含三层意义：

第三章 >>> 创新：
浙江卫视顶层设计的创新实践

1. 大制作：电视大片的实力保障

《中国好声音》系出名门，海外原版《The Voice》于荷兰初创后立即引入美国，收视表现直逼传统强势音乐节目《美国偶像》。截至2012年9月，这一模版业已被全球28个国家引进，几乎无一例外获得各国收视率第一的成绩。当日这一模版被全国诸多媒体关注，但因其模版本身所蕴含的大制作和高投入，让不少电视台退避三舍。浙江卫视经过研究，拍板购买版权，以精研模版细节的制作要求打造了中国省级卫视的鸿篇巨制。

电视产业向来高投入、高风险、高收益并存，随着竞争的日益激烈，一线省级卫视的节目制作费用持续走高，资金实力和团队实力成为竞争的关键门槛。以《中国梦想秀》为例，第三季的节目约300人参与节目生产；100个城市寻找追梦人，58名导演在外整整3个月；共讨论1633个选题，选中196个，每期录制约20个，播出约10个；每期录制需12个小时，素材约160个小时，每期使用45盘高清带，48张p2卡，36张蓝光碟；10个导演进入后期剪辑，每期剪辑需要160个小时。

浙江卫视在总结"电视大片"理念时曾颇为感慨地谈到电视制作没有捷径，所谓细节决定成败，真正精良的制作本质上是用最笨的办法，一丝不苟地完成节目流程的每一个环节。《中国好声音》的导师椅单把造价80万，被网友戏称为"天价椅子"，每期节目录制现场设置27个机位，不放过导师任何微小动作。

大制作给予观众的第一感觉就是大气场。观众看到的是大牌的嘉宾、真性情的表达，以及每个环节的精致化呈现。而达到这一境界，需要电视台整体资金实力、团队能力、管理制度的全面发挥和调动，也只有强势频道才能给电视大片提供平台基础。

2. 大视野：电视大片的文化格局

所谓电视大片，首先必须承载基于当下中国社会发展实践的价值取向，丰富当代"中国梦"内涵。

长期以来我们在中国的电视屏幕看到过多"奇观"式的当代性表达，对审丑文化的迎合既低估了观众也低估了创制者自身，并导致综艺节目的庸俗化和工具化。从更为抽象的角度来看，"奇观"割裂了人与影像之间的哲学性关联，剥夺了人对于影像的控制权和表达权。"观众和电视台早已厌恶庸俗的娱乐供给，只不过都在惯性中纠结着。未来庸俗节目是没有活路的，文化会因其自觉性，整合正能量而实现凤凰涅槃。"这是一位网友在评价《中国好声音》时发出的感慨。《中国好声音》获得热捧，在某种程度上也反衬着中国观众对电视综艺节目整体疲软的不满。

在《中国梦想秀》和《中国好声音》的舞台上，我们看到了充满天赋、正面积极的中国人，这是一群面对生活挑战却始终乐观和坚韧的人，他们所蕴含的追逐梦想的能量，是当代中国不断前行的内在精神动力。

所谓电视大片，要求综艺节目不能成为"消费主义"浅娱乐的代名词，而要以理想主义的创制内核提亮梦想色彩。消费主义快感至上、娱乐至死的文化接受方式，技术手段对人文关怀的僭越、工具理性对价值立场的扭曲，已经引发深刻的忧虑。综艺节目的当代性表达似乎天然蕴含着价值观对抗色彩的"爆点"、"雷点"，看似贴近现实，实则消费现实。而浙江卫视有力地突破了这一娱乐怪圈，展示了"诚制"的力量，近期热播节目所蕴含的对于生命和本我的珍存与敬意，最终感动了观众。

所谓电视大片，并非仅聚焦综艺节目。目前浙江卫视的节目革新以综艺为发力点，主要依据为这一节目类型是目前中国观众接受度最高的节目，也是省级卫视目前最有创制优势的节目类型。电视大片并非狭义的综艺节目，首先是源于这种节目形态呈现出元素融合的内涵，综艺、新闻、人文、公益诸多元素和谐共处，以综艺的外壳创作了一个充分开放的文本，承载了多种电视节目类型的文化内核。其次，目前浙江卫视已经有效地将电视大片战略推及各种节目类型，在频道主要节目中融汇这一创制理念。"7·23"甬温动车事故直播、抗击超大台风"海葵"直播、纪录片《天下义乌》都是浙江卫视的新闻大片实践；而其后《艺术：北纬30度》、《南宋》还将延续《西湖》的人文大片路线；即将上档的《与卓越同行》——吴小莉的财经评论节目也将极大拓展电视大片的外延。

3. 大情怀：电视大片的人文境界

如果把《中国梦想秀》、《中国好声音》视作文化文本，她一方面体现了当今中国社会的多样性（参与者来自不同地域、家庭背景，有着迥异的教育与工作经历、生活现状等），另一方面彰显了一种共性，即不论什么人都应有不懈追求梦想的权利与勇气。可以说，这两档节目为当下我国社会各阶层

第三章 >>> **创新：**
浙江卫视顶层设计的创新实践

之间的互动与融合提供了一个平台，在这个平台上，人们摒弃隔阂，彼此倾听、彼此分享，并带着这种执着追求梦想、寻求认同的"正能量"彼此关联、互相帮助。

除了文本的开放性，电视大片还应该体现人本主义的情感境界。以人为本是一个无需阐述的理念，因为她早已深入人心。但是电视节目的以人为本绝不是苦难的堆积和煽情的诉说，更不是充满成名想象的所谓"帮助"。若一味放任这种操作方式泛滥，电视荧屏就真成了法国学者皮埃尔•布尔迪厄口中的"那喀索斯镜子，一个恋己癖展示的所在"[1]。而电视大片要背反这一命题，就需要思考、探寻并克服工具化的威胁，真正理解文化学意义的人及人类情感，方能深层次满足当下观众的文化和心理需求。

在浙江卫视这两档热播栏目中，观众体会到的是向上的力量，是在自身努力过后无怨无悔的安适。《中国梦想秀》关注百姓平凡梦想的同时，触及当代社会诸多社会热点：底层艰辛、留守儿童、单亲家庭，但是这些元素在节目呈现的过程中采取了一种收敛性地表达，不放大、不激化。而节目所青睐的圆梦人，多为追求爱与归属的理想主义者，而非幻想一夜成名的投机主义者。圆梦环节所采取的帮助多为"授之以渔"，而非一次性的经济救助。《中国好声音》关注的梦想也许更为专业，这完全是一次专业水准的音乐表演与音乐评论。虽然这场音乐表演无法克服成名的动机，但是参与者的专业性和他们先前付出的辛勤努力，极大消解了这一过程的功利性，让观众切实感觉他们作为"好声音"实至名归。

浙江卫视的电视大片，关注芸芸众生，关注平凡人生的真实情感。其间人本主义的提升，在于她突破了煽情和悲情的窠臼，让观众坚定信心继续依靠自己的努力与梦想对话，与时代共同奋进。这也许就是目前媒介评价《中国好声音》所反复引用的"正能量"一词的真正含义。

三、重塑格局：电视大片的革新意义

浙江卫视自"顶层设计"之后持续发力，以"电视大片"引领2012年节目革新风潮，其实践的意义在于她超越了感官、超越了技术，因而也超越了功利。

---

[1] [法]皮埃尔•布尔迪厄：《关于电视》，许钧译，辽宁教育出版社2000年版，第9—10页。

1. 超越感官

近期，电视综艺节目之所以受到抨击在于她过分强调了感官刺激，这一操作旨趣走到极致，综艺节目就演变为空泛的符号堆积。正如评论界批评中国电影大片只剩下"能指"的狂欢，所谓的视觉盛宴毫无文化穿透力，陷入了平庸和千篇一律。浙江卫视的电视大片希望超越视听艺术的单纯官能刺激，充分调动观者的情绪和精神，让人在欣赏的同时有所触动、有所思考。

2. 超越技术

电视大片的能量在于其背后文化信念的引领力，这是在技术层面问题基本解决之后的能力升华。在一个要素充分流通的市场，任何技术层面的问题也许都可以通过市场寻找解决的方法。真正无法用市场手段调解的，是一个平台的品牌内核，一个频道的精神气质，一个节目的艺术内涵。浙江卫视的成功实践告诉中国电视界，可以适度把眼光从硬实力式的技术层面挪开，转而考虑文化软实力这些看似务虚却触及根本的问题。在《中国好声音》那英组比赛过程中，那英深有感触地教导学员，唱歌不是技巧的问题，而是态度的问题。态度决定一切，这同样适用于中国电视界。

3. 超越功利

中国电视界目前出现的问题可能很大程度上可以归结为转型时期的唯市场论，"看不见的手"成为主宰一切文化生产的根本原则之后遭遇了市场失灵。在《中国梦想秀》的舞台上，周立波多次拒绝带有浓厚私人目的的梦想，认为这是一种无法放置到公共平台上品评的功利目标。这一超越功利、注重过程的思维方式同样适用中国电视界，当强势卫视已经无需为频道温饱劳碌时，如何对中国社会、对电视文化有所助力，应是实践的主旋律。

通过《中国梦想秀》、《中国好声音》，浙江卫视不但让电视大片的概念深入人心，更加在省级卫视发展的过程中引发了深层次的节目创制革新。浙江卫视用"电视大片"为行业树立了标杆，也给观众带来了极致的视听享受和内心感动。电视大片不仅仅好看，更因其以公益为诉求，以真诚为基本，以梦想为依托，以现实为动力，从而对全民的价值观有着长久深远的意义。

第三章 >>> 创新：
浙江卫视顶层设计的创新实践

第二节　公益底色：中国梦想秀

2012年6月29日，《中国梦想秀》"梦想盛典"。

24位追梦人在精心打造的梦幻舞台上，接受现场千名梦想观察员的考验，角逐执着精神奖、无私真爱奖、纯真天使奖、快乐公益奖、活力少年奖、激情团队奖六大奖项。

现场除了华少、周立波两位王牌主持外，章子怡、韩红、吴小莉、杨澜等艺人明星也到场助阵。

盛典现场，用歌声感受世界的天籁女孩吴怡铮、十年相爱因伤告别舞台的芭蕾天使"想爱组合"、极富喜感但身后却有一个苦难家庭的"凉皮哥"八斤、为尿毒症哥哥登台演出的"哈佛女孩"、想用舞蹈带给山区孩子快乐的"机械舞胖子"、放弃优渥生活只为山区孩子快乐的留美女博士……这些曾经感动圆梦舞台的圆梦人也来到现场，他们执着的梦想、达观的人生态度让人肃然起敬，心生感动。

——《中国梦想秀·梦想盛典》

"如果说梦想，是我们前行的动力，那梦想也是呵护我们未来的利器。人不能没有梦想，人也不能只有梦想。太多的感动，在《中国梦想秀》的舞台上留下了深刻的记忆……"这是"圆梦大使"周立波站在《中国梦想秀·梦想盛典》舞台中央说出的又一句充满哲理的"梦想说"。

在这个舞台上，我们看到了一个电视频道因为梦想而前行的动力，也看到了一个频道全力推进梦想的坚韧与坚持，最后，我们也能通过《中国梦想秀》看到一个电视频道带给整个电视业界的梦想气质。在一档节目给人们留下"深刻的记忆"后，我们相信，浙江卫视"中国蓝"不仅拥有再造中国娱乐节目语态的梦想，也有践行这一梦想的实力。从此，"强势卫视"不仅仅意味着领先的收视率和市场份额，更应该表征对中国人价值观正向引导的能力！

如果说，《中国梦想秀·梦想盛典》给第三季《中国梦想秀》谱写了华彩唯美的落幕曲，那《中国梦想秀》则以标杆节目的市场强势地位，获得社会各界的广泛认可。《中国梦想秀》第一季、第二季的节目模板源自英国BBCW频道创全国收视第一的王牌综艺《就在今夜》。浙江卫视重金购入英国模版成功进行本土化操作后，于2011年4月正式推出。节目以"帮平民圆梦"、"梦想照进现实"为核心理念，紧紧围绕"梦想"的实现铺陈了"小人物、大梦想"的转述空间，脱离了综艺节目纯娱乐的表述形态，以公益之姿横空出世，构建了更加完善的综艺概念。

一、全民追梦：《中国梦想秀》引领综艺节目新风尚

自开播以来，《中国梦想秀》特别是第三季节目收获了高收视率、高网络点击率和全社会的好评，锻造了全民追梦热潮，引领了电视综艺类栏目的新风尚。第三季节目播出常规节目11期，平均收视2.3，最高一期达2.597，最高收视值3.22，每期节目全部雄踞收视冠军宝座。同时，截至2012年6月26日，网络总点击量已经突破10亿。详见图3.2.1所示。

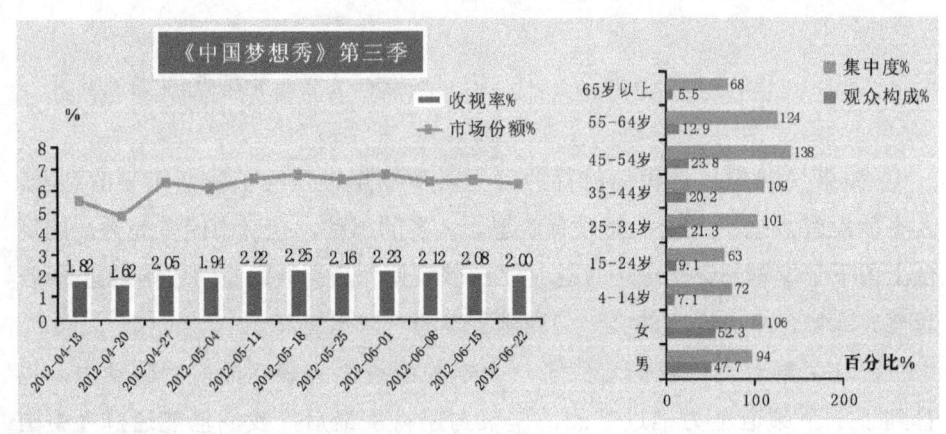

数据来源：CSM 4+ 44城市组

图3.2.1 《中国梦想秀》市场表现

《中国梦想秀》所倡导的主流价值赢得了社会各界的肯定，也获得了上级领导的多方赞扬。中宣部《新闻阅评》（第568期）以"阳光励志，向善向美，浙江卫视《中国梦想秀》倡导主流价值"为题，予以了充分肯定。广

第三章 >>> 创新：
浙江卫视顶层设计的创新实践

电总局《监听监看日报》："浙江卫视第三季《中国梦想秀》让梦想的实现更加贴近实际，给人鼓舞和力量。"时任浙江省委书记赵洪祝批示肯定《中国梦想秀》"是一档好节目，望继续努力，不断创新，取得更好的倡导主流价值观的业绩"。浙江省委组织部长蔡奇微博评论《中国梦想秀》让平民回归舞台，是当下时尚所在"。时任浙江省委常委、宣传部长茅临生肯定"节目设计理念很好，是电视台对人民群众开展信息服务的好平台"。

《中国梦想秀》的创新升级同样获得了各类媒体、媒体人、专家学者和普通大众的广泛好评。光明日报发表《"中国梦想秀"节目：哭着，笑着，感动着》赞扬"《中国梦想秀》追求社会效益和经济效益的有机统一，实现主流价值和传播效果的完美结合，是新闻媒体'走转改'在综艺节目中的具体实践，对全国省级卫视综艺节目的创新创造和品质提升，具有极好的典型意义和示范价值"。

著名导演王晶在节目播出期间微博推荐："今天晚上看了个电视节目，惊喜不已，竟是个人看过的华语世界最佳一集综艺节目。叫：中国梦想秀。"媒体人"刚子"评论说："这一季《中国梦想秀》从'搏眼泪'上升到了'送真情'，强调让梦想照进现实。"复旦大学教授钱文忠说："这一季的《中国梦想秀》热情拥抱了每个人与生俱来的梦想。"

截止到8月31日，《中国梦想秀》在迅雷看看上共点播41584119次、评论3889条，节目的观看人数和粉丝数也都呈不断上升趋势。网友"寻寻觅觅"说："每次看《中国梦想秀》，都被深深的感动，被亲情，被爱情，被生命。每一个梦想都值得被尊重，每一个场景都有不一样的温馨。"网友"@寻找一颗星"说："《中国梦想秀》的意义不仅仅是给大家圆了多少梦想，而是让千千万万的人重拾了梦想，为了梦想去奋斗了…"观众姜莹说："这个节目给我最大的收获就是：一个人一定要有梦想，而且要一直坚持下去，不论什么情况。"还有观众说："看了太多的没有灵魂的浅娱乐节目，当看到中国梦想秀，真正被她的精气神震撼到了！"

二、公益励志：《中国梦想秀》开创公益综艺大片时代

2012年6月29日，通过场内千名梦想观察员的票选，《梦想盛典》的舞台上诞生了执着精神奖、无私真爱奖、纯真天使奖、快乐公益奖、活力少年

奖、激情团队奖。其实这几个奖项本身就是浙江卫视《中国梦想秀》创制团队的真实写照：这个"激情团队"秉承"执着精神"，用"无私真爱"打造了中国电视"快乐公益"的最佳实践。这是一个充满"活力少年"气息的团队，他们期待越来越多的"纯真天使"经由节目产生越来越大的正能量。

《中国梦想秀》的价值不仅仅在于提供了一个好看的综艺节目，也不完全在于完成了浙江卫视标杆突破的目标，她真正的价值在于用大家喜闻乐见的方式构建了一个个感人至深的"中国梦"，用综艺的外衣柔性地传达了一个栏目、一个频道对"真"的苛求，对"善"的理解，对"美"的追求。这是目前中国省级卫视打造的真正的综艺标杆，"综艺大片"式的创制思维在给人带来极致视觉享受之外，真正将触动从感官推入内心。这是一个影响中国人价值观的电视作品，她所开创的"思想性、艺术性、观赏性"结合的综艺革新思路，影响深远。

1. 快乐公益："公益不是少数人的马拉松，而是全世界的接力赛"

他的舞蹈让人很快乐，他的梦想让人很感怀。他努力用他创造的快乐，成为山区的孩子们成长的力量。

这是《中国梦想秀》对获得"快乐公益"奖的"世上最牛胖子舞者"王迪的评价。单从他的体型，很难相信王迪能跳出悦目的舞蹈。但是他在"梦想秀"的舞台上给世人留下了印象深刻的表演，特别是在"梦想盛典"中，他与浙江卫视"新生代综艺全能小天后"伊一一起用舞蹈构建的充满张力的对话空间，让人相信他能教会贵州山区孩子"用舞蹈养活自己"。他用舞蹈带给人们的快乐，也正在成为山区孩子成长的力量。从他身上，我们看到了公益令人感触、令人快乐的能量。

"公益"是一个社会持续焕发生机的"正能量"来源，是对弱势群体背后苦难和悲伤的慰藉，是构建和谐社会不可或缺的价值元素。《中国梦想秀》以其绵薄之力，支撑起了一个电视公益的平台，它没有贩卖苦难，更没有空洞口号，而是站在公益的角度，让平凡人的梦想得以升华。

"公益"是对公共利益的关注，热心公益意味着将社会公众的福祉和利益看得比个体目标更为重要。留美女博士王胤颖放弃优越的生活和工作环境，自愿到最艰苦、最需要的地方支教，她希望能有人接她的班，继续让山区的孩子得到教育；王迪背负着让自己孩子离开大城市常住贵州的重

第三章 >>> 创新：
浙江卫视顶层设计的创新实践

压，却执意教会山区孩子跳舞谋生的本领；"杀猪姐"省吃俭用就是为了办一个敬老院，既弥补自己无法为奶奶送终的终身遗憾，也立志为老人创造"夕阳无限好"的生活空间……这是中国梦想秀舞台上涌现的诸多公益人士中的"沧海一粟"，他们的目光焦点早已脱离"小我"，而投注到更为宏大的"大我"。

"公益"也是对积极生活态度的强势表达。对他人的帮助未必一定要诉诸物质，可能对改变人生更为重要的是坚忍不拔的意志力和百折不挠始终乐观的强大内心。盲人按摩师吴光一次次遭遇命运带给他的不公，但是他却用微笑面对，他与偶像大张伟在舞台上蹦跳着高唱《穷开心》的场景很难不让人感动，"不想哭，大声笑"，"人一定要用自己的双手养活自己"是他留给"梦想秀"舞台、留给全中国人的正能量。如果这些话来自一位成功人士，我们完全能合理怀疑"站着说话不腰疼"的伪善，但吴光是一个努力工作却月收入不足2000元的盲人，他在福利院长大，从小没有父母，福利院也没有义务满足他进残疾人艺术团的梦想。这样的经历若是堆砌到意志薄弱的人身上，早已把人压垮。但是吴光对人生充满乐观，对社会充满善意的理解。他的精神真正体现了公益的神髓：关爱人的内心和精神，因为人与其他物种不同，总有一种力量能让我们泪流满面。

"公益"还是对弱势群体的关爱。靠震感学习古筝的杨萍、失去双耳听力却从未失去梦想信念的刘霜霜、"歌声中充满着对希望的呼唤"的天籁女孩吴怡铮……上帝给他们开了一个残酷的玩笑，他们不能像普通人那样享受生活。但是他们用自己的命运告诉世人，自强不息，就能获得生活的眷顾。

其实公益传播非常考验一个频道的实力，尤其是在面对弱势群体之时。充斥荧屏的"公益"往往是对悲戚命运的顾影自怜或者是对他人悲痛的二次消费、二次伤害。浙江卫视"不贩卖苦难"的口号掷地有声，《中国梦想秀》的公益表达体现于他对苦难的举重若轻，不突显、不煽情、不滥用。

而浙江卫视公益传播的又一成熟处，在于她会看似残酷实则温情地关爱他人。有时候，圆梦大使周立波在这个舞台上表现得不近人情，他会毫不犹豫打断要求他人捐钱捐物的"追梦人"，告诉他们还是要用自己的能力养活自己；他会对看似无悔的追梦人直截了当地说，你为自己梦想所付出的东西太简陋；他甚至会对孩子说"残忍"的话，告诉他，你的梦想应该更贴近现实，你应该先去受教育……这是对"公益"二字谙熟于胸的表现，这是体会了"帮助"实质后的表达。人都有柔软的心，但同情在某种程度也说明你与被同情者站在不同的人生高度，而节目摒弃的正是这种近乎俯瞰的姿态和心态。

《中国梦想秀》的舞台不鼓励博取同情，因为那与公益之大爱有微妙的差异。5岁的嘉琪已经是中晚期肝硬化重症患者，她爱唱歌、爱跳舞，她在"梦想秀"舞台上的表演稚嫩却有着令人心潮澎湃的力量。但真正感动笔者的，还不是小姑娘的重病，而是嘉琪妈妈在舞台上衣着光鲜、始终没有流泪的坚强。我们完全可以理解一个母亲此时此刻的悲痛欲绝，她完全可以借由哭喊呼吁他人的帮助。但是她表现得十分有尊严，这是一个坚强母亲的自尊，她希望女儿留给世人快乐天使的形象，而不是乞怜的弱者。而这正是"梦想秀"所赞赏的人生态度，也是浙江卫视持续在传播的公益理念。

为了帮助更多人圆梦，浙江卫视想方设法帮助圆梦人打开实现梦想的所有路径，在《中国梦想秀·梦想盛典》上，浙江卫视与中国社会福利基金会共同发起成立了"中国社会福利基金会梦想助力基金"，这个助力基金就是为更好的凝聚社会爱心，集结社会公益慈善资源，帮助更多的人实现梦想的社会大平台。这是一个频道将持续践行公益理念的行动表达，在此我们看到了一个电视媒体的非凡梦想："公益不是少数人的马拉松，而是全世界的接力赛。"

2. 无私真爱："在充满梦想的世界，人生变得完整"

他以卖凉皮为生，他热爱模仿表演，给人带来无限欢乐的背后，却是一个父爱如山的动人故事。一个伟大的父亲，为了自闭症的儿子，从未放弃梦想。

《中国梦想秀》偏爱质朴的感情，即使没有"秀"的才艺。这个名为"秀"的舞台从未拒绝任何一位拥有真情实感的"追梦人"。在急速变革的中国，人们在享受物质富裕的同时却陷入到虚无甚至功利的泥潭，情感缺失后必将是价值扭曲。因此"梦想秀"希望给人间真情留出足够宽广的表现舞台，以点带面，给一个被太多负面新闻打击得有点不相信真爱的社会，重新鼓起"想爱、渴望爱、渴望被爱"的勇气。

《中国梦想秀》所表达的"无私真爱"是大爱无言式的普适感情，是一种用生命与灵魂献祭的奉献精神。2012年6月8日，"梦想秀"的舞台迎来

第三章 >>> 创新：
浙江卫视顶层设计的创新实践

了一群静默悲伤的人，他们是"最美司机"吴斌的领导和同事。那将他从凡人升华为英雄的76秒令无数"铁石心肠"动容。我们可以将这短短的一分多钟概括为一个职业人士的"应急反应"，但是透过这白驹一隙，我们看到他对职业操守的恪守、对乘客的无私奉献、对家人的无限真情。

《中国梦想秀》改变原已制作完成的节目内容，特别制作和播出"向吴斌致敬"板块。节目邀请4位事发大巴的乘客和30位吴斌同事登上舞台，从"梦想"的视角诠释了这位平凡司机的壮举。吴斌的同事说："他原本打算带着妻子去云南旅游，庆祝结婚纪念。"这个简单的梦想却没能实现，但吴斌以自己的牺牲，让24个人的梦想得以延续；获救的乘客、怀孕6个月的单姗姗说："没有你，也许我的宝宝就不会来到这个世上。"另一位乘客韩唯春提议"说出我们的梦想，共同延续我们的梦想"……

在这个单元的尾声，杭州长运公司数十名客车司机和现场全体嘉宾、观众，以一曲《驼铃》来为吴斌深情送别。这样的安排让人在感动的同时，鼓起奋进向善的勇气和动力。这个过程中最能体现频道"无私真爱"精神的细节，还在于他们没有去打扰吴斌的亲人。也许那句"想去云南旅游"的话出自吴斌爱人，会更加感天动地，但是那对他已经悲痛欲绝、筋疲力尽的妻子，是又一次精神折磨。浙江卫视没有以"爱"为借口去伤害一个失去爱人的女性，这是他们对节目人文关怀底线的固守。

《中国梦想秀》所赞许的"无私真爱"是来源于普通人的生活体验却又因时间的沉淀、感情的积聚而历久弥新的质朴感情。来自哈尔滨的任福祥老人，辛苦找寻徒弟40年，只为那难忘的知青岁月里两人结下的深厚感情。老人在舞台上毫无修饰甚至有点絮絮叨叨地重复师徒情深，他始终记得在物质匮乏时期徒弟不远千里、挂在冰冻火车外保鲜运输的那两条带鱼。这两条带鱼，曾经穿越了半个中国，现在又穿越半个世纪，成为激励任福祥老人寻徒40载的动力。他没有什么功利的动机，而成名对他这样一位老人来说，似乎又意义不大。他只为看看徒弟目前的生活，问他一句：你过得好不好？当栏目组在老人毫无准备的情况下叫上他的徒弟潘万玲时，老人一下热泪纵横，狠狠拍了徒弟好几把，又怨又喜的表情令人感怀。徒弟潘万玲也哭着告诉任福祥去找过他好几次，但是厂空了，宿舍拆迁了，遍寻不着。这是这个高速发展的社会给人情带来的障碍，沧海桑田，一切都物似人非，但这过程间无私真情始终没有变。圆梦大使周立波对老人寻徒40载的评价是，虽然没有才艺，但老人饱含泪水与真情的讲述却成为了最美最动人的语言。

用父爱撑起一个苦难家庭的"凉皮哥"，为哥哥圆梦的90后哈佛女孩，"梦想秀"的舞台展现了太多感人至深的真实故事。也许这些故事的本体没有超越人伦之爱，但若一个人连对身边至亲都无动于衷，如何寄望他大爱无疆？哈佛女孩张笑颜说得好，"我不为他，我为谁？"抽离普通人情感体验过多的普适情感也许只能作为片刻的精神感召，而身边每日都在积聚的人伦情感却是社会的稳定器，是家国民族延续的血脉。也许这无关伟大，却胜在质朴。

《中国梦想秀》所宣扬的"无私真爱"，是对梦想面前人人平等理念的坚守。来自黑龙江的张忠阳一上台便坦承自己是个刑满释放人员，此次前来也不是为了自己，而是受一群目前尚在深圳监狱中服刑的狱友所托，来帮他们实现梦想。几年前，张忠阳因抢劫被判入狱七年，后来因表现良好获得减刑。出狱后的张忠阳在找工作时受到不少歧视，因此一度很消沉，好在家人的鼓励让他一步步走了出来，如今他和家人一起经营的连锁小吃店已经开了第三家。当他深情演唱了一首《春天里》之后，他告诉观众，这首歌代表了他和狱友们的心声，他们都希望把所有的错误和悔恨埋藏在春天里，去迎接全新的人生。他为他们曾经犯过的错向社会道歉，也呼吁观众不要用有色眼光看待他们，毕竟他们也可以有梦想，因为梦想对每个人来说都是平等的。

凡此种种，在这个圆梦的舞台上，处处体现对人生价值的温情回归。这种关怀随处可见，小到表演者受伤主持人递上餐巾纸，大到整个栏目组对普通人梦想的支持，可以说"梦想秀"的舞台是普通人圆梦的舞台，也是爱和关怀无处不在的舞台。这是一档综艺栏目对传达大爱、传播主流价值的极致实践，是一个频道对自身价值取向的柔性表达。

3. 执着精神："我的坚持，是因为你的不放弃"

他们演绎了2012最美爱情，用执着的舞蹈追求和绝美的爱情相守，深深打动了我们。他们是所有人心中最浪漫的国民情侣。

她用她的机智征服了我们，她用她的实力震撼了我们。她用她蛋蛋后的活力，让我们看到最好的未来。

获得《中国梦想秀》追梦大奖的"想爱组合"被誉为2012年最浪漫的"国民情侣"，两人配合默契的精湛舞技、相守十年的坚韧震撼了很多观众。舞

第三章 >>> 创新：
浙江卫视顶层设计的创新实践

台上，满玲玲的一句"我的坚持，是因为你的不放弃"，令人动容。这是"梦想秀"舞台上对"爱与归属"执着坚守的范例，他们代表着《中国梦想秀》所理解的第一重"执着精神"。

而《中国梦想秀》中最令人畅怀的是对自己的执着，是睥睨一切的强大自信与强大内心。获得《中国梦想秀》活力少年奖的冯辉，其以天才般的轮滑表演征服了全场观众，更因敏捷的反应和伶俐的口齿与周立波之间上演了一场精彩的互动，被网友和媒体称为"最牛蛋蛋后"。她在《中国梦想秀》舞台上提出的梦想是"希望举办香港迪斯尼的个人轮滑专场"。年仅11岁的她，已是中国国家轮滑队的成员，曾代表中国参加轮滑世锦赛并获得冠军，验证了"英雄出少年"的古语。

冯辉因为兴趣而玩轮滑，在轮滑领域取得骄人成绩的同时，也未对学业有所懈怠。她调侃周立波说"做第一名是很开心的事情，你有没有体验过哦"。而在她身上流露出的少年自信，更是让人为之一振。在"让梦想照进现实"环节，冯辉的机智让周立波手忙脚乱甚至濒临"崩溃"。周立波问冯辉"你为什么会这么自信的呢"，冯辉反问周立波，"如果没有自信，什么事都做不成。那你可以问问你自己，你在演出之前，肯定有自信的啦"。

冯辉展现的精神风貌，代表了"蛋蛋后"这一代充满自信、满怀梦想、聪慧且早熟的青少年。想起《中国少年说》所言，"少年强则国强"，少年自信则国自信。而冯辉这样的孩子，正给予我们这样的信心。正如冯辉在"梦想盛典"上所说，"有梦想就有未来"。

《中国梦想秀》的成功背后是一个栏目、一个频道执着不懈的创制精神。要成功打造一档标杆性大型综艺栏目，对任何电视机构都是巨大的挑战。电视是一种综合性艺术，需要团队配合才能运转顺利，在此间，领导层的领导力、魄力；频道创制团队的节目制作能力；全频道乃至全集团的协同能力，皆至关重要。凡此种种，已超越一般意义的制作能力，而需要辅以精神的力量方能破除万难。浙江卫视为《中国梦想秀》设立总监策划会，所有总监出席，类似作战"参谋长联席会议"，节目策略方针多出于这个"作战指挥部"。即使配备所有最好的电视资源，要达至完美，却仍然需要将人的能动力量调动到极致。全力以赴、执着坚持是《中国梦想秀》成功的秘诀，也是浙江卫视"中国蓝"强势崛起的深层原因。

追梦人对梦想的坚持、不放弃,最终获得圆满结果。同样,浙江卫视电视人对电视梦的追求和坚持,最终成就了《中国梦想秀》,也为自身打造了全新的综艺标杆。

4. 激情团队:"因为彼此的理想,我们一起追求时代的大梦想"

一群非舞蹈专业的孩子们组成的非专业团队,但同样的坚持让他们走到了一起,绽放出了比专业团队更耀眼的光辉。当她们在中国梦想秀的舞台上用青春和热血,用一个个惊人的抛举震撼全场时,她们离走向世界的梦想,越来越近。

每一期的《中国梦想秀》节目都以精美的舞台设计、炫丽的灯光音响呈现在观众面前,让观众尽情享受视觉盛宴,这背后是浙江卫视激情四射的制作团队和领导团队的辛勤付出。

《中国梦想秀》从开始招募"追梦人"到后期的品牌推广,无不渗透着浙江卫视电视人的辛勤工作。从舞台设计角度来说,《中国梦想秀》的舞台设计大气且恢弘,舞台设备、灯光、布幕、音响、演出道具、悬吊与更换支架系统等一应俱全,交相辉映。更具特色的是《中国梦想秀》的舞台下设置了可以随意升降的"梦想翅膀",由圆梦大使坐镇,300位梦想观察员的投票决定翅膀的升降。此外,梦想观察员的座位上每隔几个就会设立一盏灯,无论舞台上灯光如何变幻,台下梦想观察员的表情依旧能清晰的展现在观众的面前。

从音乐角度看,追梦人成功时的"我要飞得更高,飞得更高",失败时的"心若在,梦就在"都十分贴切。此外对于一些特殊的追梦人,音乐也会根据当时的环境而变,使舞台感染力更甚,比如歌曲《笔记》的作词人父母在舞台上希望给女儿圆梦,这一梦想直接通过时响起的《笔记》旋律,使得现场的气氛达到了高潮。

浙江卫视为了将《中国梦想秀》打造成为综艺类的标杆栏目,倾全台之力组建了一支近百人的"梦想突击队",打通内容、编排、推广、营销等所有环节,联合作战,力争完成频道提出的"路演要铺天盖地、宣传要上天入地、节目要感天动地、收视要顶天立地、最终开创'中国蓝'发展新天地"的总体要求。

《中国梦想秀》的营销推广可以分为四个时期,即预热期、导入期、宣传期以及品牌塑造期。在预热期,浙江卫视着力推广路演,以全国24个大城市为重点展开"百城寻梦大行动",在此过程由频道领导带队,奔赴核心

第三章 >>> **创新：**
浙江卫视顶层设计的创新实践

城市开展"飞行洽谈"：与重点城市的权重平媒、地方网站、人气电台、权威频道建立深度合作，并在新浪、腾讯、搜狐、百度等各大门户网站和多家热门视频网站建立推广站。

在导入期，浙江卫视全力打造品牌发布会和宣传周活动，积极倡导节目公益理念，传播"为普通百姓圆梦"的节目定位。

在宣传期，浙江卫视主要根据节目中出现的一些标杆人物来树立节目的品牌形象，创新性推出了衍生资讯栏目《梦想八分钟》来重点介绍节目热点。

在品牌塑造期，升级"圆梦热线"为"圆梦·助力热线"，搭建圆梦人和慈善人士沟通的桥梁。同步启动"户外圆梦"，由主持人、嘉宾或爱心人士把爱心和帮助送上门。

《中国梦想秀》从"新闻视角、公益诉求、人文关怀、综艺包装、营销思维"五个方面给予大众全新的视觉体验，在强烈的视觉冲击中夹裹着淡淡的人文情怀，真正达到社会效益与经济效益并举，是当之无愧的综艺节目"标杆"，体现了"顶层设计"理念在电视节目实践中的有效性和重要性。

面对激烈的市场竞争，浙江卫视始终坚守自身的媒介责任，在《中国梦想秀》的舞台上践行社会效益和经济效益的有机统一，实现主流价值和传播效果的完美结合。这一实践"对全国省级卫视综艺节目的创新创造和品质提升，都具有极好的典型意义和示范价值"[1]。

梦想可以很平凡，梦想也可以很伟大，只要你有梦想，我相信那就是你向前进的动力。在这里，我们要**以梦想的名义，向所有的追梦人，致以最崇高的敬意**。

虽然，有的人今天圆梦了，而有的追梦人依然非常安静的坐在这里。我相信你们还是在守候你们的梦想。奖项并不重要，重要的是**我们同梦想同在**。

中国梦想秀，为中国老百姓追求梦想助一臂之力。好吧，在这里请允许我代表我们《中国梦想秀》浙江卫视团队的全体成员，以梦想的名义，祝中国老百姓好梦。

周立波

---

[1] 韩业庭、李蕾：《<中国梦想秀>：哭着、笑着、感动着》，载光明日报2012年6月19日。

第三节　专业态度：中国好声音

　　人们喜欢，是因为它的"纯粹"：摈弃华丽和噱头，让歌声回归真实、音乐回归本义。在担心潜规则盛行、阶层流动固化的当下，"好声音"透出国人对真实、透明和纯粹的渴望，同时传递这样一个信念：只有努力才会改变，只要努力就会改变！

——《人民日报》官方微博

　　其实，最根本的变化，就是通过各种环节的设计，让音乐回归音乐，回归到才华、天赋和表达力的充分体现！选手、评委因而获得了自由和共鸣，《中国好声音》的所有设计才有了灵魂。节目的形式永远应该跟灵魂同行。

　　浙江卫视中国蓝，用梦想找到了内核，用梦想成真让秀成为了励志故事，梦想秀有了一流制作水准，也有了价值观的建构。但愿能坚持梦想而不要仅仅留下秀。中国梦想秀，中国好声音，一路成长。

——清华大学新闻与传播学院常务副院长尹鸿微博

　　《中国好声音》提炼了生命中那些最有价值的东西：积极，乐观，真挚，勇敢；"《中国好声音》有三味真火：节目真挚、嘉宾真挚、导师真挚，不火不行啊！"

——演员姚晨微博

　　2012年夏天，声音的力量不期而至。《中国好声音》用"好声音"的魅力将观众牢牢地吸引到电视机前。节目制作及播出历时三个半月，包含"导师盲选"、"导师抉择"、"导师对战"、"巅峰时刻"四个阶段。《中国好声音》的规则简单而纯粹，"声音是唯一的标准"：四位导师背对选手，只能听到选手的歌声，而看不到选手的形象。首期播出后，一批微博名人以完全不加掩饰的欣喜情绪持续推荐，将之誉为"2005年以来最值得期待的音乐盛事"和"耳尖上的中国"。

第三章 >>> 创新：
浙江卫视顶层设计的创新实践

《中国好声音》所掀起的热潮已经深刻影响了省级卫视综艺节目的传播语态，与中国观众的电视文化接受方式。这一节目重塑了精英阶层和知识阶层对电视综艺节目的文化信心，众多网络名人、社会精英给予《中国好声音》极高评价，将其视作一场"久违的心灵直击"。广电总局表扬这一节目"做到了关照现实和注重品质"，节目尚未收官就已列入广电总局2012年广播电视创新创优栏目的表彰与推荐名单。

一、叫好叫座：《中国好声音》竖立综艺节目新标杆

《中国好声音》让中国电视观众享受到了一场听觉盛宴。2012年7月13日首播收视率达到1.5%，超过了今年其他所有音乐类节目的首播收视率。此后，节目收视率屡创新高，直至最后一期突破6%，创造了央视索福瑞全国网省级卫视收视率的最新纪录，即使是节目的重播也以绝对优势占据同时段收视榜首，收视率达1%以上。在视频网站上，《中国好声音》一经播出就持续占据百度搜索风云榜综艺类榜首。所有数据无不雄辩地说明《中国好声音》是今夏最成功的电视节目。

中国好声音的主力收视人群详见图3.3.1所示，收视排名详见图3.3.2所示。

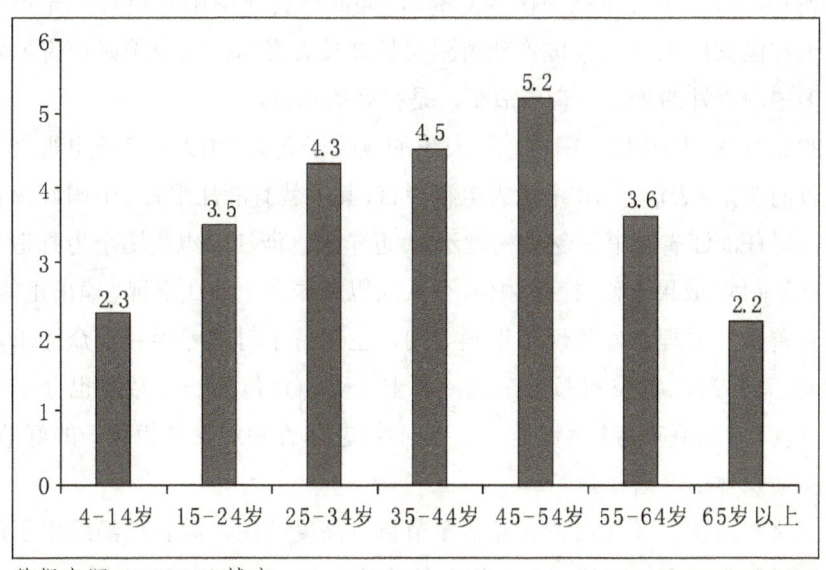

年龄段	收视率
4-14岁	2.3
15-24岁	3.5
25-34岁	4.3
35-44岁	4.5
45-54岁	5.2
55-64岁	3.6
65岁以上	2.2

数据来源：CSM 42城市

图3.3.1　25—54岁的实力观众为《中国好声音》的主力收视人群

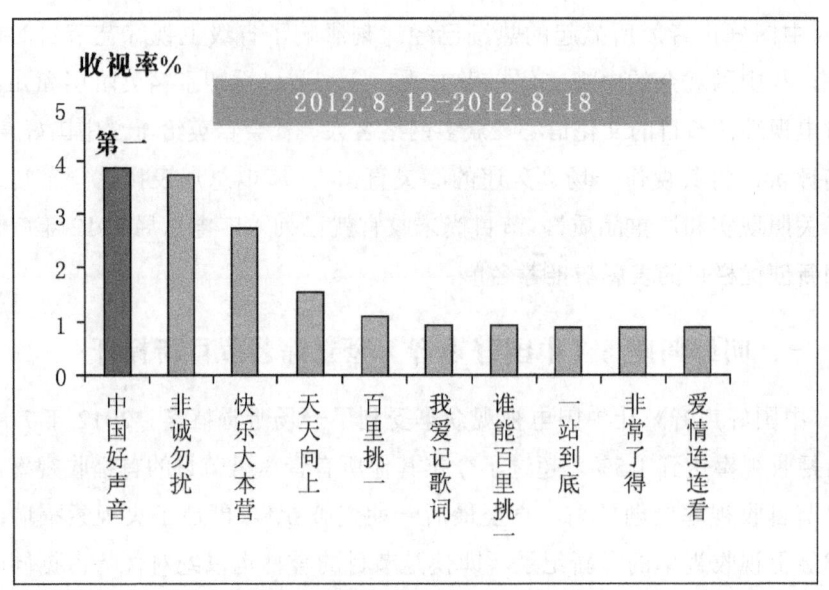

图 3.3.2 《中国好声音》一周收视排名

2012年7月18日，浙江卫视在北京饭店举办"顶层设计，电视大片"高端论坛，总结第三季《中国梦想秀》，同时探讨《中国好声音》先声夺人的原因，国家广电总局宣传管理司副司长高长力表示："《中国好声音》融入了很多中国百姓的生活、音乐故事，是很好的示范。"

2012年8月10日，广电总局发出的《关于表彰2012年广播电视创新创优栏目的决定》表彰了18个优秀电视栏目，其中就有浙江卫视《中国好声音》。之后，时任浙江省委书记赵洪祝批示："近年来，浙江广电集团全力打造'浙江卫视'品牌，成果丰硕、捷报频传，令人欣慰和振奋。浙江卫视'输出正能量、传递真善美'的理念，体现了正确导向，也坚持了时代呼唤和观众需求，路子走对了。"浙江省委副书记李强，省委常委、宣传部长葛慧君也分别肯定浙江卫视《中国好声音》栏目是一个导向性、艺术性和观赏性相统一的好节目，值得其他媒体学习借鉴。

主流平面媒体及其网站同样给予节目以高度关注，并且已经跳出了浅层的对节目制作层面的揭秘和对收视率的吹捧。如《南方周末》报道文章有《尊重人的天性，有"中国好声音"》、《声音是第一生产力：以"中国好声音"为例》

第三章 >>> **创新：**
浙江卫视顶层设计的创新实践

等。人民网、《光明日报》等主流媒体亦刊有多篇报道。

在微博上发声的有《人民日报》这样的官方媒体，尹鸿、关玲等知名学者，还有冯小刚、姚晨等一批影视圈名人，他们的评论已经超越了对节目操作层面的解析和一己之观感，直指节目的文化意义和社会价值。

可以说，经由这档节目，众多曾经不看好中国电视的社会精英再度回到电视机前，为中国电视业界能够做出这么真诚而专业的节目激动万分。经由这档节目，电视机仿佛一夜之间再次回到中国家庭客厅的中央，举家欣赏一档音乐节目。经由这档节目，"32场演唱会"、"椅子很忙"成为网络热词，一档电视节目突破了原有的传播边界，以近似"病毒式"的传播迅速升温为一个文化现象，演化出版本各异的"好声音体"。这是一档征服市场的成功节目，是一档触动心灵的励志节目，也是一部给中国电视业界带来多重思考的"电视大片"。

二、完善综艺：《中国好声音》创立综艺大片新语态

2012年9月30日，《中国好声音》巅峰之夜在上海八万人体育场举行，四位导师的最得意门生和多位大牌明星一起，登上了只属于"好声音"的璀璨舞台。这些最具实力的选手以他们的执着和奋斗完成了他们的音乐梦想。而在这个追逐梦想的过程中，各位选手表现出来的专业、真诚、努力、善良都深深的印在观众的脑海中。这是一场声音的盛宴，更是无数美好情怀的盛宴。观众通过《中国好声音》，不仅能从天籁一般的歌声中得到视听的愉悦，更在歌者的自述中分享了他们的生命体验。

舞台上一个个动听的声音背后一定有一个个对生活有所体验、对梦想有所追求的活生生的人。这种对人性的追求体现的是一个频道在综艺大片的背景下，全方位构建电视综艺节目叙事新语态的决心和信心。这个深受观众喜爱的音乐节目，以其专业的电视创制态度、高度的文化融合能力、强大的资源整合实力，必将在中国电视综艺节目的历史上留下浓墨重彩的一笔。

1. 专业态度：打造极致完善节目形态

《中国好声音》能够在众多音乐节目中脱颖而出，很大程度取决于这一节目的专业态度。

首先是**对音乐专业能力的尊重**。好声音首先来自好学员，这也是节目最

重要的元素。"好声音"的高水准表现源于严格的筛选机制,它摒弃了零门槛选秀的低端模式,是一次金字塔式的民间专业水准歌手的大集合。《中国好声音》最初的招募由四个导演组30多人分赴全国各地,第一批50人的候选名单,到了制片人这里,已经砍去一半,去录音棚试音之后,只剩下10个人。严格的把关,使"好声音"达到了专业的水准。

其次,**对电视业界专业经验的尊重**。不同于有些节目山寨、抄袭的作法,《中国好声音》斥巨资购买节目模版,并且严格按照模版要求精益求精,从而打造出一档高度专业的音乐评论节目。其中所蕴含的正版的严肃态度与专业实力,震撼荧屏。在节目的制作过程中,版权方提供的200多页的"宝典"为最终节目能够呈现如此高的品质提供了详尽至细节的说明,包括前期准备、内容安排、导师选择、学员挑选,现场音响的安装和调试,灯光的色彩、明暗的调校、接线的方法,以及过往经验及注意事项。《中国好声音》在上海华师大体育馆专门搭建录制现场,所用器材、配置堪称准演唱会级。节目制作中,国外版权方的专家、制片人亲自授课,亲自把关。这些专家负责把关场景中的所有标准,精确到一个声道、一盏灯、一个机位。正是这些经过精细研究而确定的变量控制与制作经验为《中国好声音》提供了技术层面的顶级保障。

最后,《中国好声音》的成功很大程度上还依赖于以下**节目设置环节的专业**。"盲选制"是《中国好声音》的一大特色。盲选保证了"好声音是选择的唯一标准"的可操作性,它呈现给观众的是一个较为公平、公正的"以声取人"的选拔方式。

从节目机制来看,《中国好声音》有一个悬念式推进的模式设计,不是比赛,没有PK、"晋级"等字眼,也规避了主持人在舞台上无意义的串词和调侃,把舞台时间最大限度的留给选手演唱和导师点评,让选手、导师和观众一起享受追逐梦想的整个过程。但观众一直存有悬念和期待,"好声音"在一系列的不确定之中实现了非凡的节目体验。悬念的设置,使得整个音乐节目从根本上摆脱了只有演唱和点评的常规模式,更多的集中到由诸多看似偶然的剧情元素环环相扣的结构中来,一次次的椅子转动中,导师未知的举动和双向选择的悬念,就如同戏剧桥段,在观众在期待中,不断制造惊喜。

"**导师制**"是《中国好声音》的另一大看点。根据国际模版的要求,该

第三章 >>> 创新：
浙江卫视顶层设计的创新实践

节目要求评委中有两个一线大牌，一个受年轻人欢迎的音乐人，再加上一个历经坎坷方获成功的歌手。在《中国好声音》中，这些角色分属刘欢、那英、庾澄庆和杨坤。作为国内一线大牌歌手，那英、刘欢对于参加节目起初并无多大兴趣，但看过荷兰、美国的原版节目后，便改变主意决定加入。这个导师组合也获得了不少业内人士的认可，被称为"顶级的导师队伍"。

《中国好声音》的节目中，四位导师风格鲜明、各具特色，同时又和谐亲切、互动友爱，完美掌控了这台节目。通过这档节目他们走下音乐导师的高台，步入平凡生活，还原为一个个真性情、真感情的人，他们或被学员激发，讲述自己的坎坷经历以激励对方；或被学员的天籁之声感动，激动得热泪盈眶、语不成调；或与学员一起尽情高歌，享受音乐带给人们最纯粹的快乐……导师与节目气质的高度融合，让四位导师展现了最好的自己，也让观众立即喜爱上了这些可爱的导师，喜爱上了这档让人变得可爱的节目。

导师与学员之间的双向选择也消解了导师高高在上的刻板印象，而其中"争抢"学员的过程更突显导师的惜才爱才，于是出现了"杨32郎"、"刘五棵松"。同时，我们也不止一次地听到导师们感叹"其实可以转的"、"本来是可以转的"，也不能忘记那英在"外卡战"中听到云杰的声音时要不要转椅的纠结。这些都是导师坚持专业性、惜才爱才和声音至上理念的体现。

对于学员以后的发展，节目组表示："导师考核阶段只是为了让导师挑选出队中最有实力、最有潜力的学员，但所有人都不会离开《中国好声音》的团队，他们也会得到更大的演出平台……不会分出1，2，3，4名，只是在学员中选择实力更强、更有培养潜力的，让他们率先面对更大的舞台，其他学员也依然会参与各种培训，逐渐登上梦想舞台。""导师制"使得《中国好声音》旨在为中国乐坛发现一批怀揣梦想、具有天赋才华的音乐人的承诺能够兑现。

2. 真情励志：彰显电视综艺人文关怀

浙江卫视将《中国好声音》定位为"励志大片"，在展现节目专业水准的同时折射参与者对梦想的追求和执着，表达通过努力终能改变命运的自信与自觉。观众不仅从天籁一般的歌声中得到视听的愉悦，更在歌者的自述中分享了他们的生命体验。

若只有"好声音"而没有故事，观众将更多的成为一个消费"好声音"

的消费者，而非如今的分享者。消费带来的多是感官享受，而分享获得的是精神洗涤。观众被歌者的歌声以及故事深深打动，无论是为了音乐梦想而歌，还是为了亲情爱情而歌，无一不充满生命的激情与正能量。

在《中国好声音》的舞台上，我们发现了巨星背后的默默奉献者，看到了他们在灯光无法顾及的角落的坚守。刘悦，晚会策划，一直穿梭于舞台的各个角落，但从来不是舞台上的主角。无数次，在聚光灯照不到的幕后，她渴望着被认可。在《中国好声音》的舞台上，当观众的视线汇聚时，她就像一朵猛然绽放的玫瑰，仿佛之前30年的生命，都在为她此时此刻的光芒汇聚能量。从此，刘悦不再以一个旁观者的姿态来等待音乐响起，她拥有了自己的舞台，更拥有了一群被她的歌声征服的听众，包括为她转身的四位导师。

倪雅丰，北京奥运会主题曲《我和你》的小样演唱者。她拥有天籁一般的嗓音，却一直没有获得属于自己的舞台。她的梦想很简单，渴望登到世界最高的舞台上为大家演唱，"让大家既能听到我的声音，也能看到我的样子"。同样在用心演唱却始终没有登上舞台的还有王崇，那英演唱会的和音。她的歌声酷似那英，却没有一位导师为她转身。正如庾澄庆所解释的，和音是世界上最没有个人特色的歌者，帮谁和音就要附和谁的声音。他们是站在巨星背后的人，只能在仰视巨星风采的角落艰难地证明自己。《中国好声音》给了他们一个展现自己的机会，也给了他们继续前行的动力。例如王崇，虽然没有赢得导师的转身，却获得那英和她一起站到舞台上好好地唱一首歌的承诺。

晚会策划、和音、编曲，这些对音乐工业至关重要的"螺丝钉"一直在巨星背后默默坚守，也许终其一生也没有多少人意识到他们的存在。他们同样才华横溢、富有梦想，《中国好声音》给他们提供了一个众人瞩目的舞台，让他们在聚光灯下证明自己、完善自己。他们刹那间散发的光芒，充满了励志的感召力，让每一个同样在自己岗位上兢兢业业却始终平凡的人，看到了自身的价值。

在《中国好声音》的舞台上，我们再次发现了梦想的力量，以及为此执着坚守的价值。曹寅，卡车司机，开车太过枯燥就喜欢唱歌。上台之前爸爸唠叨他，"你唱一首歌能换来两个烧饼吗？要是这次唱不好的话就实实在在干点事"。在父辈眼里，唱歌不是"实实在在"的事，做歌手简直是痴人说梦话的空想。曹寅凭借自己完整处理歌曲的能力赢得了杨坤、刘欢和那英三

第三章 >>> 创新：
浙江卫视顶层设计的创新实践

位导师的转身，舞台上他笑得很舒畅，这是梦想达成后发自内心的满足。在他看不见的后台，批评他不好好干活的父亲其实是最紧张的人，看到儿子获得认可，激动得热泪盈眶。这也许是我们每个人在追逐梦想过程中最容易遭遇的困境，不知道自己在追逐的到底是脚踏实地的梦想还是无的放矢的幻想。曹寅成功了，不管他最后能在这个舞台上走到何时，他证明了自己是一个歌者，也在人生的重要瞬间和长辈达成一致。

张玮，音乐疯子，除了吃饭睡觉，就是在唱歌。满头小辫的张玮是一个张扬而热情的人，他在舞台上大声诉说自己对音乐的执着："我热爱音乐，我觉得音乐在我生命当中就像是太阳、阳光。没有太阳、没有阳光，人可以继续活下去，但不会像在太阳下活动那样有颜色。"不疯魔不成活，他对音乐近乎偏执的热爱，赢得了导师的赞许和观众的欢呼。这是天赋的力量，也是执着的力量。在追逐梦想的道路上，内敛也好张扬也罢，想要成功必要付出常人无法想象的努力。每个学员在舞台上举重若轻的诉说中，我们看到了坚持梦想的人周身所散发的理想主义的光环。

在《中国好声音》的舞台上，我们感受了人类情感的珍贵，悟出了爱与归属的重要。平安，知青的孩子，他用一曲经典老歌《我爱你中国》向父辈致敬，美声中添加的现代摇滚元素，加上他强有力的嗓音、控制力极好的演绎，使得歌声震撼全场。在平安演唱中，我们看到了一个内心狂热的年轻人，尽管经历坎坷，但仍然执着音乐的青年。他的歌声里面包含了太多的情感，对知青父母的敬孝之情，对祖国的挚爱之情，对青春奉献的信仰之情，以及承续父辈精神的血脉深情……这个社会，正极需要这样质朴、真挚的情感来净化我们浮夸的现状；舞台上需要这样一个铿锵有力的声音，来传递我们的正能量。

吉克隽逸，凉山彝族人，她极富感染力和爆发力的歌声震惊全场。一个看似张扬叛逆的女孩却有着对母亲最真挚的爱："我喜欢音乐完全是受到我妈妈的影响。她有个蓝颜色的歌本，一首一首的教我唱。我最爱和妈妈在山间唱歌。那种幸福感是任何时刻都无法比拟的。"她们母女身上的故事是中国家庭常见的版本，父母为孩子奉献所有，他们没有实现的梦想，最终成为孩子追寻的起点。

《中国好声音》的舞台上，涌现了许多感人至深的学员，他们的歌声足以"让人一听到就起鸡皮疙瘩"，更重要的是他们歌声里的故事，传递出更多超越音乐的信息和感动，而这种信息，恰恰就是能被导师们接收，最终可能被深度挖掘的"好声音"。

《中国好声音》之所以能引起持续的赞誉，关键在于其内核中超越技术的人本主义情怀。浙江卫视一位负责人说："娱乐是一个壳，一定要讲人的故事，关注生命的本体。"任何优秀的电视作品节目都不可能脱离社会、不可能脱离对人的关注。《中国好声音》通过对人的关注，对人性的讴歌，将一档专业音乐评论节目微调为一次对梦想和情感的多元展现，其间向上向善的力量感人至深。

3. 融合共生：精英文化与大众文化的平衡

在中国省级卫视激烈竞争的格局下，电视这种文化形态似乎离精英文化越来越远，在收视率这把双刃剑的影响下，不少电视台为博眼球，低俗化，甚至恶俗化的倾向日益明显。"雅俗共赏"这个一直以来衡量一档电视节目成功与否的重要标准似乎日益难以实现。在每年的"两会"上，不少对此现象颇感忧虑的与会代表们都会提出相关的议案、提案，希望净化荧屏，提升社会精神文明的整体水平。在此背景下，广电总局对违规的一些电视节目频频亮出红灯，"限娱令"、"限广令"、"限剧令"的出台，表明了国家管理层面希望将电视文化形态引入正轨、最终促进社会主义文化建设和谐发展的决心。

纵观我国电视综艺节目的发展历史，真正成功的节目一定是做到了"雅俗共赏"，找到精英文化和大众文化的平衡点。《中国好声音》的脱颖而出，也正是通过真正将文化精英与普通民众都吸引到电视机前而获得的成功。这种精英文化与大众文化的平衡主要体现在两个方面：

1）用精英实力打造大众文化的态度

《中国好声音》源自荷兰的电视模板《The Voice》，该模板被全球28个国家引进，播出后均取得不同凡响。浙江卫视经过多方研究慎重考虑，重金购入。在《中国好声音》节目的准备和制作过程中，创制团队以专业主义精神忠实于模板的制作要求，以极致的态度追求完美。

节目中导师坐的四把高背椅子是节目的灵魂道具，椅子涉及视听系统、外观、旋转系统等，十分讲究。既要保证导师看不到选手，又要确保导师能有最好的收听效果。为此，节目组不惜重金专门从英国购买了这四把高背座椅。为了保证电视画面的干净，创制组要求现场所有的工作人员都穿黑色衣

第三章 >>> 创新：
浙江卫视顶层设计的创新实践

服、还细致的把摄像机的三脚架全部用黑布包裹起来，以免器材的反光干扰了观众的视觉。每期节目现场都安排有 27 个机位进行拍摄，以确保所有细节和稍纵即逝的情绪爆发点不会被错过。每期 80 分钟的节目，所录制的素材就有近 1000 分钟，这样导师拍按钮时的激动或纠结、选手细微的表情、亲友团焦虑的状态都可以清晰地展现在观众面前。

《中国好声音》节目创制团队就是凭着对电视梦想的追求，对选手和观众的真诚，尽心尽力为观众打造了一档真正同"世界水准"接轨的电视节目，成就了《中国好声音》节目。

这种集全台之力，倾力打造一档栏目，追求节目极致完美的态度可以说是如今浮躁的电视界里不多见的。在当今社会功利主义盛行的背景下，"多快好省"成了不少人的追求目标，然而殊不知这种敷衍的态度往往只能获取短暂的眼前利益。电视作为面向大众的公共平台，它提供的电视节目，不仅仅是一般的产品，更担负着引领社会思潮、塑造精神家园的社会责任，因此，浙江卫视的这种严谨求实的态度，不但契合浙江省委省政府倡导的"务实、守信、崇学、向善"为内涵的当代浙江人的共同价值观，而且从中体现出来的气质和实力也是一个频道能够永续发展的精神动力。

2) 找准精英文化与大众文化的共鸣点

精英文化和大众文化有其差异性，但也有着很多的共同性，总体而言，人性的最基本因素比如亲情、友爱、真诚、梦想等无疑是所有人能够达到高度统一的共鸣点。浙江卫视立足这些共鸣点，将《中国好声音》定义为"大型励志类专业音乐评论节目"。所谓的"励志"，即每位学员追逐音乐梦想的执着和热忱。一定程度上，《中国好声音》延续了《中国梦想秀》的"梦想"情怀。如果用最简单的三个词来概括《中国好声音》的价值追求，那就是：梦想、进取、真诚。

在这个舞台上，每个追逐梦想的都是普通人。农民歌手邹宏宇因为唱得不像阎维文，得不到老乡的认可，他渴望站在这个舞台上实现自己的音乐梦；胖胖的高三女生郑虹在舞台上安静地唱着阿黛尔的歌，她想通过唱歌找回面对一切的勇气。这种梦想与现实的纠结，牵动着观众的心，唤起了人们内心深处的情感的碰撞和无限联想。

与梦想相伴的是选手们积极进取的态度。父亲刚刚去世三个月，一度以为"世界已经毁了"的徐海星，坚强地走上舞台，唱歌给父亲最喜欢的刘欢老师听；阔别舞台20年的41岁单亲妈妈王燕，带着对音乐的执着和为女儿树立榜样的信念，勇敢地走上了舞台；漂泊在北京的音乐编曲金志文，用歌声表达对女友八年如一日支持的感谢和自己对音乐的无悔付出。著名节目主持人白岩松评价道："我觉得《中国梦想秀》，还有《中国好声音》正在鼓励越来越多人，不是通过抱怨，不是通过暴力，妄图使自己的命运发生多大改变，而是希望通过在公平规则之下，自己艰苦的努力而改变。"

这就是《中国好声音》造就的情感共鸣点，它来源于普通大众的本色表现，但同时也得到精英人士的高度认可。

4. 整合资源：构建覆盖全媒体的传播体系

2012年的夏季，以音乐为主题的综艺节目并不仅有《中国好声音》一家，仅就"盲听"这一点来说，撞车的就有《天籁之声》、《完美声音》、《一声所爱·大地飞歌》，而打出"选拔声音"概念的音乐选秀节目，更有《花儿朵朵》、《声动亚洲》、《激情唱响》、《清唱团》等十多档。《中国好声音》能在激烈的竞争中脱颖而出，得益于浙江卫视强大的资源整合能力。

1）建立新型的合作模式

《中国好声音》的成功运营，首要的因素就是浙江卫视采用了一种与制作方深度合作的新型模式。这种被业内称为"对赌协议"的合作模式，指的是制作方和电视台共同投入、共担风险、共享利益。制作方和电视台约定一个收视率底线，低于这道线，制作方做出赔偿，高于这道线，二者分红，且上不封顶。对于制作方而言，如果节目非常成功，它获得的收益将非常可观，当然，它也要承担万一节目不成功的巨大风险。对于电视台而言，如果节目非常成功，它获得的收益将被制作方分去可观的一部分，相对应的，如果节目不成功，电视台将获得一定的赔偿。

在以往的电视台与制作方的合作中，电视台往往并不愿意采用这种模式，在国内的现有制播体制中，电视台作为播出平台，一直是较为强势的一方。既然传统的制播方式能让电视台收入可控且不担风险，因此电视台要迈出这改革的一步需要管理层下较大的决心。浙江卫视凭借强大的播出平台和强有力的营销手段，与灿星公司合作引进优秀国际电视模板，成功打造了具有国际一流水准的《中国好声音》节目。

第三章 >>> **创新：**
浙江卫视顶层设计的创新实践

2）构建全媒体传播体系

随着新媒体技术的发展和互联网应用的普及，任何媒体形式都难以以单一的形式存在和发展，多种媒介形态的竞合、整合、融合成为大势所趋，而这种对全媒体新型传播格局运用能力的高下，已经并将继续成为衡量媒体是否具有强势影响力、传播力和竞争力的重要指标。在《中国好声音》节目中，浙江卫视全力打造的覆盖全媒体的传播体系已经初现端倪。

首先，以卫视平台为基础。全媒体的传播体系中，卫视自身的播出平台仍然是整个体系的核心和基石。一档成功的节目，必然是在播出平台上获得骄人的收视率。《中国好声音》首播收视率1.5%，到了巅峰之夜晚会已高达6.109%。

其次，借助互联网强势推广。如何通过互联网的放大效应，进一步扩大整个节目乃至整个卫视平台的影响力，这是全媒体传播体系构建中最为重要的环节。

微博急速扩展影响力。根据最新的统计，国内微博用户数量已超三亿。在全媒体时代，微博作为分享、获取信息以及沟通的工具，其能量之大已经是所有人都不能忽视。尤其是名人微博，更是有着强大的号召力和影响力。《中国好声音》第一期播出后，导演冯小刚的微博写道："歌唱得好，情也真。猝不及防被娃的真挚撞了怀。这娃是去污粉，能洗掉心里的灰尘。"与此同时，姚晨、张靓颖等各界名人纷纷通过微博为节目发布评论和转发力推《中国好声音》。此外，《中国好声音》还利用官网微博、嘉宾微博、歌手个人微博、微博活动、微访谈等方式，急速扩展节目的影响力。

视频网站发挥长尾效应。所谓长尾效应，简而言之就是将产品的触角延伸到最末端的用户。《中国好声音》受到热捧，无疑吸引了大量网民上网观看该节目的视频。以爱奇艺视频网站为例，《中国好声音》每期的网络点播率都在千万次以上，再加上土豆网、优酷网、酷6网，以及新浪视频、腾讯视频等网络视频平台的播放，庞大的网民基数必然继续巩固甚至增加更多人的关注。

网络论坛聚集人气。有了数量可观的网民做基础，《中国好声音》的百度贴吧、微吧等相继开出，引发网民对某些事件的讨论甚至争论，形成网络中的公共讨论空间。截至9月底，中国好声音百度贴吧会员数已经超过20万，中国好声音微吧也有超过7万人关注。特别值得一提的是这些人群往往是《中国好声音》的铁杆粉丝。

官网、门户网站树立权威形象。尽管理论上，微博、网络视频以及相关论坛已经可以涵盖和《中国好声音》有关的几乎所有讯息，但是官网、门户网站相关报道的数量仍然一定程度上被视为一档节目乃至整个浙江卫视权威形象的体现。在《中国好声音》总决赛后，新浪网、腾讯网与此相关的报道分别为3501条、3026条，而网易网中与此相关的报道更是达到了14900条，显示出该节目所受的关注程度。

3）拓展多样化产业链

正是因为有了更为良性的合作模式，制作方才有了更高的积极性拓展节目之外的赢利空间。目前《中国好声音》已迅速拓展出多条产业链，力求获得最佳的经济效益。

版权销售。《中国好声音》播出前，由于收视率还未得到市场的检验，节目组以不高的价格将网络播放权同时出售给多家视频网站。但是随着节目的热播，就有视频网站迅速买断《中国好声音》的延伸节目《酷我真声音》的独家网络播放权，节目组通过节目及其延伸节目的版权获益。

衍生节目。《中国好声音》的延伸产品《酷我真声音》是一档导师就学员受到的外界质疑，对学员提问，由学员回答的小节目，时长只有10分钟。但是因为话题敏感，且被质疑的学员往往有更高的关注度，因而节目的收视表现也较为出色，同样受到广告商的热捧。这种衍生节目的开发突破了以往仅仅落实到实物产品的思维惯式，获得了不少专家学者的认可。

彩铃下载。借鉴了国外同类节目通过音乐下载方式获得收益的经验，《中国好声音》将彩铃下载作为重要的产业链环节之一。由于彩铃下载是国内音乐下载中少有的大家都认可且接受的音乐付费方式，因此，《中国好声音》与中国移动达成合作意向，力图共享这一块可观收益。

学员演艺收入。制作方和浙江卫视通过对学员后续演出的安排，力争进一步拓展产业链，积极为《中国好声音》学员打造自制剧、电视节目、微电影等。2012年9月21日晚，《中国好声音》首场演唱会在澳门金光综艺馆举行，现场一万五千个座位几乎座无虚席。当晚，张赫宣、张玮、丁丁、李代沫、多亮、关喆、平安、权振东等20多位学员悉数登台献唱，现场反响热烈，为后续巡演打响头炮。其后，《中国好声音》公布从2012年12月到明年春节前，全国将进行10场巡回演唱会的消息，南通、苏州、南京、南昌、杭州、

第三章 >>> 创新：
浙江卫视顶层设计的创新实践

成都、重庆、泉州、南宁等城市的观众可现场感受中国的"好声音"。《中国好声音》世界巡演的票房收入成为节目收益的重要组成部分，也有力开拓了电视节目营销的"长尾效应"。

在"顶层设计"理念指导下，《中国好声音》在培养乐坛新人的同时，将视点集中在执着梦想的平凡人身上。声音与故事散发的"正能量"，瞬间击中电视机前的观众。正如浙江卫视所希望的，《中国好声音》不仅是一档综艺节目，更是一部励志大片。这种理念的转变体现出浙江卫视在激烈竞争中谋新谋变的决心，以及借助顶层设计的视野，能为中国电视整体品质提升提供价值引领的不懈追求。

经由《中国梦想秀》，浙江卫视开创了全新的综艺大片时代，并且在《中国好声音》中我们看了到这一创制思维的一以贯之。两档综艺节目强力表征着"以精英的实力创造大众文化"媒体理念的无限潜力，体现了以媒介专业主义引导大众文化的必要性和可行性。精英创制实力与大众文化的有机融合是浙江广电人的媒介理想，而通过两档综艺节目，一个电视平台在帮助普罗大众圆梦的同时，也在中国电视史上浓墨重彩地写下自己的梦想。

2012年，"梦想"成为一个频道的专用名词，成为一个频道精神气质的最佳诠释。2012年，梦想的颜色是蓝色！

2012年是浙江卫视"中国蓝"顶层设计理念成功实践的一年。因为"第一梦想频道"和追梦人、观众彼此间的理解，整个社会再次感受到了电视艺术的视听魅力和文化意义，这是两档综艺栏目对传达大爱、传播主流价值的极致实践，是一个频道对自身价值取向的柔性表达，也是面对消费社会的中国人对人生价值的一次温情回归，

浙江卫视这个擅于整合资源撬动电视市场的频道，一直在寻找另一个支点，让"中国蓝"的梦想气质深刻影响中国电视竞争的整体语境和运作法则，重塑中国观众对于电视艺术的认知与接受方式。通过《中国梦想秀》和《中国好声音》我们看到了这一梦想的实现，看到了一个频道在追求优秀之后锻造卓越的决心和蓝图。

实务篇

SHI WU PIAN

践行与变革

>>> **实务篇**
践行与变革

在浙江省委宣传部"把浙江卫视打造成为国内卫视一流传播品牌"精神和浙江广电集团"解放思想、提升品牌、激活机制、开创新局"的指示要求下,浙江卫视确立了"立志如山"的组织使命和"行道如水"的竞争策略。在实践层面,浙江卫视全力以赴、守正出奇,主攻新闻、综艺,彰显人文、公益,2008年一举进入省级卫视前三强。

面对省级卫视激烈的竞争态势,浙江卫视清晰地认识到:"卫视竞争演化至今,其焦点已非单纯的电视实务,而是要回答一个更为宏大的命题。即如何走系统的可持续发展之路,来回应当前中国社会的政治、经济、文化诉求。"[1]

2011年初,浙江卫视提出"顶层设计"理念:"通过整体战略布局特别是来自于上级领导对频道运行的宏观设计,连接办台理念与操作实践,使卫视频道保持文化辐射力和长效竞争力。"[2]"顶层设计"的核心是媒介要自觉承担起社会赋予媒体的"义务与期望"。[3]落实到具体的卫视可以从组织信念、管理制度、节目生产三个纬度进行思考和实践。

在全国卫视竞争中,浙江卫视力图摆脱卫视激烈的红海厮杀,施展蓝海战略:强调格局为王,抢占全国市场;强化新闻视角,彰显主流价值;内化人文情怀,凸显公益诉求,做到社会效益和经济效益并举。这些理念具体指导了浙江卫视的节目创制,是"中国蓝"节目群的研发起点和致胜宝典。

---

[1] 夏陈安:《浙江卫视中国蓝顶层设计的探索和实践》,载《中国广播电视学刊》2011年第8期,第2页。

[2] 夏陈安:《浙江卫视中国蓝顶层设计的探索和实践》,载《中国广播电视学刊》2011年第8期,第2页。

[3] Jo Bardoel and Leen d'Haenens:《Media Meet the Citizen: Beyond Market Mechanisms and Government Regulations》,载《国际传媒政策新视野》,上海三联书店2005年版,第58—84页。

格局为王、均衡发展

"两军对垒、胜在气势",2008年浙江卫视全面解放思想,扩大竞争版图,汇聚起了强力上扬之势。

要做大全国市场,必须拓展节目内容的空间视野。新闻节目站在"跳出浙江看浙江、跳出浙江评浙江"的高度,立足本地,探寻全国意义。从全国的角度看浙江的发展,从浙江事件找全国普遍意义。近几年来浙江卫视采制了一批具有全国影响力的好新闻。

综艺节目,则放眼全国,做大型活动、做有影响力的节目。突破地域限制,深入挖掘可以让全国观众参与的节目形态。与此同时,节目注重挖掘娱乐中的公益内核,弘扬向善、向上的主流价值观。"不为娱乐而娱乐,而是要让观众在娱乐中有所感动和感悟,进而讴歌人间的真善美。"[1]

浙江是一个山清水秀、文人名仕辈出的地方。浙江卫视也素有人文传统,即使是在电视竞争激烈、娱乐节目势头强劲的形势下,浙江卫视也坚持保留稳定的人文节目创制队伍,淡定坚守,使蓝色文脉一以贯之。

浙江卫视始终认为"把黄金时间留给文化,希望用文化滋润心田的方式,直达观众的心灵,用文化的价值引领,把观众找回来。这恰恰是重视收视率的另一种体现,这也体现了电视人的文化坚守。"[2]

更难能可贵的是,为了更好地传承人文优势,打造人文梯队,浙江卫视还特别推出"'中国蓝'纪录片名导培养计划",鼓励和培育人文节目优秀人才和团队,使其脱颖而出。

在大格局、大视野、大手笔的合力作用下,浙江卫视秉承提供信息、传承文化、引导娱乐的自觉探索,坚持"新闻立台、人文美台、综艺强台"的均衡发展策略,不断提升频道的舆论引导力和影响力。

巩固优势、凝固品牌

在"中国蓝"理念的引领下,浙江卫视齐心协力、勇于创新,在唱响主旋律的同时,强化新闻报道、提升综艺平台、研究编排规律、加强技术革新,

---

[1] 韩业庭、李蕾:《〈中国梦想秀〉:哭着、笑着、感动着》,载《光明日报》2012年6月19日。
[2] 夏静:《"星光"何以灿烂?》,http://news.xinhuanet.com/newmedia/2012-05/17/c_123144080.htm,访问于2012年5月17日。

> >> **实务篇**
> 践行与变革

在各方面取得了质的飞跃，打了一场又一场"攻坚战"，使"中国蓝"成为具有全国影响力的媒体品牌。

在品牌打造上，浙江卫视尽显"中国蓝"的大气、开放和激情活力，打造了"新闻纵贯线"、"综艺新干线"两条节目带；在节目形态上，打造了直播报道、主题报道、新闻行动等品牌，彰显了浙江卫视的大台风范和创作实力。

在主持人推广上，首创主持人明星制，立体打造主持人，培育了席文、华少、朱丹等在国内极具影响力的主持人，目前正全力打造秦原、李晗等新生代新闻主播以及伊一、沈涛、陈欢等"青春梦想"综艺主持人群体。同时，浙江卫视锻造了《浙江新闻联播》、《新闻深一度》、《人文深呼吸》、《我爱记歌词》、《中国梦想秀》、《中国好声音》等一批标杆式栏目。

塑造品牌、提升品牌、深化品牌。浙江卫视"中国蓝"品牌的成功打造，提升了频道的美誉度，培养了观众的忠诚度，创立了"梦想天空分外蓝"的品牌形象。

制度创新、动态管理

"中国蓝"的永续发展需要科学制度的持续支撑。浙江卫视极为注重对组织行为的管理、对组织行为的评估以及对组织文化的培育。

浙江卫视在内部全面推行扁平化管理，创立了"三令五申七星十有"等一系列管理制度。这一系列管理措施的施行，在卫视内部形成良性竞争，所有员工各司其职，各尽其责，助力频道实现既定目标，以卓著的成就证明"中国蓝"的价值。

在浙江广电集团"励志、勤奋、尽职、感恩"的集团文化理念引导下，浙江卫视倡导"激情文化"，不仅打造出了一支激情飞扬、创新拼搏的电视创制队伍，也营造了激情感恩的团队文化。电视高负荷的工作强度，迫使每一个员工都竭尽所能，以执着、坚守的敬业精神投入工作，而多年积累的管理制度也为保持这支队伍的战斗力提供了强力支撑。

在不断的探索中，浙江卫视逐步形成了一套独具特色且高效运转的"感知—捕捉—转化"动态能力模型，在这一动态能力模型的驱动下，他们不断创新进取，以独特的文化姿态和频道气质为中国电视实践探寻全新的浙江模式。凭着浙江人勇于创业创新的精神，浙江卫视积极突破地域限制，大胆创新节目，注重品牌塑造，建立动态科学的管理体系，为"中国蓝"梦想的实现插上了翅膀。

第四章
CHAPTER 4

追求卓越：
浙江卫视的内容生产战略

随着市场格局的逐步稳固，媒介供给逐步超过市场需求，强势卫视的发展空间集中在创新性地超越传统创制模式。在遵循一般性市场规律的同时，浙江卫视尤为注重通过创新手段超越一般竞争，"不把精力放在打败竞争对手上，而是放在全力以赴为买方和企业自身创造价值的飞跃上，并由此开创新的无人竞争的市场空间"[1]。四年来，浙江卫视在"顶层设计"理念的引导下，坚持生产高质量的电视节目，取得了社会效益和经济效益的双赢。

第一节　新闻立台：强化舆论引导力

舆论引导力向来是电视媒体竞争力的重要指标，而新闻节目又是践行舆论引导力的重要途径。新闻节目生产得好坏，不仅表征着卫视新闻制作的专业水平和综合实力，也直接体现着卫视的舆论引导力。对省级卫视而言，其

---
[1] [韩]W·钱·金、[美]勒妮·莫博涅：《蓝海战略》，吉宓译，商务印书馆2006年版。

媒介责任的重要组成部分就是对本省信息的广泛传播，从而搭建本省对外宣传的重要窗口。

浙江是全国经济大省，经济发展一直走在全国前列，在其创新发展的进程中有许多社会现象可以挖掘。浙江省丰富的新闻资源使得浙江卫视的"新闻立台"方针言之有物。浙江卫视"坚持正确导向、坚持新闻创新"，不断探索新闻报道新语态，提出了"权威、大气"的新闻标准，既要有正确的引导力，又要符合传播规律，有较强的传播力和影响力。

一、全力以赴：提升栏目吸引力

媒体的竞争有两种基本的手段：一是规模，二是特色。浙江卫视在"新闻立台"的实践中，首先增设常规新闻栏目，立体打造新闻纵贯线，形成新闻报道的规模。同时通过创新节目语态，增加了频道新闻节目的辨识度和影响力。

1. 合理布局，打造新闻纵贯线

浙江卫视每天六档自制新闻节目贯穿早、中、晚，形成"新闻纵贯线"，每天新闻播出时间 200 多分钟，在全国省级卫视中处于领先地位。

《新闻直通车》网罗全球咨询、关注民生百态、提供贴心的服务讯息。栏目以"关注大时代，关心小日子"为宗旨，既摒弃庄重有余人情味不足的新闻播报方式，也避免陷入"一地鸡毛"式的社会新闻模式，关注公共利益，注重新闻价值。

《午间新闻快报》则以信息荟萃、快速浏览为特色。播报最新、最快的新闻信息，追踪社会热点问题。

《今日证券》是浙江卫视一档老牌财经类栏目，1997 年开播至今历时 16 年，这在全国都极为少见。栏目注重品牌的树立和推广，自节目创立之初，便以"及时、准确、服务"为宗旨，站在中小投资者的立场上，及时传送国内外财经要闻和证券行情，专业分析中国证券市场的动向。

《浙江新闻联播》是"浙江第一新闻品牌"，其高端的品牌形象、权威的报道和亲民的姿态，有力提升了栏目的引导力和传播力。该栏目承载着省委省政府的政策、方针迅速传播以及电视化、形象化解读的职责，是浙江省知名度最高的综合性电视新闻节目。栏目以时政新闻为主，提供新闻资讯、新闻深度解读和新闻评论。为了提高新闻的传播力，《浙江新闻联播》牢牢把

第四章 >>> 追求卓越：
浙江卫视的内容生产战略

握"正确而好看"、"生动而深刻"的尺度，注重从百姓视角解读政策。整档栏目既有权威性的高度，又有人文关怀的温度，还有媒体观点的深度。目前浙江省已经形成了一有重大事件，《浙江新闻联播》收视必然激增的现象，表现了这一节目在观众心目中的权威性。

《新闻深一度》是浙江卫视以专业主义精神打造的新闻调查与新闻评论类栏目。并在全国首创三网融合实时互动这一节目新形态，节目中专家、记者、网民，三方深度交流，对当前人们关心的热点话题进行解读评说。"突出个性评论，呈现多元视角、多种观点，善用矛盾交锋，引发观众的共鸣"等鲜明特色为节目赢得了各种赞誉和美名。

《时代先锋》是全国卫视第一个党建电视专栏节目，栏目围绕服务党建工作大局、社会发展大局、提升组织工作满意度大局，力求通过丰富的电视表现手段，不断提升社会影响力。

《爱心浙江》是一档公益性栏目，始办于2004年，由浙江卫视和浙江省残联联合创办。节目展示了社会各界奉献爱心、扶残助残的崭新风貌和残疾人朋友自强自立、创业创新的时代风采，深受全省残疾人朋友的喜爱。

纵观浙江卫视的新闻栏目，包含时政新闻、民生新闻、财经新闻、党建新闻、公益新闻等内容，新闻资讯、新闻快报、新闻评论等多种报道方式，相互交叉覆盖，形成了一条布局合理、门类齐全的"新闻纵贯线"，成为浙江卫视"新闻立台"方针的实践平台。

2. 同频共振，拓展新闻深度

所谓同频共振，一是频道与中央和省委省政府的联动，针对重大决策和重大事件，形成强大的宣传声势；二是频道内各栏目之间联动，针对一个时期的社会热点问题，各栏目协同作战，引导社会舆论。

宣传党的方针政策，紧密配合省委省政府中心工作是省级卫视应该承担的媒介责任。浙江卫视在新闻报道中，在做好常规栏目的新闻报道，形成覆盖各时段，内容丰富、类别多样的新闻节目集群的同时，还紧紧围绕省委省政府的工作重心和重大决策部署，采取频道联动的方式，创新重大主题报道。这一切都体现了浙江卫视服务大局、积极做好党和政府宣传工作的坚定性和自觉性。

2011年，在"庆祝中国共产党成立90周年"的宣传报道中，频道从系列主题报道到大型主题晚会，从文献纪录片到红色经典剧，从特殊编排到角标字幕，通过频道立体化联动，迅速形成宣传报道规模，营造了浓厚氛围。

对于社会热点问题或突发事件，浙江卫视也是积极通过议题设置，多栏目交叉呈现，形成宣传合力，引导舆论、倡导主流价值观。

2012年5月29日，杭州长运公司驾驶员吴斌，驾驶客车从无锡返杭途中，被飞来铁块砸中，肝脏被击碎。吴斌强忍剧痛，用76秒完成了一系列精准的停车动作，保护了客车上24名乘客的生命，展现了一名普通司机于危急时刻的责任和担当。

事发后，《浙江新闻联播》、《新闻深一度》、《新闻直通车》等栏目连续播发了十多篇相关报道，从关注事态发展、众人缅怀英雄、到表彰英雄事迹再到近年来高速公路"飞来横祸"案例的梳理，囊括了事件的方方面面。与此同时，浙江卫视还在《中国梦想秀》中邀请吴斌的同事和获救乘客来到舞台，讲述吴斌生前的梦想、送上对吴斌的祝福。新闻栏目和综艺栏目同频共振，将人文、综艺和新闻元素巧妙融合，让人们在了解吴斌英雄事迹之余，也有了一个表达情感的窗口。

3. 创新语态，激发新闻活力

在"全媒体"时代，电视媒体遭遇着新媒体等外部市场的分割和传统媒体内部的激烈竞争。电视媒体要想在竞争中占据不败的地位，必须在节目制作理念、制作模式、传播方式等方面有所创新和突破。

《新闻深一度》栏目可以说是传统媒体积极寻找出路的一次探索，是跨媒介整合传播的一种尝试。

2010年8月2日，浙江卫视推出了新闻评论节目《新闻深一度》，该栏目借助新媒体技术，采用三网融合的方式，由专家、记者、网民对节目内容进行交流和互动。节目首次推出"公众评论员"的概念，由关注节目的公众通过视讯即时与现场的主持人和专家一起参与节目讨论。在渠道多样化、信息多元化的多媒体时代，观众不是缺少信息，而是缺少观点的呈现。《新闻深一度》节目突出个性评论，呈现多元视角，很好契合了观众的这一需求。

在节目进行过程中，电视屏幕的滚动字幕重复该节目在新浪网上的主页地址、博客地址及微博地址，并即时刷新各地网友对该期节目所探讨的新闻事件的评论。另外，《新闻深一度》节目中的很多选题也是从网络热议的话题中挑选出来，如《微博打拐1050天寻子奇迹》、《网络谣言，该止于谁》、《那些年我们一起躲"豪车"》等。栏目通过不断的创新求变，做到了网上网下、

第四章 >>> **追求卓越：**
浙江卫视的内容生产战略

台前台后、新旧媒体的融合。

2012年伦敦奥运会刚刚结束，《新闻深一度》栏目就分别邀请伦敦奥运会游泳冠军、杭州籍的孙杨和叶诗雯来到演播室。节目中来自全国各地的"公众评论员"通过网络参与节目，公众评论员提出诸多问题：比赛中孙杨第一次抢跳，对他后面的比赛有什么影响？16岁的叶诗雯游泳之外的生活是什么样的，爱打扮自己吗？孙杨和叶诗雯会代理广告吗？……公众评论员的提问代表着广大观众关心和感兴趣的问题，整个节目真实亲切又不失理性。

2010年在《谣"盐"，应该止于什么》的报道中，《新闻深一度》针对因为日本核辐射造成广东、江苏、浙江等地出现疯狂抢购食盐的现象，进行了多层面解读，通过专家的分析，帮助民众克服恐慌、规避盲从，有效地发挥了新闻媒体的舆论引导力。

《新闻深一度》以全新的节目语态，拓展了节目的收视群体，同时还借新媒体拓宽了传统媒介的传播渠道和影响力。2011年该栏目成功当选"中国十大最具原创精神"新闻栏目和"年度掌声电视栏目"。并在2011年省级卫视新闻节目中排名第一，详见表4.1.1所示。

表4.1.1 《新闻深一度》2011年省级卫视新闻节目排名第一

排名	2011年上半年 名称/描述	频道	节目收视率%
1	新闻深一度	浙江卫视	0.294
2	东方夜新闻	其他卫视	0.156
3	直通北京2011全国两会特别报道	其他卫视	0.143
4	天津新闻	其他卫视	0.137
5	新闻夜航	其他卫视	0.121
6	东方新闻	其他卫视	0.114
7	现场	其他卫视	0.11
8	新安夜空	其他卫视	0.078
9	新视野	其他卫视	0.076
10	要闻播报	其他卫视	0.069

4. 深度挖掘、扩大频道影响力

省级卫视在新闻竞争格局中可谓是上挤下压。与央视相比，省级卫视没有垄断性资源，缺少报道全国性重大事件的优势；与地方电视台相比，又缺少贴近性。面对这一情况，浙江卫视着力挖掘本省的新闻资源，基于实践提出"浙江题裁寻找全国意义，全国题裁挖掘浙江关系"的策略，以鲜活的新闻素材为触角，寻找浙江本地新闻的全国性价值，也让全国性事件在浙江落地生根中接到地气。

在这一思路的指导下，浙江卫视近几年采制了一批具有全国示范性和影响力的新闻。2010年在2009年上送央视实现"平均一天一条"的基础上，在央视《新闻联播》播发378条新闻，其中头条22条，播出单条新闻104条，同比增长39%，再创历史新纪录。2011年上送央视新闻3000多条次，仅《新闻联播》就达382条，其中头条26条，单条139条。2012年，浙江卫视荣获全国优秀通联集体第一名，发片量在全国各省、市、自治区台处于领先位置。

二、专业权威：增强直播影响力

浙江卫视在全力以赴打造新闻纵贯线，形成新闻报道规模和声势后，开始寻找特色，寻找属于自己的"蓝海"。

1. 突发事件直播化

突发事件，无论是公共突发事件还是自然灾害，都是突如其来毫无准备，对这类事件的报道考验着媒体的应急能力和综合实力。浙江卫视坚持在突发事件中采用直播报道，增强新闻的及时性和权威性，体现了频道强烈的社会责任感和扎实的专业制作水平。

2008年11月，杭州地铁在建项目发生塌陷事故，为了让观众在第一时间了解事件的进展，浙江卫视果断地停下了正在播出的电视剧，代之以多达17次的现场直播，以跟进事态的发展。这次大跨度直播是全国省级卫视第一次对公共突发事件进行直播报道，是一次有意义的尝试。这次直播报道锻炼了浙江卫视的新闻直播队伍，同时也赢得了社会广泛好评，增强了频道的权威性和公信力。

2009年5月，杭州发生了"5·7"飙车案，浙江卫视敏锐地感知到这一事件的重要性，又一次打破常规编排进行现场直播报道。在报道中，记者揭

第四章 >>> **追求卓越：**
浙江卫视的内容生产战略

示事件的真相，对事态的发展起到很好的引导作用。尤为值得称道的是，直播团队发挥了灵活多样的报道策略，突破了多个报道难点。当时因为"70码"引发诸多批评，杭州交通主管部门开始拒绝采访。浙江卫视记者在被拒后，始终在新闻发言人办公室守候。这种敬业精神感动了被采访者。最终浙江卫视获得了三个独家：独家播发事发现场的监控录像，独家采访杭州市交警支队支队长，独家采访肇事者父母。

经过长期的积累，浙江卫视对突发事件的直播报道逐渐摸索出了一套独具风格的制作和编排模式，新闻直播队伍也得到一定的锻炼。2011年7月23日的甬温动车事故，可以说是对浙江卫视现场直播能力的一次综合检验。

"7·23"甬温动车事故发生后，浙江卫视凭着高度的社会责任感，在第一时间全频道总动员，紧急调动正在执行任务的"中国蓝"直升飞机赶赴事故现场，从高空全景、直观地展现救援场景。高质量的独家现场画面，被中央电视台多次借用。

在23日到25日三天时间内，浙江卫视共推出了20多档特别节目，实时跟踪事态进展。在直播报道中，记者按照"事故现场—发现生命—多方救援—伤员救治—事故原因分析"等线索采编节目，既满足了观众了解真相、追踪事件的急迫心理，又积极引导舆论焦点，疏导了公众情绪。为了帮助事故当事人的亲属尽快找到亲人，频道还依托各档新闻栏目和社交媒体，开辟寻人启事、寻亲信息、网友评论等。这些举措展现了媒体的人文关怀和专业素养，强化了媒体的舆论引导力和影响力。

2. 直播报道常态化

浙江卫视在积累丰富直播经验、打造优秀直播队伍的同时，还积极探索直播报道的新模式，由最初的电视媒体单兵作战，逐渐转变成全媒体综合作战，力求将直播报道常态化、专业化、优势化。

每年"抗台"和"观潮"直播报道是浙江卫视的传统保留项目。

在2012年8月8日《众志成城，抗击台风"海葵"》的报道中，浙江卫视就把直播做成了全媒体融合的形态。在直播报道中除了打破原有节目编排，在两天一夜的时间里开辟多个时段，累计进行了600分钟的直播报道之外，浙江卫视官方微博从8月6号到8号累计发布微博500余条，在台风势头最迅猛的8日上午，微博发布更为频繁，让无法观看电视直播的观众得以在微博上观看图文直播，满足了网民群体的信息需求。

在抗击台风"海葵"的报道战役中，浙江卫视的主持人、记者也纷纷在工作空隙发布微博，解答观众疑问。秦原此次担任了直播记者的重任，在直播间隙，通过微博将因受器材、技术限制无法录制播出的现场描述给网友，与网友互动。参与抗台直播的主持人席文也积极在微博上发布台风最新信息并回答网友的问题。例如，网友"@柯桂2008"通过微博求援："唉，我这破茅屋该怎么办啊，风啊雨啊，一阵阵哗哗啦的响！村里人叫我搬到安全的地方去住一晚，可是雨这么大，我小孩才一个月大，叫我怎么去啊？？！"秦原立即回复并发出呼吁："当地有人能帮帮这个妈妈么？必须得让他们赶快转移，今天晚上情况会更严重！"随后浙江卫视新闻中心也迅速转发了此条微博，在各方人士的帮助下，网友"@柯桂2008"母子安全转移。

可以说，通过直播报道的互动，能够达到媒介品牌传播的功效，将往日品牌传播的硬信息，蕴含于节目之中成为频道的软实力。通过社交媒体，记者成了真实可感的人，不仅拉近了他们与观众之间的距离，也让观众进一步体会到了媒介工作的特殊性，从而对整个媒介组织产生亲缘感。

"钱江大潮"是极具浙江特色的自然景观，被誉为"世界九大奇迹"。为了将这一壮观景象展现给全国观众，从2000年开始，每年浙江卫视都与中央电视台联手对钱江大潮进行现场直播。2012年10月3日，浙江卫视联合中央电视台、钱江频道、杭州电视台推出三小时国庆特别节目"2012直播钱江潮"。这次直播报道首次调用两架直升机、两架航模组队进行空中追潮，并首次设立引潮船、追潮车等多种直播设备，动员了300多人的直播团队，在嘉绍大桥、大缺口、盐官、老盐仓、美女坝、钱江新城六大最佳观潮点设立直播点，近十辆电视转播车和卫星车，50余个不同高度、角度架设的摄像机位，完整捕捉到了钱江潮潮形的独特变化，全程记录了钱江潮昂然挺进、浩浩荡荡的壮丽之美。

这次直播在节目样态、直播手段、演播室环境上大胆创新，整场直播壮观、大气、精彩、动感十足，亮点纷呈，赢得业界高度赞誉并受到观众普遍欢迎。该节目收视率达到0.385%，全面超越了诸多强势卫视同时段的强档电视剧，名列全国网第二。

除了重大事件进行直播报道外，浙江卫视逐渐将直播报道常态化，以增强新闻的时效性和现场感。在"最美妈妈"吴菊萍事件中，昏迷了10天的

第四章 >>> 追求卓越：
浙江卫视的内容生产战略

小女孩妞妞能否醒过来，一直牵动着观众的心，浙江卫视现场直播了"生命奇迹：妞妞醒了"，第一时间播报了这一令人振奋的消息。这一报道让人们看到了直播报道常态化的鲜活生命力。在《钱江三桥引桥塌陷新闻发布会》等一系列直播报道中，浙江卫视本着夺取第一落点、第一权威发布的精神，立足实际，抢占新闻制高点，突显大台气韵。

3. 多种技术联合为直播提供保障

新闻直播既考验着电视频道的创制能力，也检阅着电视频道的技术实力。没有先进的设备技术作为支撑，任何直播报道都无法带给观众"身临其境"的传播效果。

浙江卫视非常注重技术更新，是全国首家采用全流程高清直播新闻节目的频道。2010年4月，浙江卫视耗资7000多万新建新闻演播室，全流程高清播出系统，从摄像机、切换台到外围设备，全部采用了目前国际上最为先进的高清设备。为观众提供清晰高质的电视画面，使整个直播报道极具现场感和冲击力。

在现场直播报道的信号传输中，浙江卫视除了使用常规的卫星连线，微波连线，光缆连线之外，还在全国首次使用电信全球眼传输信号。另外，在直播现场，在一些设备无法进入的区域，还非常巧妙地利用公共场所监控探头所记录的场景作为最直接、最生动的现场画面。在一些台风的现场报道中，浙江卫视使用了海边、池塘边、马路边的探头记录的画面，低成本、巧结合，取得了非常好的传播效果。

在直播报道中，浙江卫视另外一个创新点是在重大直播事件中使用航拍来展现事件的全貌。2011年"梅花"台风来临前，浙江卫视及时调用直升飞机，拍摄千艘渔船回港避风的壮观景象，这些画面直接被中央电视台使用。在兰溪抗洪、"7·23"甬温动车事件中，浙江卫视都调用直升飞机赶赴现场，全景观的展现新闻现场。

也许面对电视剧和综艺节目，新闻节目在收视率方面不具备天然优势。但是能否制作大气、精良的新闻节目却始终体现着电视媒体的精神风貌和制作实力。浙江卫视四年来持续探索，凭借快速发展所获得的资金便利、平台优势，以专业主义的态度创新了全媒体直播模式，做出了许多漂亮、大气、极具影响力的直播报道，真正体现了社会效益高于经济效益的频道理念。

三、高端突破：彰显大台实力

浙江卫视在践行"新闻立台"的过程中，坚持创新主题报道与新闻行动，增强了主题报道、新闻行动的传播力，开创了舆论引导新局面。

1. 主题报道推陈出新

主题报道主要围绕全省经济文化建设以及社会发展过程中出现的先进典型事件和省委省政府的中心工作展开。这类新闻报道传统上很容易流于形式、内容枯燥。浙江卫视在打造主题报道中，创新观念、创新形式、创新方法，推出了一批角度新颖、特色鲜明、影响广泛的新闻佳作。

围绕省委省政府中心工作，浙江卫视推出了"迈向十二五"、"生态省建设"、"海洋经济"等重大主题报道，这些报道立意高远、主题深刻、内容生动、气势恢宏。主题报道一般来讲主题宏大、涉及面广，单一的新闻报道方式很难做深、做透。浙江卫视在主体报道中运用系列化采制、规模化编排的方式，产生了很好的传播效果。

浙江经济一直处于全国前列，浙江卫视紧紧抓住浙江商人遍布全国乃至全球，为中国经济乃至世界经济做出贡献的实际情况，挖掘出一批表现浙江经济和浙江商人的主题报道。

2008年，全球金融危机给中国经济带来了前所未有的冲击，身处经济改革前沿的浙江，最先感受到这一寒意。浙江卫视紧紧围绕省委省政府提出的"标本兼治，保稳促调"的总体思路，在特定时间内密集编播了近百篇系列经济报道。比如，针对转型时期浙商何去何从的问题，浙江卫视从历史的角度解读当下的经济问题，在改革开放的历史长河里寻找对应物，寻找参照物，寻找勇气也寻找力量。在新闻报道主体的选择上，一改以往经济报道主要以经济事件为主，很少涉及商界人物的做法。把报道的视角聚焦到商界风云人物身上，策划推出了"没有迈不过去的坎"经济系列述评：《三十年，浙江经济越坎升级、勇立潮头》、《宗庆后：调整心态，创出一片天》、《徐冠巨：做事业，要提前十年想，提前五年干》、《李书福：民企造车，艰难的创新之路》等七篇报道。

这一系列报道中选择了宗庆后、徐冠巨、汪力成、李书福、南存辉、冯根生等在浙江经济发展进程中有突出贡献，在全国有相当知名度的经济领军

第四章 >>> 追求卓越：
浙江卫视的内容生产战略

人物作为采访述评主体。这些商界人物既有历史的沧桑感，又具备时代的现实意义；既有丰富的爬坡越坎的经验，又有从容面对当前困难的坦然。通过电视屏幕，展示了浙江企业家们克难攻坚、凤凰涅槃的勇气和信心，给人以信心、力量、启迪和希望，为全省共克时艰，努力保持经济又好又快发展营造了良好舆论氛围。

2009年开始浙江卫视又分别推出大型新闻报道"三看浙江系列"：《锦绣天地看浙江》、《神州大地看浙江》、《五洲四海看浙江》，分别以省内看、全国看、全球看的崭新视角，展示浙江企业特别是浙商民营企业"走出去"创业创新谋发展的不凡历程，深入挖掘浙江经济"好"、"强"、"大"的特点，反映浙江人闯荡世界、搏击市场的精神风貌。以动人的故事、鲜活的创新轨迹，书写了一部浙江经济的壮丽史诗。

浙江卫视的主题报道在内容上紧紧围绕全省经济文化建设，立足浙江、寻找全国意义；在报道形式上系列化、规模化，并带头实现"三贴近"，通过"主题事件化、事件故事化、故事情节化、情节人物化、人物细节化"等手段，实现"硬新闻软着陆"。把大主题、大题材的新闻做实、做深、做新，努力把握导向和传播效果的完美结合。

2. 新闻行动大气开放

新闻行动是一项综合工程，需要前期的策划实施、后期的采访报道，既需要超强的策划能力、行动能力，又要有雄厚的经济实力作保障。浙江卫视的新闻行动从初期的探索，到越做越精、越做越有气势，高潮迭起，好评不断。

2007年，浙江卫视携手国内八家省级卫视和长征路沿线的近百家媒体，策划推出了大型新闻行动《新长征路上的浙江人》，记者沿着当年红军的足迹，历时六个月，寻找现在在长征沿路创业发展的浙江人；并发动沿途浙商、浙江商人和社会各界认护长征旧址等活动，在社会引起了强烈反响。这是一次成功的探索，之后，浙江卫视的新闻行动越做越灵活、越做影响越大。

2011年3月，国务院正式批复浙江海洋经济区建设上升为国家战略，浙江海洋经济发展迎来崭新篇章。这是浙江经济生活中的一件大事。浙江卫视抓住时机提前策划，周密部署，在消息发布的第一时间，在杭州湾跨海大桥举行了大型新闻行动《走向蓝海》启动仪式。

《走向蓝海》大型新闻行动分为电视调查报道、"结对海岛"公益活动、举办以"蓝色海洋"为主题的综艺歌会和拍摄海洋经济电视专题片等四个部分。在随后的10个月里,记者从浙江走向世界,到伦敦港、纽约港、鹿特丹港等全球最富盛名的10大海港进行实地考察,并邀请院士专家介绍分析各国发展海洋经济的成功经验。在整个行动中,记者从海陆空全方位、全景式地盘点了浙江3000多个岛屿、26万平方公里海域内的海洋海岛资源,立体呈现了浙江海洋经济示范区得天独厚的区位优势和波澜壮阔的建设进程,让观众充分感受到了浙江海洋经济的发展远景。

浙江卫视坚持新闻立台的方针,通过打造覆盖各个时段的新闻栏目,形成新闻节目集群,铺设优质的新闻传播平台,提升频道的影响力。同时不断创新报道方式,锻造了新闻直播、主题报道、新闻行动等品牌窗口,其中不少新闻战役成为业界和观众交口称赞的典型案例。经过四年的探索,浙江卫视给省级卫视新闻节目制作的革新,提供了基于"顶层设计"的实践。

第二节　人文美台:拓展文化传播力

电视节目在满足观众获取信息的基础上,还应该具有丰富深厚的文化内蕴与审美品格。"好的电视节目应该陶冶人的情操,净化人的心灵,提升人的思想境界。"[1]

浙江卫视在其发展历程中从未间断对人文品质的追求。在"中国蓝"改革之初,频道采取了重点发展综艺节目的策略,目的是迅速占领全国市场,进一步提升平台的影响力,然后在这个平台上竖立起"中国蓝"的人文大旗。在"中国蓝"品牌逐渐被认知的过程中,浙江卫视则通过一系列的举措,确保其荧屏上总有一道不能错过的人文美景。

人文栏目常换常新、大型人文纪录片持续深耕、人文节目创作队伍建制始终完备——这是浙江卫视人文情怀的筋骨所在,体现着频道对人文气质的坚守和创新。

---

[1] 胡智锋、顾亚奇:《略论电视节目品质的"三性"》,载《视听界》2008年第1期,第20页。

第四章 >>> 追求卓越：
浙江卫视的内容生产战略

一、常设栏目延续文脉

浙江卫视素有人文传统，即使在省级卫视竞争日渐激烈的今天，也依然用高品质的人文栏目践行"人文美台"的理念，坚持用写实的手法、悠扬的笔调、多样的形式，为我们缓缓的理清历史的脉络、文化的深意。

从最初的访谈类栏目《亚妮专访》到大型人文地理类栏目《风雅钱塘》、大型系列文化专栏《江南》，再到如今的《人文深呼吸》，浙江卫视扎扎实实地走出了一条电视和文化完美融合的道路。

纵向观察，浙江卫视人文栏目有其鲜明的共通性：选题立足江南辐射全国；节目内容丰富而极具文化气息；节目形式多样、制作精良。

1. 取精用弘 继承发展原有人文价值观

早期的《亚妮专访》是典型的访谈类栏目，主持人走进被采访对象的生活，摆脱了在演播室的拘束感。栏目以一种白描的手法为观众讲述了一个个生动鲜明的故事，风格亲切而真实。《风雅钱塘》采取画面配解说词的方式，用行云流水的拍摄手法向观众介绍江南的秀美、江南的故事，风格恬静而清新。《江南》在继承了《亚妮专访》中"人"的部分后，又融入了《风雅钱塘》中"景+解说"的清新模式，邀请著名学者钱文忠，一人、一椅、一杯清茶、一番海阔天空，开创了睿智而简明的风格。而作为《江南》升级版的《人文深呼吸》更是把前面三档节目的独特风格在人与文化的对话中，在景与物的映衬下淋漓极致的展现了出来，既真实亲切、恬静清新，又睿智简明、悠远清明。

从拍摄手法上看，《亚妮专访》采用的拍摄技巧很少，景别多为中全景，突出主持人和被采访对象，且多为实拍，穿插的历史画面较少；《风雅钱塘》则更加注重视点的变化和色彩的协调，精致的画面，给观众带来了极美的视觉享受。

《江南》主要以近景为主，不时穿插历史画面和江南自然风光来调动观众情绪，构图和色彩处理上非常讲究。《人文深呼吸》在《江南》创作基础上更加追求画面的精致唯美，解说词的文采飞扬，可以说在《人文深呼吸》的节目中，可以看到前面三者所有优秀的制作手法，且是融合后的自然呈现。

2. 跨越时空 打造新型人文节目生态观

《亚妮专访》主要依托江南丰厚的资源，寻找具有人文气息的人、事、物，通过写实、介入式的采访挖掘事件背后的人文意义；《风雅钱塘》则以场景为依托，从中引出相关的诗人才子、传奇故事、风俗传统等，为观众呈现一场关于江南文化的视觉盛宴。

《江南》在继承了《亚妮专访》和《风雅钱塘》制作理念的同时又引入了央视《百家讲坛》的模式，以"人"为线索，以江南为依托，讲述专属于江南的传奇。

《人文深呼吸》单从栏目名称的改变就可以看出栏目突破了地域局限的"江南"，拓展到无界的"人文"，再加上一个动词"深呼吸"，一个外沿宽广又颇具时代动感的栏目形象跃然眼前。《人文深呼吸》不拘泥于形式，将人、事、物、文化串成一条线，以主持人和旁白搭配的形式，以古连今，以今引古，为我们讲述一个个人文的故事。开播初期，栏目就受到各界赞誉，被评价为"内容丰富饱满，文化意味浓厚，滋润心灵，陶冶情操"，给观众带来视听享受的同时，提升了节目的艺术性与观赏性，并在第五届《综艺》年度节目暨电视人颁奖盛典上荣获"上星频道30佳"称号。

在浙江卫视的荧屏上，从《亚妮专访》到《风雅钱塘》再到《江南》、《人文深呼吸》，展现了浙江卫视人文节目一贯坚守的文化品格和艺术品质。2012年《人文深呼吸》入驻浙江卫视周末黄金时段，旨在引领文化价值，锻造品质之蓝，打造电视黄金时段的"绿化带"。

二、人文大片聚集人气

浙江卫视在常设人文栏目推陈出新，保持人文优势的同时，集中力量打造人文系列鸿篇，持续深耕大型纪录片，锻造优质的人文品牌。

"四大纪录片精品工程"《浙江文化地理》、《西湖》、《中国外交档案》、《百年越剧》以集群的方式密集编播，浓情展示浙江卫视的人文实力和人文精彩。

《西湖》是浙江卫视历时三年、耗资千万打造的大型人文纪录片，内容涉及与西湖相关的自然地理、历史演变、文化艺术、民生宗教、现代商业和科技进步等，通过西湖的美景感悟一座城市的人文底蕴。在创制中摄制组集历史视野和精微观点于一体、融婉约与豪放于一处，在西湖的婉约处体会她

第四章 >>> **追求卓越：**
浙江卫视的内容生产战略

的阳刚，在西湖的小巧处发掘她的博大。

《西湖》播出后好评如潮，在全国引起强烈反响。央视1套、4套和9套竞相争夺播出权。中央戏剧学院电影电视系主任路海波看完该片后说："在文化生态浮躁的当下，能诞生这样一部历史与现实有机结合的人文纪录片，很惊艳。"清华大学影视传播研究中心主任尹鸿赞扬该片："和以往看过众多只见西湖形、不见西湖神的纪录片不一样，她让我感受到了西湖的气质和灵气。"[1]

2011年浙江卫视启动"大型人文项目亿元工程"，《南宋》、《艺术：北纬30度》、《先驱》、《中国文物调查》等大型项目单项投资均过千万，将历时数年创作的这些纪录片，是浙江卫视即将奉献给观众的又一人文巨献。

十集大型人文纪录片《南宋》以新锐现代电视手段，全面再现和解读那个丰腴璀璨而又风雨飘摇的南宋。这一拍摄计划先后数易其稿，众多全国知名大学的人文学者深度参与脚本写作，力求精益求精，突破《西湖》所创高峰，意欲成为浙江卫视的又一标杆力作。

拍摄路途最远、难度最大的是正在创制需要整整环行地球一周的《艺术：北纬30度》。摄制组从杭州这座位于北纬30度线的城市出发，一路向西，经过拉萨、开罗、耶路撒冷、百慕大、新奥尔良；穿越喜马拉雅、死海、撒哈拉、三大洋；拜访古印度、古波斯、古埃及、玛雅文明以及三大宗教发源地……13集纪录片《艺术：北纬30度》将沿着这条人类文化艺术巅峰和大自然奇迹交相辉映的神奇曲线，在知名艺术家、文学家、历史学家的陪伴下，探寻其文化起源和发展脉络，展现和抒发对于文明、对于自然、对于艺术穿越古今的发现和感悟。

纵观纪录片的创制历程，可以看到浙江卫视不断进行着大胆的探索和创新。在选题上，从《浙江文化地理》、《西湖》到《中国外交档案》、《艺术：北纬30度》，立足江南文化逐步突破地域限制，寻找具有全国和国际视野的纪录片题材。制作方面，在延续画面精致、文本优美的基础上，注重高科技技术的应用，强调震撼性，给观众非同一般的视听感受。创作理念上，从静态、充满诗意，极具江南风韵的节目风格，到逐渐融合动态、明快鲜明，颇具时代感的大片风范的节目风格。

浙江卫视大型人文系列鸿篇的推出，是频道传统人文创制能力的实力验证，也是大台气度的淋漓体现。

---

[1] 蔡舟舟：《纪录片<西湖>让很多人激动》，载《杭州都市快报》2010年4月3日。

三、人才储备增强实力

频道人文气质的延续，不仅需要深厚的文化积淀，更需要雄厚的创制实力。浙江卫视从当年下设的社教部、国际部，到现在的文化专题部、"亚妮工作室"，不管机构如何重组，始终有一支稳定的人文节目创作队伍，坦然坚守，承担着各种大型纪录片和常设人文栏目的创制重任，继承延续着浙江卫视的"蓝色"文脉。

为更好地传承人文优势，打造人文梯队，追逐国际人文类节目时代潮流，浙江卫视自2008年开始把储备人文创作人才作为一项重要改革措施，实施了"'中国蓝'纪录片名导培养计划"，旨在鼓励和培育人文节目创作优秀人才和团队的脱颖而出。

对于这批人文纪录片导演，浙江卫视提供了个性化和宽松自由的创作环境，鼓励他们走出去，参与国际交流，拍摄具有国际水准的纪录片。

一批年轻的新锐导演经过几年的积淀终于捧出累累硕果。纪录片《长湖的渴望》入围戛纳国际电影节短片单元。该片记述了甘肃民勤一户普通农家，在茫茫沙漠的步步紧逼下，祖孙三代对村落家园深情的记忆、苦苦的坚守和最后的回望。《四十朵花花》，讲述了杭州民间志愿团队自发援建云南省维西县山区四十朵花花小学的动人故事，摄制组用两年的时间深入志愿者的支教生活，展现了繁华都市里的年轻支教者和西部大山深处68个孩子难以割舍的浓情，感人肺腑，撞击心灵。而《镜像光影》，则以摄影师独有的影像感悟，以极致化的镜像描摹，捕捉闪烁光影中禅茶的境界、青瓷的意蕴、富春山水与艺术画卷的对话与升华。全片唯美极致，展现了非凡的制作功力。

四、人文情怀全面覆盖

纵观浙江卫视的发展，"蓝色"文脉一以贯之。这"蓝色"文脉不仅仅体现在纪录片和人文栏目中，而且在所有节目中铺展蔓延，把人文关怀、审美情趣蕴含于新闻、综艺等多种节目形态之中，将人文元素贯穿于频道的方方面面。

第四章 >>> **追求卓越：**
浙江卫视的内容生产战略

1. 新闻节目凸显文化内涵

用人文的视角发现新闻，挖掘其文化内涵，浙江卫视采制的一系列具有人文气息的新闻报道，播出后在社会引起强烈反响。

《富春山居图》分藏于浙江省博物馆和台北故宫博物院。经两岸三地文化人十余年的努力，2011年6月1日，《山水合璧黄公望与富春山居图特展》在台北故宫博物院正式亮相。这是《富春山居图》在被分为《剩山图》及《无用师卷》360年后，首次在同一展柜展出。这次跨越海峡的合璧，揭开了两岸文化交流的新篇章。

浙江卫视敏锐的嗅出了这一新闻事件中的文化意义，与台湾中天电视台、香港凤凰卫视联手，对"《富春山居图》合璧大典"进行现场直播。浙江卫视派出10人采访团队赶赴台北。在直播前夕，记者发回了来自台湾、内容丰富的一线新闻报道。采访海峡两岸文化名人，倾听来台北市民的声音，反映台湾媒体的关注热情。在直播过程中，杭州演播室多次与台北仪式现场进行卫星连线，独家展现《富春山居图》合璧布展全过程，彰显了频道始终参与重大文化事件的情怀和实力。

千岛湖作为旅游胜地广为人知，但是知道千岛湖水下深藏有两座千年古城的人可能很少。1959年，为了建造新安江水电站，淳安县29万人告别故土，狮城、贺城两座延续千年的古城，连同27个乡镇悄然沉入了碧波万顷的千岛湖底。但是，无论走多远、走多久，每一个人心中都有一个"永难忘却的故乡"和"不曾远去的家园"。

浙江卫视为挖掘、展现水下古城的文化价值，联合央视，制作了大型新闻直播节目《探秘千岛湖水下古城》。节目在直播水下探秘的同时，还邀请两位历史见证人来到直播间。这两位老人耗费20多年心血，经过几十次修改，手绘出淳安和遂安老县城详细复原示意图。通过他们对故乡的朴实描述和对家园的深情回忆，展现了淳安库区人民为祖国建设所做出的巨大贡献。节目采用了高难度的水下摄像技术，对水下遗存进行认真求证，结合移民采访、历史描述，自然、顺畅地推动节目的展开。直播节目丰富的文化内涵，突破了传统新闻直播的平铺直叙，增加了节目的厚度、广度，体现了浓浓的人文情怀。

上述几例，不仅是浙江卫视直播新闻节目的典范，也是新闻与人文完美结合的案例。新闻直播的技术，人文关怀的底蕴，推动了两者"你中有我、我中有你"的形态融合，使得浙江卫视的新闻直播充满文化气息，而人文节目蕴含的时效价值，反过来又提升了频道的整体品牌美誉度。

2. 综艺节目嵌入人文内核

综艺节目给人留下的刻板印象似乎是娱乐至死、文化沙漠。但是浙江卫视经过四年的探索，摸索出了一条"综艺+人文"的创制理念，不仅保持了综艺节目时尚、新颖的节目形态，还积极加入人文关怀、公益诉求等元素，拓宽了综艺电视文本的展现维度，加深了娱乐外衣之下的人文底蕴。

在《我爱记歌词》节目中，唱歌只是手段，引发观众的情感共鸣才是其真正目标。栏目的主题曲《希望就在前方》恰好体现了栏目提倡乐观、自信、自强的人生态度，做到草根娱乐、健康娱乐。《爽食行天下》节目也不仅仅只是介绍各地的美食，而是以美食为载体，展示形态各异的生活方式和不同的价值观，让观众在满足好奇心的同时，也能得到文化品味的提升。

事实上，让节目拥有丰富人文内涵，根植娱乐并超越娱乐是浙江卫视一直坚持的理念，也是节目获得各方好评的原因之一。2011年，浙江卫视重磅推出《中国梦想秀》节目，这个舞台不PK，不选秀，更没有造星计划，只有深入贴近普通百姓内心的人生故事。节目挖掘梦想的力量，彰显梦想的魅力，在展示平凡大众多彩梦想的过程中，注重选择阳光励志的"梦想"典型，传达励志向上、真情关爱的理念。

这档巨资打造帮助普通人圆梦的大型公益活动自推出以来就收获了高收视率、高影响力和高美誉度，中宣部《新闻阅评》专门发文表扬了《中国梦想秀》，认为节目"以鲜活感人的普通人物故事为切入点，用新闻白描的电视手法展示平凡人物的梦想以及梦想实现的过程，态度真诚，设计精巧，给人以精神激励和人文关怀。值得肯定"。

人文气质，不是一蹴而就的，需要一点一滴的积淀。浙江卫视始终坚持巩固和提升人文品牌的力量，这是媒体社会责任的担当，也是大台崛起的必然路径和标识。"中国蓝"通过四年实践，延续蓝色文脉，打造了一条以人文巨片、人文栏目和新锐纪录片为主线的人文节目带，同时也将人文元素融合于新闻、综艺节目之中，塑造了满溢文化气韵、辨识度极高的频道气质。

第四章 >>> **追求卓越：**
浙江卫视的内容生产战略

第三节 综艺强台：提升品牌竞争力

进入消费时代，人们对休闲生活的需求更多集中在纾解情绪、放松心情上。而电视综艺节目恰能满足这一需求。鉴于这一情况，各电视频道纷纷在综艺栏目中发力，力争创造收视奇迹。在此过程中，中国电视媒体不断打破市场边界，持续引入创新理念。综艺栏目也因此不断推陈出新，显示出独特的魅力和无与伦比的吸引力。

浙江卫视充分认识到了综艺栏目对加强频道竞争力的重要作用，不断凭借创制团队的专业水平引领和提升大众需求，把积极健康的价值追求、人文情感和生活情趣传递给广大观众。

2012年，《中国梦想秀》第三季和《中国好声音》闪亮登场，这两档充满真实励志、向上向善内在底蕴的节目，不仅完成了浙江卫视"标杆突破"的战略要求，也引领了全新的综艺风潮。

一、"三力"结合，突显品牌价值

浙江卫视"中国蓝"的综艺节目创制走过了"巧实力"撬动收视市场—"硬实力"打造综艺节目带—"软实力"抢占制高点三个阶段，完成了综合布局、标杆突破的战略要求。

1. "巧实力"撬动收视市场

2008年改版之际，浙江卫视以原有的《我爱记歌词》节目为突破口，迅速抢占全国电视市场。随后乘胜扩容，相继推出《我是大评委》和《爱唱才会赢》两档节目，用小成本、巧实力成功打造了"综艺三剑客"，实现从单点突破到多点突围，提高了浙江卫视综艺栏目的核心竞争力，撬动了收视市场。

《我爱记歌词》是一档节目规则简单，参与门槛极低，兼具娱乐性和益智性的综艺节目。2008年8月浙江卫视改版，决定全面打造《我爱记歌词》，将这一初具规模的节目真正推向全国。在"十一"黄金周，浙江卫视强势推出了《我爱记歌词》"全国城市麦霸对决"，连续七天密集排播，引发了全国K歌狂潮。《我爱记歌词》七天平均收视率达到1.081%，位列全国卫视同时段综艺节目第一，品牌价值迅猛提升，品牌影响力跃升至包括香港和台湾地区在内的华语综艺节目前三名，成为浙江卫视第一个真正具有全国影响力的品牌节目。[1]当时，省级卫视收视率能冲上1%的自办节目凤毛麟角，《我爱记歌词》成为浙江卫视的第一个王牌节目，强力助推"中国蓝"的全面上升。

由于综艺节目的模仿壁垒低，随着《我爱记歌词》的大获成功，全国歌唱类节目如雨后春笋般攻占电视市场，《我爱记歌词》逐渐陷入了同质节目的重围之中。有鉴于此，浙江卫视果断扩容，把这个2007年还是每周一档、每档35分钟的节目扩大成一周三档的"综艺三剑客"。其中的音乐挑战类节目《我是大评委》，是国内首档考察观众对音乐的听力、鉴赏力和判断力的全民互动节目；公益竞猜节目《爱唱才会赢》，既巧妙保留了《我爱记歌词》的领唱班底，又增添了模特开箱等独有的悬念设计，一经开播就牢牢吸引了观众眼球，收视稳定在全国同时段前三甲。同时《爱唱才会赢》也是最早引入"公益"和"梦想"概念的节目。

自此，浙江卫视完成了《我爱记歌词》、《我是大评委》和《爱唱才会赢》"综艺三剑客"的全面打造。凭借低门槛汇集喜欢唱卡拉OK人群，从考验记忆力的"记歌词"到比拼听音的"大评委"和竞赛音准技巧的"爱唱"，将同类节目一网打尽，使得克隆节目难以寻找到突破点。

浙江卫视告别单打独斗的时代，以节目集群巩固了品牌效应，筑高模仿壁垒，汇聚观众人群。在抱团出击之下，浙江卫视多档节目进入全国卫视晚间排名前三，形成了观众的收视习惯与"约会"意识，大大提高了综艺栏目的核心竞争力。

2. "硬实力"打造综艺节目带

《我爱记歌词》等"综艺三剑客"的多点突破使得浙江卫视迅速跃居全国强势卫视。为了扩大组合出拳的合力优势，2009年，浙江卫视打造了一周七天每天一档综艺节目的"2121"综艺节目带，串联出一条横贯晚间次黄金时段的"综艺纵贯线"。面对全国近200档综艺节目的收视争夺，这七档节目平均收视皆位居省级卫视同时段前三，还多次夺得省级卫视同时段收视冠军。

到了2010年，随着社会转型期观众需求发生的深刻变化，浙江卫视适时提出了"生态传播"的概念，将以"歌舞表演"为主的"综艺纵贯线"升

---

[1] 俞杭英：《让快乐之火燎原—浙江卫视综艺节目带的崛起和创新》，载《中国广播电视学刊》2009年第9期，第76页。

第四章 >>> 追求卓越：
浙江卫视的内容生产战略

级为强调"情感励志"的"综艺新干线"，着重提升综艺节目的公益品质、审美品味和精神品格，加深了"中国蓝"平台的吸引力和影响力。

在此过程中，浙江卫视更加注重强化栏目中的励志、温暖、向上元素，打破了综艺栏目难有深度的怪圈，将公益、梦想等多样元素融入其中，使浙江卫视的综艺格局不断得以开拓。此外，原有综艺品牌栏目在转型升级的过程中，着力节目形态的调整、节目内容的融合，节目选题更贴近社会现实，环节设置也更新颖可看。

3. "软实力"抢占制高点

如果说综艺创制的"硬实力"体现了电视频道在节目策划、制作方面的配合能力和管理运营实力，那随着卫视竞争格局的不断变化，如何在此基础上体现频道品牌的"软实力"将成为重点。

电视竞争的第一阶段往往是创制硬实力的直接竞争，频道的人才储备、技术设备、资金实力等要素直接决定频道的市场地位。但是随着竞争的深入，实力相近的频道之间的竞争则更多地体现于软实力的彰显上。从品牌传播的角度分析，软实力更多地指向品牌形象和品牌内涵，传播的基础是组织文化的吸引力和感召力。

浙江卫视结合自身平台升级的要求在此阶段提出"标杆突破"战略，践行频道"顶层设计"，实现社会效益与经济效益双丰收。标杆是掌控全局的核心力量，是决胜千里的关键因素。在"中国蓝"进入新一轮发展之际，无论是从全国强势卫视的行业地位，还是频道可持续发展的内在驱动，都亟需实现标杆突破。浙江卫视在完成同质化抢占市场和异质化提升频道辨识度之后，努力打造"以一带十"、"以一敌百"的标杆品牌。

标杆节目在拉动频道收视之外，还代表着频道的整体形象与气质。浙江卫视近期着力打造的标杆节目皆契合了目前宣传主流价值观的时代背景，保留了浙江卫视一贯的人文情怀和公益理念，把精英层面的人文思考嵌入普通人的生活圈、消费圈和兴趣圈。在民众喜闻乐见的电视节目中融会公益内涵，让人们在轻松休闲之余感受正确的人生观、价值观。这些节目不仅收获高收视率，还囊括了各方好评，体现了浙江卫视作为社会公器的媒介责任感，彰显了频道的文化品味，提升了频道的整体形象与内涵。

浙江卫视的综艺节目在"巧实力"、"硬实力"、"软实力"三力作用下，突显品牌价值，全面完成综合布局、标杆突破的战略要求。

浙江卫视综艺创制特点详见图 4.3.1 所示。

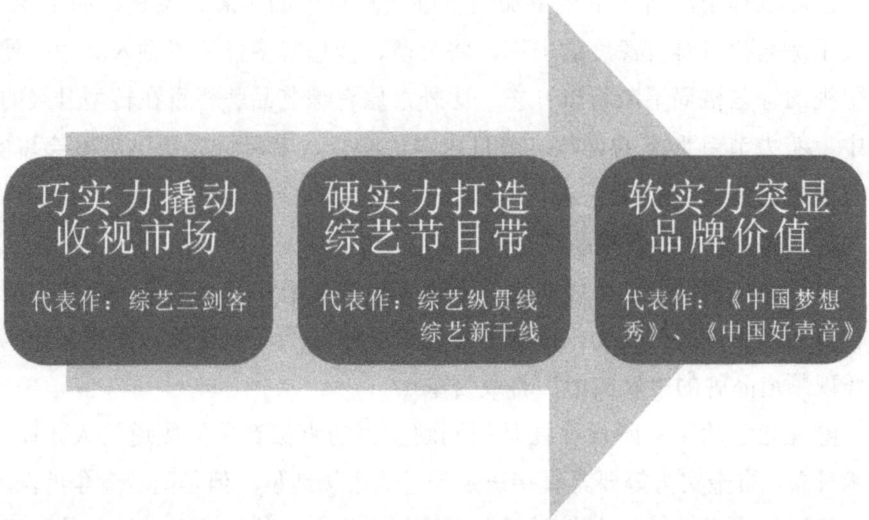

巧实力撬动收视市场
代表作：综艺三剑客

硬实力打造综艺节目带
代表作：综艺纵贯线 综艺新干线

软实力突显品牌价值
代表作：《中国梦想秀》、《中国好声音》

图 4.3.1　浙江卫视综艺创制特点

二、综合布局，实现标杆突破

浙江卫视在"综艺强台"理念指导下加大了对综艺栏目的创新改版力度，并在"顶层设计"理念的引导下提出了打造标杆栏目的战略，推出了大受欢迎的《中国梦想秀》第三季和火爆荧屏的《中国好声音》。

1. 大型综艺版块

浙江卫视大型综艺板块的代表栏目有《我爱记歌词》、《中国梦想秀》、《中国好声音》等。从最初帮助浙江卫视迅速抢占全国电视市场的《我爱记歌词》到《中国梦想秀》第三季和《中国好声音》，浙江卫视大型综艺板块节目经历了从发力、探索，到渐渐找准独属于自己的"公益"和"梦想"定位的历程。

1）从"全民狂欢"到"本真回归"

浙江卫视"中国蓝"初期的综艺节目《我爱记歌词》等介于选秀和音乐节目之间，注重观众的参与和互动，所选曲目丰富多样，几乎满足了所有群体对音乐的需求，为观众提供了一个上电视唱歌的机会。从《爱唱才会赢》开始引入"公益"概念，但这时只是在娱乐节目中融入"公益"元素的初级探索。《中

第四章 >>> 追求卓越：
浙江卫视的内容生产战略

国梦想秀》在继承了之前节目互动、激情等综艺元素的基础上，充分融入"梦想"、"公益"两大元素，将追梦人、圆梦大使、梦想观察团融入节目，既给观众带来视听冲击，同时也带来了"爱与归属"的情感满足。《中国好声音》延续了《中国梦想秀》中"梦想"元素，紧扣当下浮躁社会对独特声音的喜爱、浮华背后安定的力量和普通大众对梦想的执着。用简单的节目形式、公平的节目规则、对梦想的执着追求，让节目回归起点，让人性回归本真。

2）从低成本巧制作到高成本大气场

《我爱记歌词》、《我是大评委》和《爱唱才会赢》是"中国蓝"初创时期打造的涵盖各类音乐节目的"综艺三剑客"，以节目集群的方式产生品牌效应，以低成本博得大收益。随着硬实力的强大，浙江卫视更加注重锻造品牌、提升气质。精美制作、极致追求是其对综艺节目创制提出的新的要求。《中国梦想秀》、《中国好声音》，从版权的购买到嘉宾的邀请、从舞台的打造到全新的营销，可以说是高成本、大手笔，为观众打造了精美大气的电视大片，给观众带来了极致的视听享受和深至心底的触动。

浙江卫视在综艺节目打造过程中，"公益"、"梦想"的理念经历了一个层层递进、不断升华的过程。"综艺三剑客"时期属于娱乐为主、公益为辅的初级阶段，到了《中国梦想秀》、《中国好声音》，已经提升到公益为内核、娱乐为外形的新阶段。节目制作手段也从巧制作升级到硬实力的比拼。

2. 婚恋情感类版块

当今社会竞争激烈，生活、工作的压力使得许多年轻人无暇顾及到婚姻，导致了"剩男"、"剩女"出现，针对这一社会现象，电视媒体竞相开设婚恋情感类节目。浙江卫视也推出了一系列婚恋情感类栏目，如《为爱向前冲》、《婚姻保卫战》和《爱情连连看》。

2010年，浙江卫视推出《婚姻保卫战》，最初的节目设置是一档以夫妻"秀恩爱"、"晒幸福"、回顾情爱历程为亮点的综艺闯关类节目，节目流程表现为夫妻搭档竞技。但正所谓"幸福的家庭都是相似的"，制作一段时日后，发现很难进一步开掘深度。2011年，该节目改版为一档专门为离异女性服务的电视节目，"帮助失去婚姻的女性学会爱并找回爱情"[1]。2012年再次改

---

[1] 浙江卫视：《独辟蹊径，走自己的路——浙江卫视重推情感疗伤节目<婚姻保卫战>》，载《当代电视》2011年第8期，第1—2页。

版变成情感话题脱口秀，节目选取具有广泛共鸣与情感共振的社会热点事件作为切入点，体现当下民众对爱情婚姻的情感体悟与观念更迭。

随着相亲节目引发收视狂潮，满足都市男女的情感需求成为省级卫视的研发主流。2010年，浙江卫视又推出《爱情连连看》，全方位真实展示80后、90后的爱情婚姻观，竭力为全国单身男女打造最精准高效的交友平台。《爱情连连看》与《婚姻保卫战》共同组成了浙江卫视婚恋情感类节目版块，形成"爱在中国蓝"的节目格局。

浙江卫视的婚恋情感类节目经历从"赶潮流"到慢慢沉淀的过程，从最初的把情感与游戏相结合，通过猎奇和娱乐元素刺激观众的感官情绪，到剥去繁华的娱乐外壳，用理性的态度帮助嘉宾寻找爱情、解决婚姻问题，将爱情婚姻与和谐社会建设紧密结合，引导观众树立健康的婚恋观和正确的人生观。

3. 竞技类版块

浙江卫视的综艺舞台上，大型综艺版块、婚恋情感类版块和竞技类版块"三分天下"。虽然相比于前两者，竞技类版块似乎能见度相对较低，但其实不然，它是浙江卫视手中的一块"底牌"，是综艺节目综合布局中时有惊艳表现的"黑马"。

从《越跳越美丽》、《心跳阿根廷》到《爽食行天下》，浙江卫视的竞技类节目快速发展，走出浙江，走出国内，走向世界。

《越跳越美丽》引进美国原版电视节目《Dance Your Ass Off》，从舞蹈真人秀逐渐过渡为体育竞技性的舞蹈比赛。既往节目主打歌舞双全的艺能美少女，虽然给人以感官愉悦，却很难深入社会现实。目前节目将舞蹈和减肥融合在一起，成为全国首档真人时尚瘦身舞蹈节目。

《心跳阿根廷》脱胎于美国广播公司（ABC）的《101种逃离游戏秀的方法》，这档节目是浙江卫视2012年首推的运动益智闯关真人秀，也是中国大陆第一个走出国门，演播室和外景录制全部在国外完成的电视娱乐节目。节目风格大胆、紧张、刺激，在竞技类节目中独树一帜。

而《爽食赢天下》则将美食、文化、探索、竞争、趣味有机的交织于一体，用眼睛代替嘴巴，用镜头代替脚步，用寻找的方式去体味中华美食，感受各地的美食文化。2011年，节目更名为《爽食行天下》，让美食节目不再局限于味觉，让观众在游戏中感受美食背后的文化内涵。这一节目被称作全国收

第四章 >>> 追求卓越：
浙江卫视的内容生产战略

视最高的公益美食品牌，游戏对抗、明星助兴蕴含于美食、美景之中，满足了观众多层次的欣赏需求。

纵观竞技板块栏目，《冲关我最棒》还局限在浙江本省，但到了《越跳越美丽》、《爽食行天下》就开始走出本省，走向了全国，走向世界，体味世界各地的风土人情。《心跳阿根廷》更是跨越了半个地球，来到了阿根廷，体验了异域惊险游戏带来的心跳加速。

浙江卫视"中国蓝"一直坚持"综艺强台"的理念，通过不断的实践和调整，逐步形成了独具特色而又棱角分明的综艺节目格局。并凭借综艺这块跳板，打造出了一档档"叫好又叫座"的标杆栏目，依托这些栏目，浙江卫视"中国蓝"这一品牌深入人心，"第一梦想频道"在观众的心中落地生根。

· 案例闪回：《"7·23"甬温动车事故》直播报道

与时间赛跑，与观众同在

2011 年 7 月 23 日 20 点 30 分左右，北京南站开往福州站的 D301 次动车组运行至甬温线上海铁路局管内永嘉站至温州南站间双屿路段，与前行的杭州站开往福州南站的 D3115 次动车组列车发生追尾事故,后车四节车厢从高架桥上坠下。这一事故引起社会各界的高度关注，相关部门立即投入到事故的抢险救援中。

作为"7·23"甬温动车事故发生地，浙江省各界给予高度关注。浙江卫视第一时间全频道总动员，连夜派出记者和电视转播车赶赴事故现场，并及时调整节目编排，大时段、全方位进行现场直播。充分展示了浙江卫视对于重大突发事件的直播报道能力。

一、现场直击：快速、大气

直播报道本质是在与时间赛跑，面对突发事件，哪一家媒体最早赶赴现场，最早发出报道，哪一家媒体就在后续报道中占据主动。

"7·23"甬温动车事故的信息最早由网友微博发布。浙江卫视在当天晚上九点左右得知消息，立即组织人员，进行报道部署。新闻部派遣四路记者赶赴事故现场，同时命令距离事故现场最近的正在舟山执行任务的"中国蓝"直升飞机飞往温州。在直播筹备过程中，浙江卫视通过滚动字幕把事故消息第一时间传播给观众。

第四章 >>> 追求卓越：
浙江卫视的内容生产战略

　　凭借着地域优势，浙江卫视是最早赶到现场的省级卫视。当晚 10 点 30 分，浙江卫视停播了正在直播的综艺节目《非同凡响》，推出"甬温线特别重大铁路交通事故特别报道"直播节目，及时向观众介绍事故的总体情况、目前的救援部署、伤亡情况等。浙江卫视的快速反应真实记录了事故发生后救援的各个阶段，这些高质量的独家视频资料被央视和海外权威媒体多次引用，有效提升了浙江卫视的知名度和影响力，赢得了海内外业界的赞许。

　　在本次新闻报道中，浙江卫视不仅追求"快"，还突出"全"以展现大台气象。在报道技术配备上启用直升飞机进行"全景式"现场航拍，以直观、立体的方式，向观众展示事故全貌。在直播报道组合中，浙江卫视采取栏目联动，相互配合的报道策略，构建新闻信息场。除了在《浙江新闻联播》权威报道"7·23"甬温动车事故外，还在《新闻直通车》中细化报道事故的细节，以特写报道的方式捕捉感人瞬间；在《新闻深一度》中模拟事故的发生过程、邀请各方专家现场解读事故的发生原因，并对事故涉及到的赔偿标准给出了详细的说明。此外，浙江卫视还非常关注各大网站的消息以及网民的关注点，及时捕捉新闻热点，适时推出相关报道，不断丰富报道内容，引导社会舆论。

　　在节目编排上，浙江卫视停播已编排好的所有节目，大时段、滚动直播事故救援进展情况。事故发生的当晚，浙江卫视就播出了两档直播节目；24 日更是打破常规编排，对"7·23"甬温动车事故进行全天候直播报道，同时辅以滚动字幕方式传递即时信息。从 23 日到 25 日凌晨，浙江卫视共推出 20 多档直播节目，大容量、持续滚动关注事件最新进展，对事故进行多角度、全方位的报道。在此期间浙江卫视几乎没有播出一条广告，也停播多档娱乐节目。

　　浙江卫视在"7·23"甬温动车事故的报道中反应快速、报道专业，获得社会各界的肯定。浙江卫视在这一次报道中所展现出来的大气、权威，不仅展示了浙江卫视新闻创制能力，也提升了"中国蓝"的品牌价值。

二、多方联动：全面、权威

　　在重大突发性事故面前，何如有效整合信息、引导舆论，考验着媒体的专业水平和实力。浙江卫视在"7·23"甬温动车事故直播报道中，比较好的掌握了宏观信息和微观细节之间的关系，点面结合，真实展现了事件全貌。

　　7 月 24 日上午，国家领导人和浙江省委省政府纷纷做出指示，要不惜一切代价全力抢救伤员。相关领导赶到现场调度指挥中心，制定救援方案，确保将伤亡减至最低。浙江卫视迅速组织报道，把党和政府的关怀传递给事故当事人和广大的观众，积极引导舆论，奠定浙江卫视在该事件报道中的主体地位。

为全面深入展现救援情况，浙江卫视聚焦消防、卫生、铁路等相关部门，报道各部门所采取的救援措施和救援效果。例如，浙江卫视在直播室连线浙江省卫生厅相关负责同志，报道省卫生厅的救援部署信息，包括医疗救援队伍的组织、医院血浆库存、伤员的治疗等情况。随后又连线浙江消防总队，了解消防官兵的救援策略和实际救援情况。

鉴于事故发生后流言四起，浙江卫视直播了铁道部新闻发布会，最大程度减少信息不对称所造成的传播噪音。此外，针对社会各界对高铁质量的质疑，浙江卫视又派出多路记者直播报道事故发生段的铁路通车状况，采访相关专家介绍中国高铁建造情况。

浙江卫视的多方联动，不仅充实了新闻内容，丰富了新闻内涵，更积极引领舆论导向，疏导了公众情绪。在社交媒体时代，电视台的议程设置能力已经极大让渡于网络媒体。但是浙江卫视通过此次报道证明，面对突发性事件，电视媒体的时效性和权威性仍然起到重要的舆论引导能力。

三、人文关怀：真诚、温暖

浙江卫视在坚持"新闻立台"的同时，也坚持"人文美台"，将自己特有的人文情怀注入新闻报道。在"7·23"甬温事故报道中，浙江卫视的人文关怀处处可见，小到记者对于伤患者的一句问候，大到对整个事故报道的人文角度，无不体现出此次新闻报道的人文情怀。

真实是新闻的生命，而融入人文关怀的真实和真诚，褪去了尖锐，增添了人情味。在各家媒体将焦点放在事故现场救援以及善后处理工作的时候，浙江卫视播出了"平阳群众点蜡烛为甬温线事故死伤者祈福"的短消息，尽管新闻不足一分钟，却真实记录了平阳百姓对于这场事故感同身受的真情实感，表达了人们最真挚的祝福。类似的报道让人们在悲伤之外还体会到了人性的温暖，感受到了希望的力量，让这一场悲痛人心的重大铁路事故的报道，平添了一份人性。

在事故的报道过程中，最后一个获救的"奇迹女孩"小伊伊的出现牵动了无数观众的心。浙江卫视全程跟拍了小伊伊的解救过程，并派出首席记者

第四章 >>> **追求卓越：**
浙江卫视的内容生产战略

王米娜守候在医院，见证了生命奇迹的发生，抚慰了观众对小伊伊的关怀之心；对于小伊伊左肢治疗的具体情况，又派出记者王帅全面追踪报道，现场访问照顾小伊伊的医护人员，报道最新的治疗进展。此外，当浙江卫视采访救出小伊伊的勇士姜建序时，他的一句"我自己的手被压一下没有关系，小姑娘不能再被压"，引发了观众强烈的共鸣，纷纷为英雄鼓掌。

浙江卫视在新闻报道中，非常注重"善"和"美"的挖掘，捕捉新闻中能引发人心共鸣的元素。在"连线浙江卫视记者 介绍幸存女孩情况"的报道中，记者王帅陈述了前夜小伊伊送来时浑身是伤，满身泥泞；但是通过画面我们看到了现在的小伊伊躺在病床上，一脸的安详，虽然脸上依然有伤，但家人给她扎起的小辫让这个可爱的女孩瞬间击中观众心中最柔软的部分。在"实拍温州医院ICU病房门口团圆时刻"报道中，医院特地安排小卓睿的妈妈与小卓睿在一个病房，这一举动让一直不愿开口的孩子大声的哭了出来。医院的这一"善"举不仅抚平了孩子恐慌的心，也宽慰了母亲的爱子情怀，让现场的医护人员、媒体记者以及电视机前的观众动容。《新闻深一度》报道了在得知动车事故后，中国传媒大学大一学生朱平的同学连夜赶往各大医院打听朱平的消息，确认朱平遇难后，这些同学又尽自己的最大努力安抚朱平年迈父母的新闻。普通民众在这一重大事故中所体现出来的互助精神，通过电视画面的传递和放大，让观众发出灾难无情人有情的感叹。

同时，浙江卫视还将镜头对准参加救援的消防官兵、医护人员，用镜头记录下英雄的"美"。而正是因为这些"美"、"善"元素的投入，温暖了观众的心，使得浙江卫视的新闻报道有了强大的生命力和感召力。

客观理性而又不失温情，这是浙江卫视本次直播报道的主基调。浙江卫视把真诚和温暖融入新闻节目，从而奠定了"中国蓝"的人文基调，也让社会大众真正认可了浙江卫视的这一"蓝色"气质。

在"7·23"甬温动车事故直播报道中，浙江卫视以服务大局、服务社会为出发点，以专业主义精神全面、准确的对事故进行全方位的跟踪报道，在报道中始终保持客观公正的态度，既满足了观众了解真相的急迫心理，又疏导了公众情绪。尤为值得称道的是，浙江卫视的新闻直播有诸多感人至深的特写报道，充分展现了媒体的人文关怀和专业素养，强化了媒体的舆论引导力和影响力。

附 录

浙江卫视"7·23"甬温动车事故直播报道一览表

日期	报道内容
2011-07-23	关注温州动车脱轨事故 甬温线特别重大铁路交通事故特别报道
2011-07-24	关注甬温事故 连线浙江省卫生厅厅长杨敬 空中直击甬温事故现场救援 电话连线浙江消防总队副参谋长罗军 铁道部新闻发言人王勇平介绍甬温事故情况 铁道部新闻发言人王勇平答回答记者提问 铁道部新闻发言人答幸存乘客问 王勇平回答记者提问 称安全是工作重点 平阳群众点蜡烛为甬温线事故死伤者祈福
2011-07-25	甬温线上午恢复通车 事故现场清理正在进行 关注甬温特大交通事故 铁道部昨晚举行新闻发布会 甬温线上午恢复通车 事故现场正在清理 关注甬温线特大铁路交通事故 卓睿喆的父亲仍无消息 医院提前进行心理干预 关注甬温线特大铁路交通事故 护士长双手温暖重伤女孩 关注甬温线特大铁路交通事故 ICU病房门口的团圆 连线浙江卫视记者 介绍甬温事故现场情况 幸存小女孩玮伊：列车废墟中的生命奇迹 甬温线发生特大交通事故 温州展开生死营救 连线浙江省卫生厅医政处处长王桢 连线浙江卫视记者 介绍幸存女孩情况 连线浙江省消防总队陈冰坚 介绍救援情况 铁道部总调度长安路生被调任上海铁路局局长 铁路58个车次24日起停运 恢复时间未定 生命奇迹 甬温线事故幸存女孩已苏醒 实拍温州医院ICU病房门口团圆时刻 实拍首趟列车通过温州高铁事故路段

第四章 >>> 追求卓越：
浙江卫视的内容生产战略

续表

2011-07-26	关注甬温线特大铁路交通事故
	7·23甬温线动车事故 领导人的声音和身影
	甬温线特大事故 遇难者遗体已全部认领
	关注723甬温线特别重大铁路交通事故：期待原因查明！
2011-07-27	甬温线特大铁路交通事故调查组公布初步调查结果
	7·23甬温线特别重大铁路交通事故特警邵曳戎 用坚持挽救生命
	7·23甬温线特别重大铁路交通事故 小男孩卓瑞喆之父在事故中遇难
	7·23甬温线特别重大铁路交通事故 小伊伊度过危险期 开始进食
	7·23甬温线特别重大铁路交通事故 最高检确认已派员参与调查
	最高检参与调查甬温线特别重大铁路交通事故
	7·23甬温线特别重大铁路交通事故遇难者赔偿标准确定 每人赔付50万
2011-07-28	温家宝查看7·23甬温线特别重大铁路现场并回答记者提问
2011-07-29	7·23甬温线特大铁路交通事故 遇难人数上升至40人
	7·23甬温线铁路交通事故 遇难者赔偿救助标准为91.5万
后续报道	7·23甬温线特别重大铁路交通事故 已有19名遇难者家属签订赔偿协议
	7·23甬温线特别重大铁路交通事故伤员已有108人出院

……

第五章

CHAPTER 5

整合传播：
浙江卫视的创新品牌传播

以"中国蓝"统领品牌形象的浙江卫视，坚持"新闻立台、人文美台、综艺强台"的均衡发展策略，在内容生产上打了一场又一场"攻坚战"。在品牌运营打造上，浙江卫视通过打造标杆栏目、强势推广主持人、做大做强广告营销等一系列措施，形成各具优势、互为补充、和谐共进的品牌内核，为品牌的持续创新和长久生命力提供了重要保障。

第一节 明星主持提亮品牌个性

"主持人是节目的灵魂，也是节目的窗口。"[1]电视节目主持人作为电视节目的组成部分，其作用在于能巧妙地将大众传播的方式转变为人际传播，给观众带来面对面的情感交流。主持人的表情、眼神、动作都富含信息和情感元素，能够体现出他们的个性魅力、风格才智，使传播更具个性色彩。

---

[1] 王同元：《彰显综艺娱乐节目的价值导向和文化内涵》，载《中国广播电视学刊》2011年第10期。

在竞争激烈的媒介环境中，电视节目主持人以其特有的品牌效应，为提升节目品质承担了越来越重要的角色。造就明星主持人，是提亮电视节目品牌个性，凝聚观众注意力的有效手段之一。

一、集群打造，提高主持人竞争力

1. 新闻节目主持人群体

新闻节目主持人是体现卫视品牌深度的一张"活名片"。新闻播报需要真实和权威，尽管新闻节目主持人无法像综艺节目主持人那样个性张扬，但沉稳内敛、知性理智的新闻主持人也不失为卫视屏幕上一道亮丽的风景。

培养组建"沉稳大气、知性深刻、青春时尚"的新闻主持人队伍，是浙江卫视一以贯之的方略。经过长时间的磨练和积累，浙江卫视培养了一支颇具特色的新闻节目主持人队伍：大气端庄的首席女主播许婷，沉稳持重的席文，从容亲切的何敏，严谨认真的高原以及青春时尚的秦原、李晗、王帅、付琳等。他们热爱新闻事业、充满工作激情，出色完成了传递信息、解读新闻、引导舆论的任务。

首席新闻主播席文，曾经主持过娱乐、经济、体育类节目，丰富的主持经验使他拥有多样化的视角，也培养了其沉稳大气的风格，被誉为"博大之蓝"。他坚持走采编播、策划合一的道路，具备较强的新闻综合业务能力。曾参与"杭州湾跨海大桥通车"、"舟山大陆连岛工程通车"、"神州大地看浙江"、历年抗台等重大新闻主题或直播报道的策划和主持工作。2012年席文获得了中国播音主持"金话筒奖"。

为了让更多的新闻节目主持人快速成长，浙江卫视坚持让主持人深入新闻采访一线锻炼实践。如此既能丰富他们的工作阅历，增加曝光率，也为培育优秀的新闻直播队伍提供了实战训练机会。每当发生重大事件，他们都会第一时间赶到现场，及时、准确的将新闻信息传递给观众，有效增强了新闻的影响力和传播力。这种方式既符合国际惯例，也体现了浙江卫视注重培养新闻节目主持人的专业水平和整体素养的理念。

2. 综艺节目主持人群体

在浙江卫视综艺节目主持人中，华少是当家主持，他时尚的形象、机智的表达和极强的现场掌控能力给观众留下了深刻印象。华少出道很早，大学

第五章 >>> 整合传播：
浙江卫视的创新品牌传播

第一年就以嘉宾主持的身份参与杭州电台节目，毕业后进入杭州电台工作，他主持的《交通快活人》节目曾获得杭州十大品牌栏目称号。2005年他加盟浙江卫视担任电视节目主持人，从对电视制作一窍不通到参与节目策划、拍摄，从主持新人到综艺"一哥"，他克服了种种困难，不断攀升事业高峰。

综艺节目多为直播节目，对现场应变能力要求很高，而华少最大的特点即是灵活机智。在主持"麦霸英雄汇"时，有几次突然遇到设备故障，准备好的视频无法播放，导演只好让华少口播救场。有一次华少在完全不知道随后流程的情况下硬是现场自由发挥7分钟，而从节目效果看，居然前后连接顺畅，观众完全察觉不到华少是在临场发挥。应变能力看似"小巧"，却浓缩着一个主持人的舞台经验和基本功。在《中国好声音》的舞台上，华少一秒钟报7.44个字的惊人语速成为节目的又一亮点，被网友戏称为"中国好舌头"。

目前，电视综艺娱乐节目的收视群体已经向"80后"、"90后"靠拢，主持人需要年轻化、多元化来争取更多的年轻观众群。2011年，浙江卫视在成功培养了华少、朱丹后，开始重点打造"青春梦想"综艺节目主持群体，见表5.1.1所示。

表5.1.1 "青春梦想"主持群体

主持人	个性特点	风格定位	主持节目或大型活动	影响力
伊一	真实自然、能歌善舞、语言表达能力强。	全能综艺小天后	《我爱记歌词》、《越跳越美丽》、《舞动好声音》、《红舞鞋"1+1"计划》。第21届金鸡百花电影节、第八届中国国际动漫节等大型活动。	2011年《综艺》最具潜力主持人奖、浙江省牡丹奖一等奖、2012年澳门电影电视节最佳主持人。被观众称为"最会跳舞的综艺女主持"。
沈涛	成熟稳重、语言犀利、情感丰富。	情感教主	《爱情连连看》、《婚姻保卫战》。	情感教主、"知心大哥"。
陈欢	年轻时尚、活力十足、喜爱户外运动。	综艺小天王	《快乐蓝天下》、《梦想新生活》、《心跳阿根廷》。	时尚潮人

二、立体培养，强化主持人品牌特质

为了提高主持人与观众的接触度，帮助有潜质的主持人迅速进入发展"快车道"，浙江卫视鼓励主持人多栖发展，给观众呈现更加丰满、更加立体的个人形象。

1. 跨界主持

在传统的印象中，主持人似乎应该是"术业有专攻"。但是近几年来，跨界主持成为潮流。甚至新闻栏目的主持人也可能变身成为综艺节目主持人。

李晗是浙江卫视跨界主持一个比较成功的例子。李晗最初是新闻栏目《新闻深一度》的主持人，理性、智慧的个人形象和独特的表达方式让她形成了颇具个人风格的主持模式。同时，曾经留学英国、喜爱读书的李晗，视野开阔，偏好文学、艺术，对生活和工作有着自己独到的理解。她的气质类型和浙江卫视固有的人文传统非常合拍，因而浙江卫视力推李晗跨界主持人文类栏目《人文深呼吸》，突显她知性优雅、擅于思考的个性特质，使之从女主播群体中脱颖而出。

目前正在全力打造的"青春梦想"主持群体中的"情感教主"沈涛，曾经主持民生新闻类栏目《涛出心里话》，新闻节目的主持经历，锤炼了沈涛稳重、睿智的形象。跨界进入综艺节目后，主持情感类节目《爱情连连看》、《婚姻保卫战》等，呈现给观众沉稳憨直、亲切温和的邻家大哥形象，较好的契合了所主持节目的风格。

2. 立体化打造

作为文化创意产业的组成部分，电视媒体最核心的资源是人力，而其中主持人和艺人团队是台前能见度最高的群体。为了避免长期驻留一个舞台导致主持人形象单一化，浙江卫视通过多种途径突破观众的刻板印象，增加主持人文化内涵。

2009年，主持人华少推出《我爱记歌词里的文学蜜饯》一书，寓意"文学原著是新鲜的果实，流行歌词把它制成了蜜饯"。这本书以28首大家耳熟能详的流行歌曲为切口，幽默诙谐地讲述了隐藏在歌词里一系列文学秘密。例如，王菲《笑忘书》与米兰·昆德拉《笑忘书》的关联，王力宏《在梅边》与汤显祖戏曲《牡丹亭》的呼应，张学友《心如刀割》与苏轼《与外生柳闳》的纠结，等等。

第五章 >>> 整合传播：
浙江卫视的创新品牌传播

书中行文显示了华少良好的文学素养和诙谐乐天的个性。他擅于旁征博引，剖析"你总是心太软心太软／独自一个人流泪到天亮"（《心太软》），可以说是来源于唐代大诗人杜牧《赠别二首》中的名句"蜡烛有心还惜别，替人垂泪到天明"。而"夜深了你还不想睡／你还在想着他吗／你这样痴情到底累不累"，似乎既有柳永《女冠子•断云残雨》中"空恁无眠耿耿，暗想旧日牵情处"的影子，又像张镃的《醉高楼•浮云散》中"夜无眠，应笑我，怎如痴"的感觉。

台湾地区著名音乐人袁惟仁、游鸿明纷纷为华少新书写了亲笔推荐词。袁惟仁评价说："华语歌词早已进入诗词文化的境界，而华少的这本书将更快地引领你进入鉴赏和分享的境界。"游鸿明则推荐说，这是"一本连词曲作者感叹精辟的词曲典故大全，值得大家细细品味"。

《我爱记歌词里的文学蜜饯》这本书不仅发掘了华少在综艺天赋之外的"文艺青年"范儿，也部分改变了观众对《我爱记歌词》单纯娱乐的认知，在记歌词的同时领悟中国语言的魅力。

《我爱记歌词》节目引入"领唱"元素，由"领唱"领歌，参赛者接唱。浙江卫视着力打造"领唱"这一集体音乐品牌，区隔出了"中国蓝"艺人与众不同的个性特征。每个"领唱"在登上"中国蓝"舞台之前，都有丰富的人生阅历。领唱天悦曾在北京的天桥下露宿，只为坚持心中的音乐梦想。有感于这位从"天桥走来的励志歌手"的经历，浙江卫视为他量身订制单曲《不痛不痛快》，给天悦提供了在2010年浙江卫视跨年晚会上首次献唱这首歌曲的机会。

2011年5月，新锐音乐制作人小宇为浙江卫视《我爱记歌词》五大领唱（王滔、思琦、袁野、程程、郑赟）量身打造了一人一首爱情单曲，集锦而成原创音乐大碟"爱之旅"。该专辑特邀为张艺谋电影《三枪拍案惊奇》主题曲混音的著名音乐人李金城做后期混音，体现了"中国蓝"对旗下艺人的关爱、对"蓝媒"出品的品质执着。

除此之外，浙江卫视还积极创造条件，扶持主持人向影视剧方面发展。主持人秦原、伊一、沈涛等都在一些影视剧中有不俗的表现。

3. 艺人化管理

随着电视专业化水准的提高，团队的作用日益凸显，只有制作团队、营销团队等专业人士的协力作用，才能更好的打造明星主持人，造就成功栏目。因此，浙江卫视不惜重金，借助强大的营销力量，树立主持人品牌。

2008年8月22日，浙江卫视成立了内地首个电视主持人经纪机构"蓝星制造"工作室，开创了中国电视界主持人艺人化管理的先河。9月1日，浙江卫视新闻主持人群体、综艺主持人群体闪亮登场，作为试点，对他们实行"主持人年薪制"和"主持人艺人化管理"。同年9月22日，浙江卫视与华谊兄弟签署战略合作签约，华谊经纪团队加盟浙江卫视主持人经纪团队，在培训主持人方面给予大力支持。

"蓝星制造"工作室集结浙江卫视的优秀主持、领唱、麦霸资源，并全力发掘和培养新的明星资源，与卫视各大栏目、大型活动进行充分融合、捆绑、相互促进、相互提升。为进一步强化和完善主持人、艺人的日常管理，浙江卫视积极探索市场化、规范化管理的新路子，签约主持人除参加节目录制和集团频道重要活动外的其他社会活动，均由公司市场化运作。

比如对"青春梦想"主持人伊一的打造。伊一在校期间就因参与《美丽A计划》节目的录制而展露才能。进入浙江卫视后，频道为其量身打造了全国首创的歌舞类综艺节目《越跳越美丽》，突显其擅长舞蹈的优势。在经历了长时间的打磨后，频道乘着《中国好声音》火爆荧屏之际，迅速推出了由伊一主持的《舞动好声音》节目。随着伊一人气的飙升，其他卫视的综艺栏目纷纷向她伸出橄榄枝，湖南卫视的《天天向上》栏目组邀请其参与录制《当红女主持齐聚大战天天兄弟》节目，让更多的观众认识了浙江卫视这一新生代女主持。此外，浙江卫视还扶持伊一参与电视剧的拍摄，2011参演了《烽火儿女情》，2012年主演《凤凰牡丹》，该剧将在2013年作为开年大戏登陆"中国蓝"剧场。

第二节　大型活动深化品牌体验

"做星巴克，而非麦当劳。"这是数字时代品牌营销的一个共同理念，也就是说，要通过提升客户体验，把消费品（commodity）和服务提升为"体验"（experience），将一杯普通的咖啡，卖出文化的意味。

品牌带给消费者的意义，不仅仅是代表品质恒定的承诺和保证，更重要

第五章 >>> **整合传播：**
浙江卫视的创新品牌传播

的是带给消费者情感性体验、自我形象投射，甚至是自我实现的价值，品牌能够为消费者创造的价值是一种精神上的价值，这是品牌体验的意义所在。[1]

以上营销理念同样可以运用于电视行业。为了加强"用户体验"，电视媒体开始在常规栏目之外开创品牌活动，增加直面观众的机会，给观众提供了解电视媒体和创制人员的机会。就如星巴克一样，把一次消费附加上诸多环境因素，使之成为充满个体愉悦的心情之旅。浙江卫视"中国蓝"一直通过大型活动路演，增加与观众的接触"点"，深化观众品牌体验。

一、大型活动与名牌栏目互为支撑

曾经预测了"第三次浪潮"到来的美国著名未来学家托夫勒预言，"服务经济将逐步转向体验经济，人们会创造越来越多与体验有关的经济活动，商家将靠提供体验服务提高竞争力及获得更高的市场回报"。大众在满足了基本温饱需要，继而转向更高的精神层面需求的时候，体验式营销便随之大行其道。

电视产品本身的使用价值和展现形式与一般的实物货品不同，如何开发频道及其节目在屏幕传播之余的品牌价值，可以在大型活动路演这一方式中找到思考的起点。

1. 常规栏目活动化推广

100多年前，美国著名报人普利策重新定义了"新闻"和媒体的职能，他认为"忠于最高使命的报纸，必须关心明天应该发生的事，下个月，下一年要发生的事。必须让应该的事情发生，不应该的事情不发生……报纸的最高使命就是服务于大众"。在这一理念指引下，他积极介入生活、干预社会，他发起了诸如为"自由女神"募捐等活动。

几乎与普利策同时代的中国报业巨子史量才在主持《申报》期间亦秉持"用之读者"和"纯以社会服务为职志"的办报理念。[2]《申报》不仅在新闻采写中加大民生新闻比重，还先后创办职工业余学校、妇女补习学校、流通图书馆等，体现着当日报人服务社会的志向。

20世纪90年代，以公共新闻为代表的媒介实践再一次改写了传统新闻

---

[1] 彭银美：《品牌体验文献研究综述》，载《中山大学研究生学刊》2011年第2期。
[2] 吴小杏、徐俏俏：《中美报业现代化的同途殊归——从史量才与普利策的办报说起》，载《新闻世界》2011年第5期，第155页。

定义，新闻人走入社会开始就公共议题号召市民广泛参与，以期改变社会进程。这一理念持续影响着中国的传媒实践，使其突破了传统新闻的定义，也给传媒品牌推广带来了新的方式。

具象到浙江卫视的品牌推广实践，其中常用的举措就是品牌栏目活动化，通过"路演"为栏目迅速积聚人气奠定基础。而这一深度介入生活的方式，也给栏目提供了丰富的社会背景和故事素材。这一操作手法在浙江卫视的新闻节目和综艺节目中都有所体现。

2008年，第一档以"寻找"为宗旨的公益节目《寻找王》出现在"中国篮"的银屏上。该栏目是全国唯一的电视寻找平台，也是全国唯一以寻找为特质的新闻栏目。栏目本着新闻、人文、服务的三大定位，"以独特视角诠释民生新闻，用和谐公益凝聚社会人心，用高度责任贴近民生民情，在众多新闻中切割出了浙江卫视独有的专属视角，展现了独特的新闻风格和新闻追求"[1]。而"寻亲大会"即是这档节目的衍生活动。

《寻找王》节目上档仅两个多月，"首届中国寻亲大会"即拉开了大幕，活动实时发布寻亲信息、设置寻亲反馈热线、现场访谈寻亲当事人、邀请寻亲专家面对面咨询、提供公安民政便民服务，承诺DNA免费检测，通过上述六大区块全方位联动，搭建了最具权威、最高效实用的寻亲一站式平台。短短半天的活动时间里，共计3000多人参加这一活动，通过热线电话、短信、活动现场、网络平台报名咨询的人超过20万。在6个小时的直播中，有20多对失散多年的亲人在现场相认团圆。

2009年1月，"寻亲大会"第二季继续强势出击，走出浙江，迈向全国。活动第一站是在我国的人口大省——四川，活动以《团圆中国》为名。当时汶川大地震已经过去半年多，但许多人还是没有找到地震中失去联系的亲人，他们是这次活动重点帮助的对象。[2]

"首届中国寻亲大会"和"团圆中国寻亲大会"在全国范围内搭建起了一个找回离散亲人的"四季寻亲"平台，产生了极大的社会影响力。而《寻找王》这一节目通过这些品牌活动迅速跃升为省级卫视新闻栏目中的名牌节目。

2009年1月，《寻找王》乘胜追击，开发出另一个衍生活动栏目《中国

---

[1] 搜狐公益频道，http://gongyi.sohu.com/20090318/n262871911.shtml
[2] 参见杭州报业集团2009年1月15日报道，
http://hzdaily.hangzhou.com.cn/dszb/html/2009-01/15/content_588031.htm

第五章 >>> 整合传播：
浙江卫视的创新品牌传播

相亲大会》，为全国的青年男女搭建相亲平台，节目组将传统的对山歌、比武招亲等元素融入活动现场，全面展现个人才艺和魅力，为相亲对象提供一个活泼、轻松的相亲氛围。

"中国相亲大会"取得了良好的社会反响，被评为2009全国电视媒体十大年度公益活动。伴随着一系列大型公益活动，《寻找王》与众不同的节目特点和内容风格迅速被强化、放大，浙江卫视彰显社会责任、嵌入百姓生活、形成舆论热点、引导社会风尚的品牌形象更是深入人心。

2012年，在《中国梦想秀》第三季前期，浙江卫视轰轰烈烈地展开了"百城寻梦"路演活动，打出"13亿人晒梦想"的口号。活动紧紧围绕"梦想"，为圆梦人不平凡的情感、信念、希望搭建了一个宽广的舞台，这一近距离感受生活体验的方式，引发各地观众的热情参与，产生了较强的社会反响。

从2012年3月开始，栏目组先后在杭州、北京、哈尔滨、长春、沈阳、济南、郑州等全国24个城市掀起寻梦热潮。活动还采取多种方式推广频道艺人和节目理念。例如在杭州、北京、吉林等地的路演活动中，浙江卫视"中国蓝"艺人天悦、王滔、海峰、小钊担任圆梦特派员参与地面活动，与地面媒体知名主持人、媒体人号召"晒梦想"。这一活动不仅为《中国梦想秀》第三季的开播迅速打开了局面，也给众多"中国蓝"艺人提供了锻炼机会，艺人品牌、节目品牌和频道品牌相得益彰。

浙江卫视十分擅于结合栏目品牌锻造媒介行动和电视活动，并取得了很好的效果。其中有几个特点，保证了栏目活动的成功。

首先，主打公益品牌，践行大民生概念。以往公益活动的主体多是公益组织，媒体是公益活动的客观报道者和宣传者。但在寻亲大会、相亲大会上，媒体担当了组织者的角色，既策划和运作活动，又制作和播出节目。由电视媒体自己来办公益活动，除了能起到宣传造势的作用之外，还能在电视媒体这个大平台上，整合各种有益资源，把公益活动真正多纬度地推广开来。在强势媒体的高效传播中，媒体公益品牌特色凸显，极大地增强了媒体的感召力和影响力，向全社会展示了一个富有社会责任感、道义感的媒体形象。

其次，栏目与衍生活动高度相关，"你中有我、我中有你"。上文所述及的《寻找王》本身就是集热点新闻、民生帮忙、观众互动为一体的新闻节目，而无论是寻亲、相亲，抑或求职，都契合时下热点，具有充足的新闻价值。

通过这些大型活动平台，让新闻更加鲜活，走进了百姓，同时也潜移默化的树立了自身的品牌形象。

最后，电视活动满足日常播出要求，既给常规栏目打造了特别节目提供节目兴奋点，又给频道荧屏增加诸多亮色。电视产品的最终表现形式仍然集中在屏幕之上，若脱离这一本体打造媒介活动，就脱离了电视机构的长项，也会使活动"无的放矢"。《中国相亲大会》、《中国寻亲大会》都进行了长达5—6个小时的直播，使得品牌活动栏目化播出，在助人的同时也满足频道节目播出需求，实现共赢互利。

浙江卫视四年来的品牌实践，擅于通过设置公众话题，召集公众参与，延展媒体责任，以公益的形式、活动的方式，传播社会核心价值观、倡导人人互助的美好理念。这无疑增加了观众对媒体的品牌体验机会，进一步提升了媒体的品牌形象，使其得以真正实现经济效益与社会效益的双赢。借助《中国梦想秀》，浙江卫视在常规栏目设置、品牌活动联动、公众服务开展甚至相关实业联办等方面继续有所作为，广聚人气，拓展市场，集中力量打造"中国蓝"频道公益品牌。

2. 品牌活动栏目化运营

浙江卫视四年来开发了不少品牌活动，如《中国梦想秀》的"百城寻梦"、百事群英音乐会等，而其中延续时间最长也最成功的当属《麦霸英雄汇》。

《麦霸英雄汇》脱胎于浙江卫视名牌节目《我爱记歌词》，其品牌形象一度与节目母体混杂，给人留下节目附属产品的印象。但活动坚持放大自身特色，坚持四年之后，已然成为一个独立且富有影响力的频道品牌活动。

《麦霸英雄汇》以全国各大城市的"麦霸"城际对抗为主线，以长假为据点进行拉通直播，平均每年进行2—3季，以记歌词、比音准为主要竞技方式。自2008年"十一"黄金周开启第一季，到2012年5月《麦霸英雄汇》已成功举办九季。四年来，虽然舞台舞美、主持人、赛制等都在不停的改变，但其最核心理念"全民娱乐"、"深度互动"却始终如一。

媒体活动是频道、节目与观众互动最有效的方式。平民娱乐的方式多种多样，要实现真正的与民同乐，差异化发展也必须真切地贴近百姓。《麦霸英雄汇》凭借"与民同乐"的高互动优势，传递快乐，倡导平民娱乐，突破了传统的"单向娱乐传播"。

第五章 >>> **整合传播：**
浙江卫视的创新品牌传播

高密度活动的集聚能够快速打响品牌影响力。浙江卫视在2008年的10月、11月、12月一口气推出了三季"麦霸城市巅峰对决"，深入哈尔滨、沈阳、大连等15个城市进行路演，与当地观众"零距离接触、面对面互动"。三季19场直播，最终使得"麦霸"品牌效益从量变达到质变，全面更新时尚名词"麦霸"的原始含义："从霸着麦克风唱不停"，到融入"歌词达人"、"音乐王子"、"炫酷拉风"等多种时尚元素，最终成为"音乐霸主"的同义词。其中拉通节假日，连续排播也成为《麦霸英雄汇》利用聚集效应打造品牌的一大特色。目前，《麦霸英雄汇》已逐渐被打造成长假季播特别栏目，陪伴广大观众走过快乐的悠长假期。她正在用自己的努力和坚持，信守与观众在长假期间的相约，持续推高观众对节目的收视期待。

二、大型活动凝聚频道"粉丝"

根据体验式经济的基本通约，一个产品的价值由生产者和消费者共同创造，没有消费者的欣赏、体验，产品的文化符号则无法完成传播。对于电视节目而言，这个过程更加直观：若没有观众的收视，节目的价值无从体现，节目所蕴含的理念更无从潜移默化地传递给观众。为了加强与观众的收视链接，电视机构除了竭尽所能提供高质量的节目，还需要突破电视屏幕的物理规约，真正与观众进行实际互动。

浙江卫视自2009年以来，每年8月都会组织推出"中国蓝"周年庆典，为观众提供与电视媒体创制人员"零距离"接触的机会。

2012年9月1日，"梦想天空分外蓝·浙江卫视迈向五周年庆典晚会"现场，陈思成、吴小莉、章子怡和陈奕迅等明星按下手印，加入了"梦之队"，为"梦之队"的成长助力。晚会上，周立波、《我爱记歌词》领唱成员、浙江卫视主持人以及现场工作人员与明星嘉宾共同为"中国蓝"送上美好的祝福。值得一提的是，晚会现场还连线了《中国好声音》栏目现场，华少以及四位导师通过大屏幕纷纷献上自己的祝福，现场好声音学员张玮PK歌浴森的《三天三夜》更是high翻了全场。由陈奕迅演唱的新台歌《梦想天空分外蓝》，记录下了"中国蓝"成长历程，将整个节目推向了高潮。整台晚会，台上台下频繁互动，观众用热烈的掌声表达了自己对浙江卫视的喜爱，频道也用高品质的表演打动了观众，形成了频道与观众共建大家庭的和乐氛围。

此外，"迈向五周年庆典"活动中，浙江卫视还连续推出了包括《正者无敌》、《北京青年》和《战争不相信眼泪》在内的"中国蓝"剧献；在屏幕上召开蓝莓粉丝节，与观众互动，真诚表达对观众的感恩之情；在北京召开《顶层设计，电视大片》高端论坛，加强与领域内的专家学者的互动，在"顶层设计"理念的指导下，研讨大片策略，借助自身平台，不断向社会传递正能量。

浙江卫视"迈向五周年"系列活动，打造了面对普通观众、内部员工和行业专家的综合多维度活动，既展现了"中国蓝"的发展实力、以观众为本的谦虚态度，也表达了探寻良策、永续发展的诚恳姿态。

浙江卫视"中国蓝"一直在锻造一种充满蓝色气质的高品质品牌形象，不仅创新发展电视栏目，更希望推进电视文化的内涵延伸。"中国蓝"的目的不仅仅在于通过节目创新提供越来越多、越来越齐全的电视产品，而在于形成一种追求公益、内化主流价值的名牌气质。所谓名牌，必然强调用户体验，关注用户最细微的情感需求。通过打造品牌活动，加强推广活动与栏目的互动、与观众的互动。浙江卫视通过多种形式改善观众体验、深化品牌认知，让观众在闲暇之时在这抹蓝色中找到归属。

第三节　广告推广落实品牌营销

1964年，美国营销专家鲍敦提出了市场营销组合概念，它是市场营销人员综合运用并优化组合多种可控因素，以实现其营销目标的活动总称。这些可控因素被麦肯锡归纳为4P，即产品（Product）、价格（Price）、渠道（Place）、促销（Promotion）。虽然这一理论模型随后又演化出6P、8P或者4C等框架，但作为一种分析工具始终在商业语境下持续流行。

作为电视机构的营销部门，大多遵循4P原则进行产品开发、价格调整、渠道营建和促销组合。浙江卫视营销中心秉承"守正出奇"的理念，在上述分析框架的基本规约下，进行了多种战术组合，积极落实品牌营销战果，为频道的长效发展打下经济基础。

第五章 >>> **整合传播：**
　　　　　　　浙江卫视的创新品牌传播

一、产品：深度合作与客户共成长

经过四年营建，"中国蓝"业已形成稳定的节目特色。从广告商的角度，已经形成新闻主流大气、综艺创新进取、剧场锁定核心人群的品牌认知。浙江卫视品牌节目构成详见图 5.3.1 所示。

图 5.3.1　浙江卫视品牌节目构成图

除了给广告客户提供与其产品细分市场人群相符、气质相符、品质相当的电视节目之外，浙江卫视还广泛运用交互式营销的方式，与客户共同成长，树立了一个个业界经典案例。

交互式营销的核心理念是让消费者参与而成为经营者，这一理念突破传统买卖双方此消彼长式的零和关系，达到买方卖方深度合作、共同成长的状态。这种营销模式应用于媒体与广告客户之间，简言之即广告客户和媒体共同成为频道影响力的经营者，观众是二者共同的消费者。在此过程中，电视台希望更多的观众知晓节目进而成为忠实拥趸，而广告客户则希望通过节目知名度的提升扩大自身产品市场份额。将二者的利益诉求有机融合，这便是交互式营销的出发点。

2008 年底，银鹭与《爱唱才会赢》栏目达成冠名合作协议。除冠名费外，银鹭还投入了数千万巨资，从产品包装、线下活动到全国媒体广告投放都全

141

力配合"中国蓝"和《爱唱才会赢》栏目的宣传。

首先，银鹭结合《爱唱才会赢》，对原先的花生牛奶广告进行修改，片中的配音和画面都植入了《爱唱才会赢》栏目信息。修改后广告片在全国近20家省级卫视大规模播出。

其次，在地面宣传上，包含有"中国蓝"和《爱唱才会赢》栏目信息的银鹭海报、户外广告、公交车身广告在全国30多个大城市逐步铺开。

最后，在产品包装上，银鹭在14亿瓶花生牛奶印上了"中国蓝"和《爱唱才会赢》栏目的元素，并在全国15000家大中型商场超市开展了主题为"爱唱才会赢、敢开赢不停"的促销宣传。为了进一步扩大影响力，充分发挥合作栏目《爱唱才会赢》的特色，银鹭规划了在全国各大城市的中心广场举办2000场路演活动，以"爱唱"作为活动主要模式。在部分重点城市，浙江卫视的主持人和明星领唱亲自到场助阵，宣传节目和产品。

此外，双方共同组织一场公益活动。《爱唱才会赢》节目设置"中国蓝公益金"，银鹭同时在线下开展了"每购买一罐银鹭八宝粥，就向银鹭爱心工程捐献一分钱"活动，将两个活动合二为一，合力打响了波及全国的"公益营销"概念。

经过多种战术组合，第一季度合作，银鹭花生牛奶的销售业绩在饮料行业中从第23位提升至第9位，销售金额比上季度提升超过70%。

2009年,伊利巧乐兹冠名《我爱记歌词》、伊利优酸乳冠名《我是大评委》2009年，浙江卫视与同样以蓝色为主题色的百事可乐联手打造《盖世群音》(又称："百事群音"中国蓝乐队欢唱60周年大型演唱会)。2009年喜临门冠名第一届中国相亲大会……

所有活动与栏目不仅与合作品牌形象十分相符，还通过电视节目的推陈出新，为合作品牌增加新的故事亮点和时尚元素，为广告商带来气质跃升。

浙江卫视交互式营销案例详见表5.3.1所示。

第五章 >>> **整合传播：**
浙江卫视的创新品牌传播

表 5.3.1　交互式营销案例[1]

节目和广告商	广告商对节目的推广方式
《我爱记歌词》——伊利巧乐滋	海报、候车厅、杂志、网络、游戏网站、KTV店内选秀
《我是大评委》——伊利优酸乳	产品新包装、商超海报、周杰伦和潘玮柏代言
《百事群音》——百事可乐	代言人、产品包装、网站、地面海选
《越跳越美丽》——娃哈哈 hello C	电视广告、网络斗舞大赛、地面海选
《爱唱才会赢》——银鹭花生牛奶	电视广告、公交车、线上炒作、包装、商超促销及堆头、路演、公益金
《爽食赢天下》——可口可乐	5亿瓶产品包装、美食网站、飞轮海"宴遇"活动

除了综艺节目的交互式营销之外，电视剧播出也创新采用这种营销模式。2009年5月下旬，浙江卫视花巨资引进的韩国收视第一的家庭励志喜剧《罗武林向前冲》（又名：《欧巴桑向前冲》），因为全剧集数较多，客观上增加了广告商的资金风险。于是频道决定采取灵活的播出机制：先播出50集，等广告主看到市场反映极佳、收视率屡创新高后，下半年再重新编播100集，这样客户自然信心十足地把广告额追加进来。这一举措共同降低了频道与客户的风险，也体现"中国蓝"与客户齐心共进退，不让客户贸然犯险的理念。而这恰是交互式营销，双方都是经营者思维方式的具体体现。

二、价格：蓝色气质打造高性价比频道

浙江卫视秉承与客户共同成长的理念，于广告刊例价上持续走出一条高性价比的道路。从2008年广告创收6亿发展到2012年预计创收25亿，这其中有"中国蓝"节目市场影响力持续走高的因素，也有浙江卫视深入洞悉市场趋势，稳扎稳打、有张有弛地调整广告价格策略的作用。

2010年，广电总局71号令出台，全面限制广告播出时间。当时整个电视业界的基本判断就是要做好"过冬"的准备，守住刊例价和现有业绩即可。浙江卫视通过市场评估，认为广告时间的限制使广告变成了一种稀缺资源，反而会提升时段含金量。当时亦恰逢"综艺纵贯线"全面突围，卫视进入又一轮快速增长期。经过缜密研究，频道决定在2010年逆市上调广告价格，

---

[1] 沈辉：《临危应变，浙江卫视为广告主打造交互式营销舞台》，载《媒介》2009年第8期。

涨价幅度高达100%。当时几乎所有业界同行都不看好这一决策，认为这是误判形势后的一种自杀行为。但是那年，浙江卫视广告创收额强劲上扬，超额完成年初制定的目标。

用浙江卫视自己的话来总结，那就是"危局中必有机会"。当时的发展态势能够支撑这样的广告提价，而广告时间的缩短恰好提供"物以稀为贵"的市场潜力，浙江卫视通过对广告市场的清晰判断扭转了被动应付"过冬"的局面。

随着《中国梦想秀》第三季和《中国好声音》的热播，浙江卫视影响力不断提升，增强了广告商对浙江卫视的信心和热情。以《中国好声音》为例，广告价格从第一期的15秒15万不断攀升，到9月30日最后一期节目，15秒广告价格已达116万。浙江卫视通过打造标杆栏目，创制电视大片，取得了社会效益和经济效益的双赢。

三、渠道：强覆盖创建优质电视媒体

卫视上天容易落地难，要真正锻造全国性频道，必需注重覆盖工作。频道的覆盖率不仅关系节目的传播力，还对自身议价能力产生直接影响。

卫视综合实力由多种因素共同决定，渠道通畅程度，或者说覆盖率、观众构成等数据，是其中彰显卫视品牌传播力、影响力和含金量重要指标。

具体而言，从覆盖率方面来说，截至2011年，浙江卫视可接收人口已达9.28亿，牢牢占据省级卫视第一宝座，且除直辖市外，浙江卫视在各类型城市的可接收人口排名也位列省级卫视第一。

浙江卫视全国可接受人口历年增长情况详见表5.3.2所示。浙江卫视在不同类型城市可接收人口及排名详见表5.3.3所示。

表5.3.2 浙江卫视全国可接受人口历年增长情况

	可接收人口（万人）	可接收人口比上年增加（万人）	可接收率（%）	可接收率比上年增加（百分点）
2008年	83314.4	3485.2	66.4	3.4
2009年	86734.5	3420.1	68.2	1.8
2010年	88091.0	1356.5	69.2	1.0
2011年	92766.9	4675.9	71.1	1.9

第五章 >>> 整合传播：
浙江卫视的创新品牌传播

表5.3.3 浙江卫视在不同类型城市可接收人口及排名

排名	城市类型	可接收人口（万人）	可接收率（%）
1	县和县级市	48209.9	59.0
1	一般地级市和地区	26675.7	90.0
1	省会和计划单列市	10145.2	93.8
9	直辖市	7736.1	91.6

数据来源：北京美兰德媒体传媒有限公司

从收视人群方面来说，截至2011年，浙江卫视稳定收视人群已超过1.1亿，位居省级卫视第三。而随着《中国梦想秀》和《中国好声音》的大热，浙江卫视的稳定收视观众数急剧增长。高覆盖率和高稳定收视人群，一方面开拓了节目品牌推广的渠道；另一方面也提升了频道的知名度和影响力，帮助浙江卫视朝着省级卫视综合排名第一的目标迈进。

中国三、四级城镇市场规模巨大，消费增幅较大，已经成为生产商、服务提供商营销的主战场。浙江卫视在全国县域和农村乡镇的覆盖人口达到5.52亿，在省级卫视中排名第一。对于全国性品牌，覆盖范围广的优质电视媒体可以为广告客户提供"一站式服务"，让企业的品牌快速传播到国内市场，并且常常比分地区分散购买成本更低。

除了加强覆盖，浙江卫视十分注意网台联动，打造长尾效应。为形成浙江卫视在互联网的长尾效应，进一步在互联网平台有效推广浙江卫视的优质品牌，网聚海量观众，浙江卫视官方网站借力而为，快速实现品牌和节目的全球化覆盖。在"中国寻亲大会"的活动过程中，网站进行全程网络直播，新浪、搜狐、腾讯、浙江在线也争相加入直播队伍，进行大时段、大容量的网络报道，扩大了活动的影响力；在《我爱记歌词》"全国麦霸城市对决"全国路演活动中，官方网站发起了路演现场照片网络征集活动，各地网友积极参与，上传了万余张现场照片；在电视剧《罗武林向前冲》播出前，与新浪社区合作发起了"网络厨艺大赛"，并举办了"美丽厨娘"的路演决赛。

自2008年起，浙江卫视的网络影响力连续三年荣列《中国电视网络影响力报告》中"中国最具网络影响力的十大省级卫视频道"前三甲。

2009年,浙江卫视推出"生态传播"理念,浙江卫视官方网站推出了"携手你我 共绘蓝天"大型公益植树活动,诚邀网友们加入共建"中国蓝"生态林,实际种植地点选在革命老区延安。活动以网络与现实互动的方式号召亿万网友与浙江卫视共建"中国蓝"生态林,在活动进行过程中,新浪、天涯、搜狐等各大门户网站纷纷加盟支持,网络植树活动的参与网友达一亿人次。

四、促销：概念营销引导消费新概念

概念营销是在对市场需求进行科学预测的基础上,将产品或服务的特点与消费者现实的或潜在的需求紧密融合,通过推出一个特定的概念以引起消费者的关注、认同和共鸣,并萌发对产品的需求。概念营销在策略上综合运用理性宣传和情感诱导的优势互补功能,引导消费新观念,创造产品概念来进行产品促销和创造需求。

概念营销出现在产品极大丰富,竞争同质化的市场阶段。其主要功能在于"贴标签",差异化,使频道形象或栏目以最简洁的方式烙印在观众的脑海,例如看到蓝色,就能联想到浙江卫视,这归功于"中国蓝"概念的强势推广。

2011年,频道提出宣传推广以平台开拓升级为基础,重新梳理并确立主流平媒、门户网站、视频网站的深度合作,深化概念营销和热点塑造,在"中国蓝"品牌、重点活动、电视剧、主持人等项目推广上屡立战功。如连续两季的《中国梦想秀》,以"梦想"概念为主题,成功打响"重聚"品牌,塑造了"保洁叔"、"石油工人"、"漂亮妈妈"、"崔闯"、"波浪三姐妹"等平民明星。第三季又成功打造"凉皮哥八斤"、"绵羊妹妹"、"想爱组合"、"哈佛女孩"等一系列观众喜爱的典型人物。《中国好声音》以励志、亲情为内核,成功推出音乐疯子张玮、单亲妈妈王燕、卡车司机曹寅、为父亲唱歌的徐海星等,他们的"好声音"和背后的故事让观众记忆深刻。电视剧推广上,浙江卫视先后推出"谍·战英雄季"、"中国蓝三周年剧献"和"聚星风云季"等电视剧季播品牌,形成了"秒时代"、IPAD2期货、雷剧天下、旗袍文化等一系列营销概念,有效探索了电视剧营销推广新模式。

第五章 >>> **整合传播：**
浙江卫视的创新品牌传播

除此之外，浙江卫视在广告推荐会中充分运用概念营销的理念，每次均结合节目实践言之有物，既给广告主以新奇感，也能柔性地传达频道理念和发展动向。

《中国梦想秀》第三季和《中国好声音》开播大热，梦想的理念深入人心，获得各个层面观众的认可。广告部门抓住时机，适时召开广告推荐会，主动出击，让广告推荐充满"公益"和"梦想"的温情。据悉，随着《中国好声音》节目影响力和收视率的不断提升，不少广告商临时修改或增加对节目的广告投放量，广告位竞争激烈。在《中国好声音》巅峰之夜钻石广告位招标会上，聚集了全国600多位广告客商，现场气氛热烈，高潮迭起。结果"巅峰之夜"广告位总共12条广告拍得1110万元，最高的一条116万元。推荐会取得良好反应，客观上推高了标杆栏目的议价能力，也通过概念营销让广告主易于接受、乐于接受与"中国蓝"的深度合作。

综上，在广告营销方面，浙江卫视充分启动"巧实力"撬动市场，将充盈物质利益、等价交换原则的广告场域变成频道理念宣扬的第二条战线，将卖"货物"（时段）转变为卖理念、卖服务，得到了广告主的认同。

第四节 衍生产品拓展品牌外延

美国著名经济学家艾·里斯曾经说过："若是撰述美国过去十年的营销史，最具有意义的趋势就是延伸品牌线。"据统计，过去十年中，美国新崛起的知名品牌，有2/3是靠品牌延伸成功的。[1] 品牌延伸是企业推出新产品，快速扩大市场的有力手段，是企业对品牌无形资产的充分发掘和战略性运用。

浙江卫视"中国蓝"四年来，巧用标杆栏目产生的"长尾"效应，迅速而适时的衍生创新节目形态，整合优势资源。同时，着力打造蓝巨星公司，以此为母体介入视听制作环节。

一、整合优势资源、开拓衍生栏目

浙江卫视标杆栏目《中国梦想秀》和《中国好声音》取得了空前的反响，浙江卫视巧妙利用标杆栏目产生的影响力，在源节目的基础上，低成本整

---

[1] 张春鄂：《品牌延伸的类型与利益风险分析》，载《经济师》2011年第1期，第278页。

合优势资源，创造性的衍生新的栏目或大型行动，形成视听节目的"长尾效应"。

浙江卫视在《中国梦想秀》之后，推出大型公益活动，《红舞鞋"1+1"爱心公益计划》，这项活动由"青春梦想"主持人伊一担纲发起，活动内容纯粹而简单：伊一与明星们一起，走进111所山区小学，征集111个舞蹈老师，募集善款111万元，捐助山区学校舞蹈设备，圆11111个山区孩子的跳舞梦想。

借《中国梦想秀》的高影响力，浙江卫视还推出了《梦想新生活》，这是一部轻喜剧风格的栏目剧，以单亲父子间的家长里短、寻梦过程为主线，穿插这个时代中最平凡追梦人的故事。《中国梦想秀》节目中的"哈佛女孩"、"凉皮哥八斤"、"雪狼特技队"等追梦人都在这部情景喜剧中有本色出演，还有实力笑星潘长江、综艺小天王陈欢倾情加盟。《梦想新生活》播出后收视率节节攀升，节目播出八集后更是跻身同时段前三。[1]

2012年7月，《中国好声音》火爆荧屏，浙江卫视在《中国好声音》节目的基础上适时推出了《舞动好声音》和《酷我真声音》两档衍生节目。

《舞动好声音》节目以寻找中国最好舞者为宗旨。最后的优秀舞者，将有机会和《中国好声音》学员一起参加《中国好声音》的全国巡回演出。该栏目由伊一主持，邀请扬扬、林依轮为导师，节目规则与《中国好声音》相似，"舞蹈"是唯一的标准。节目中学员以《中国好声音》的演唱歌曲为背景音乐，表演自创舞蹈。导师通过亮灯选择青睐的学员，然后再组队进行比拼。节目剪辑很有特色，在学员跳舞时穿插《中国好声音》学员演唱的场景，把不同时空融合在一起，让观众体验穿越时空式的视听享受。

《酷我真声音》由《中国好声音》节目中的导师杨坤担当主持，是一档面向"好声音"学员的访谈节目。紧随《中国好声音》之后播出，每期10分钟。节目针对社会各界对好声音学员的质疑直面访谈学员。节目既回应了观众和网友的质疑，展示了学员们生活中真实的一面，体现了对选手的尊重，同时也弥补了在专业性很强的《中国好声音》节目中不宜讲述太多故事的遗憾，成为真性情流露的另一阵地。

浙江卫视的电视衍生产品详见表5.4.1所示。

---

[1] http://www.cztv.com/s/2011/life/new/2012/07/2012-07-313494413.htm

第五章 >>> **整合传播：**
浙江卫视的创新品牌传播

表 5.4.1 电视衍生产品一览表

源栏目	衍生栏目或大型行动	链接点
《越跳越美丽》	《舞动 1 加 1》	伊一带领《越跳越美丽》中的"胖胖们"跳减肥操，辅以"胖胖们"努力奋斗的背后故事。
《中国梦想秀》	《红舞鞋"1+1"爱心公益计划》	伊一和《中国梦想秀》中明星一起募捐，圆山区 1111 名孩子跳舞梦想。
	《梦想新生活》	普通人追梦的轻喜剧，《中国梦想秀》中的"哈佛女孩"、"凉皮哥八斤"、"雪狼特技队"等追梦人曾在栏目中有本色出演。
《中国好声音》	《舞动好声音》	以《中国好声音》学员演唱歌曲为背景音乐，寻找中国最好舞者。
	《酷我真声音》	导师杨坤主持，直面访谈《中国好声音》学员。

二、延展视听产品，锻造行业"蓝色巨星"

从上下游关系来看，电视产业链涵盖了节目制作、播出、传输三个主要环节。电视产业链各个环节的开放程度各不相同：制作环节的资本形式最为多样，民营资本占有的比例较高；播出环节的开放程度较低，属于国家管控较严的区域；传输环节则具有明显的自然垄断属性。中国电视产业链的不同开放程度"导致制作、播出和传输等环节的非对称议价能力问题，各个电视产业的参与主体所具有的支配力量差别较为明显"。[1]

根据国际电视产业开发惯例，除新闻节目之外的所有节目元素融入市场、提倡制播分离。例如美国 FCC（美国联邦通讯委员会）从 20 世纪 70 年代初"禁止联播网制作和拥有其自己黄金时间的节目，购买的节目除了播映权以外不得再获得任何利益，不得参与辛迪加出售节目等等"。英国主管部门则要求英国广播公司（BBC）等播出平台至少要将 25% 的节目留给独立电视制作公司。这是打破播出渠道自然垄断和过高市场议价权的方式。

我国的情况略有不同，但在把握舆论引导力的前提下探索制播分离也是现实的产业趋向。目前我国大部分电视台的节目制作部门都开始了公司化的运作，它们或者自己成立制片公司，或者与民营资本牵手成立节目制作公司，

---
[1] 赵曙光：《电视产业链的非对称议价能力及其监管》，载《传媒观察》2006年第4期，第33页。

这些有电视台背景的制片商在市场上与纯粹的民营电视节目制作公司竞争的时候，明显是占据优势地位的，尤其在制作电视栏目方面。[1]

2009年8月，浙江卫视统筹运营蓝巨星国际传媒公司，该公司成为浙江卫视旗下辅助并强化其市场主体地位、实现新闻宣传、广告经营之外品牌衍生产业价值的市场对接机构。

与一般传媒公司相比，蓝巨星拥有与浙江卫视强势播出平台顺畅连结这一无可比拟的优势。而且公司核心团队多来自浙江卫视节目制作和市场推广部门，拥有丰富的工作经验，既能做好媒体社会责任的把关，又能兼顾市场需求，使得节目制作真正实现社会效益和经济效益的统一。

2010年10月，浙江卫视蓝巨星国际传媒重金引进北美当红健康类脱口秀节目《奥兹医生》版权，联手SONY国际影视共同打造《健康最重要》。节目融入了中医等本土化元素，辅以原版大量科研资料，并力邀前凤凰卫视名嘴梁冬担任主持，是中国第一档打通中西医的健康养生电视节目。第一季31期节目平均收视排名已打破浙江卫视同时段除综艺节目外自办栏目收视排名最高纪录。该节目成为中国大陆地区第一档登陆美国《纽约时报》、《亚洲电视周刊》等海外主流报纸、行业权威刊物的电视节目。2010年被国内业界研究者列为当今中国养生节目榜第二名，并被台湾网友列入"台湾大学生最喜爱的大陆电视节目"五强之一。

2011年9月4日，"蓝巨星"推出全新原栏目《有余则成》，邀请被称为"华人管理教育第一人"的知名教育管理专家、学者余世维担纲主持。余世维凭借丰富的讲座经验，在《有余则成》中大玩脱口秀，向观众独家传授"教孩子成才的32招秘技"。这与当年"虎妈"所掀起的育儿方式大争论相映成趣。

蓝巨星国际传媒公司是浙江卫视介入市场化、公司化制作的实践平台。藉此延伸，卫视通过蓝巨星灵活的公司运营，尝试各个领域的发展：精品栏目策划、制作；影视剧投资、拍摄；广告制作、营销；动画片制作、推广；艺人经纪、管理；大型活动承办；电视频道包装；机构宣介推广；动画、节目衍生产品等，基本完成多元化经营的铺陈打造。

公司脱胎于频道母体，又在法律上保持独立。这样的设置给蓝巨星公司进退自如的市场地位，也使之拥有与浙江卫视深度节目合作的空间。当然，所谓市场化操作绝非一套班子两块牌子，蓝巨星公司自负盈亏，其制作节目

---

[1] 李良荣、周亭：《打造电视产业链，完善电视产品市场》，载《现代传播》2005年第3期，第18页。

第五章 >>> **整合传播：**
浙江卫视的创新品牌传播

的水准必需达到频道播出要求方可播映，在选题策划、制作精度上浙江卫视都严格把控，保证节目质量。而且蓝巨星必需与市场上其他制作公司同台竞技，从体制设置初始就逼迫她直面竞争、力争上游。

三、拓展媒介产品，开创市场蓝海

多频道时代，播出平台的最大资源是品牌，利用品牌开发衍生产品是盈利的又一来源。例如日本的公共电视台 NHK 和商业电视台富士电视台都拥有自己的 TV STUDIO（电视节目制作主题公园）。参观者不但可以了解电视节目制作的全过程，还可以在公园的商店挑选品种繁多、制作精良的纪念品。这样的品牌拓展方式，既增强了电视台的亲和力，塑造了电视台的形象，又通过门票收入、纪念品的收入令电视台获得了收益。[1]

中国电视市场详见图 5.4.1 所示。

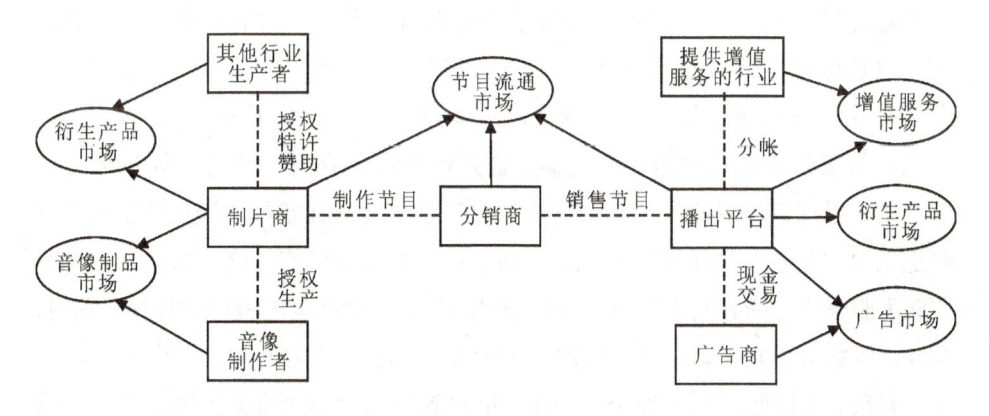

图 5.4.1 中国电视市场示意图[2]

电视机构比较早的产品延伸方式是提供增值服务，比如通过与电信合作开展短信增值服务。在电视节目播出的同时，让观众利用短信的方式参与到与节目内容有关的有奖竞猜，获得的收益电信和电视台双方分账。而其后，开发衍生产品市场可能成为空间更大也更有挑战的领域。

2009 年 9 月 25 日，在《我爱记歌词》"超级领唱争霸赛 7 进 6 决赛"的节目中，

---

[1] 李良荣、周亭：《打造电视产业链 完善电视产品市场》，载《现代传播》2005年第3期(总第134期)，第18页。

[2] 李良荣、周亭：《打造电视产业链 完善电视产品市场》，载《现代传播》2005年第3期(总第134期)，第17页。

浙江卫视推出了娱乐衍生产品——"一枝独秀,我爱记歌词随身唱"。作为全国首款电视节目衍生产品,"我爱记歌词随身唱"仅需将话筒和电视机连接,就满足了广大观众在家K歌的需求。同时,消费者不需要购买大量歌曲碟片,仅用一张SD存储卡就可以点播自己想唱的歌曲。在当晚的节目中,短短的25秒,2009台"我爱记歌词随身唱"就被抢购一空,可见它带给观众的巨大吸引力,而这也让浙江卫视尝到了电视节目衍生产品给节目和频道所带来的甜头。

2009年10月2日,浙江卫视的第一家蓝巨星旗舰店开业。这标志着浙江卫视在全国各卫视中开创了电视衍生产品的先河,同时浙江卫视也将电视衍生产品的开发和销售又推向到了一个新的高潮。

2010年开始,浙江卫视计划用六年时间,斥资上千万为频道吉祥物"蓝巨星"量身打造了一部共6季长达720集的动画片——《蓝巨星和绿豆鲨》。随后,依据该部动画片,开发出相关玩偶和文具产品。

蓝巨星的诞生,主创人员的意象联想来自鲸鱼——大海中最大的哺乳动物,也是地球上最大的哺乳动物,寓意浙江卫视是电视竞争中最具实力的平台。从此这一机智、活泼的小鲸鱼就成为浙江卫视的"形象代言",不仅给小观众带来新奇、有趣的动画故事,也开拓了浙江卫视的衍生产品市场。

第二季《蓝巨星和绿豆鲨之国学课堂》强化海洋元素和中国传统文化,在有趣生动的故事中传达科学知识、生活常识,并传承民族文化。2011年,制作团队大胆采用与国际同步的3D立体高清技术,意图抢占国内3D电视市场。届时,观众可以戴着3D立体眼镜在家观看3D版的《蓝巨星和绿豆鲨之国学课堂》。

目前,通过蓝巨星卡通公仔、蓝巨星文具系列、"我爱记歌词随身唱"、《我爱记歌词》中大众领唱天悦、袁野、凌晗等人的个人CD、华少编写的《我爱记歌词里的文学蜜饯》、各位当家主持的卡通LOGO T恤等,这些原本与电视节目并不相干的产品,融合成"中国蓝"富有特色的时尚商品。这些商品的开发不仅逐渐丰富了"中国蓝"旗舰店的货架,还通过多种载体传播频道品牌形象,打造了一个集主持人、艺人、节目、栏目于一体的立体信息场。

至此,浙江卫视通过品牌栏目、品牌主持人、品牌活动、品牌衍生、品牌推广,于五个维度共同构筑"中国蓝"品牌。这五个方面相互渗透,共融共生,不断丰富"中国蓝"的品牌内涵,形成强大的蓝色气场。

第五章 >>> 整合传播：
浙江卫视的创新品牌传播

· 案例闪回："麦霸"汇英雄

"中国蓝"麦霸风暴

《麦霸英雄汇》是《我爱记歌词》节目的特别活动，以全国各大城市的"麦霸"城际对抗为主线，以"五一"、"十一"长假为据点拉通5—7天进行直播，平均每年2—3季，以记歌词、比音准为主要竞技方式。自2008年"十一"黄金周开启第一季，到2012年5月，《麦霸英雄汇》已经成功举办九季。在全国掀起了"中国蓝"麦霸风暴。

每一季的《麦霸英雄汇》都会创新、吸收新鲜元素：2008年的《麦霸英雄汇》是从《我爱记歌词》衍生而来；2009年开始融入"蓝巨星"、"翻箱子"等元素，让节目内容更加丰满、悬念更多；随后，根据观众参与互动方式的变化，加入观众电话连线出题，之后更是加入网络元素，创造性的演变成网络出题的"微波墙"……

虽然每季节目都有所创新，但《麦霸英雄汇》"全民娱乐、深度互动"的核心理念始终不变，坚守与观众在假期的相约，成为极富影响力的浙江卫视长假黄金周的固定品牌。

一、大型活动急速提升栏目传播力

2008年8月，浙江卫视全面改版确定了"中国蓝"的频道定位后，随即推出全国性的大型活动——《麦霸英雄汇》。在全国各大城市进行路演，并于当年"十一"小长假期间,集中优势力量、重点编排,推出了声势浩大、拉通七天的直播节目《全国城市麦霸对决》。

《全国城市麦霸对决》节目将浙江卫视的综艺影响力上升到一个新的台阶,七天平均收视率达到1.081%,位列全国卫视同时段综艺节目第一。[1]

浙江卫视趁胜追击,从10月到12月,深入全国十六座大城市进行路演,与当地观众"零距离接触、面对面互动"。并于11月、12月再推两季《麦霸城市巅峰对决》。2008年三季19场直播使《我爱记歌词》的品牌价值迅猛提升,品牌影响力迅速跃升至包括香港和台湾地区在内的华语综艺节目前三名,成为浙江卫视第一个真正具有全国影响力的品牌节目。[2]

2009年,《麦霸英雄汇》进一步扩大活动范围,足迹遍布上海、南宁、大连、南京、重庆、天津、北京、沈阳、青岛、南昌、深圳等多个城市,将平民K歌热潮推向了一个巅峰,也让"中国蓝"在全国观众心中留下深刻的印象。

随着活动的做大做强,影响力的扩大,《麦霸英雄汇》已经从《我爱记歌词》的附属产品,变成一个独立且富有影响力的频道品牌活动,直播节目《麦霸城市巅峰对决》、《麦霸英雄汇》也成为浙江卫视王牌节目。

2009年3月2日至3月8日,《麦霸英雄汇》直播周期间,正是一些电视频道热播电视剧《我的团长我的团》之时。最终,《麦霸英雄汇》总决赛以1.42%的平均收视赢得同时段节目收视冠军,比起《我的团长我的团》每晚200多万元的高投入,《麦霸英雄汇》七天总投资不足200万元,可以算的上是性价比高的电视节目了。

二、全民互动深化品牌体验

在电视市场的激烈竞争下,在常规栏目之外开辟大型活动,增加直面观众的机会,加强"用户体验",是深化品牌的一种尝试。《麦霸英雄汇》可以说是浙江卫视"大型活动与名牌栏目互为支撑"的又一经典案例。

1. 活动的可参与性:比记歌词、比音准,不比歌技

唱歌选秀节目是近几年中国电视荧屏上新兴的电视形态,这类选秀节目

---

[1] 俞杭英:《让快乐之火燎原—浙江卫视综艺节目带的崛起和创新》,载《中国广播电视学刊》2009年第9期,第76页。

[2] 俞杭英:《让快乐之火燎原—浙江卫视综艺节目带的崛起和创新》,载《中国广播电视学刊》2009年第9期,第76页。

第五章 >>> **整合传播：**
浙江卫视的创新品牌传播

注重的是选出具有一定歌唱实力的选手，甚至最后能够培养成明星。其实卡拉OK一直以来都是老百姓最熟悉最喜爱的娱乐方式，不管唱得是否动听，快乐就在于亮一嗓子。

《麦霸英雄汇》虽然也是歌唱类节目，但节目定位在"非选秀"，强调的是"全民娱乐、低门槛"，只注重记歌词、比音准，不需要唱的优美动听，节目中融入了"音乐益智"特性，这一基本的理念立刻使《麦霸英雄汇》和所有音乐选秀节目建立起明确的区隔，节目有了自己的特点。

特别是在活动后期，为了让更多的观众有机会到电视上过把歌瘾，活动取消了任何选拔的过程，采用了报名即可参赛的方式。每场比赛按照报名先后，允许200名观众进入演播厅参赛，每一位观众都有可能被主持人随机请上台比拼，不管你五音是否不全、唱歌是否走调。

在《麦霸英雄汇》的各个赛区还出现了很多让人意想不到的情景。**年纪最小的麦霸**：重庆赛区9岁的麦霸周艺星以一曲民谣博得了现场上万名观众的喝彩；**年纪最长的麦霸**：广东土生土长的71岁高龄的邓志兴在赛场深情的演唱了流行歌曲《你是我的玫瑰花》；**最矛盾的麦霸**：外表前卫时尚、颇具西洋风格的短发妹妹，一曲颇显唱功的"青藏高原"让全场震惊；**最"绝"的麦霸**：上海赛区，一位武先生不仅唱歌厉害，其"口技"更是一绝，一曲之后，武先生开起了个人"口技专场秀"，学鸟叫、学小号，学啥像啥……

"平民娱乐、于民同乐"，活动的零门槛，让更多的观众关注活动、参与活动，迅速聚集了人气。

2. 活动的互动性：游戏深化场内互动、连线增强内外互动

自2008年以来，《麦霸英雄汇》已经成功举办了九季。在活动举办过程中，浙江卫视非常注重节目的"与时俱进"，在每季不断增加新的元素，给观众新鲜感。

◆ 场内互动，增强观众的愉悦感

除了固定的记歌词、挑战"蓝巨星"比音准外，浙江卫视在每季麦霸活动中不断开发新比赛规则：和明星比拼开箱子，考验心理素质；接唱观众点播歌曲；突袭KTV等等。这些比赛规则大大提高了观众的卷入度，增加由此带来的快乐。

针对观众参与节目热情日趋高涨，在《麦霸英雄汇》第二季中，节目组研发出一个全新出题方式：点歌通道。这是浙江卫视首推的互动点歌模式，观众只要通过移动、联通、电信编辑短信到指定的信息平台，所点歌曲就可能成为节目现场"麦霸"们面对的考题。这个让观众与麦霸互动的特别模式大大地激发了观众们的参与热情，每次活动，点歌通道几乎被观众们挤爆。

《麦霸英雄汇》的节目中，从头到尾充满着欢乐，而且这种欢乐很多时候是选手、主持人、乐队现场即兴发挥，是发自内心的真诚和快乐。比如，2011年3月4日，在重庆的晋级赛中，一位选手幽默的开篇介绍，让主持人、嘉宾、选手都处在一种互动的快乐中；当选手边舞边唱时，看台上的其他选手和观众也情不自禁为他加油；当主持人介绍"蓝巨星"的时候，现场乐队善意的反复用伴奏音乐作弄他们，因为按照比赛规则出现规定音乐就要做规定的动作造型，整个现场气氛轻松欢乐。

◆ 内外互动，延续人文情怀

为了增加节目的深度互动，节目组充分利用新媒体技术，在近期的《麦霸英雄汇》中创造性的把"微博墙"引入节目。观众在场外不仅可以通过微博点播自己喜爱的歌曲考节目现场的麦霸们，还能通过微博表达自己对节目的喜爱或是点播歌曲后面的故事，给观众更多的表达情感的空间。

《麦霸英雄汇》不仅让平民麦霸唱歌炫技，还力争把平民的喜怒哀乐展现出来，让节目在娱乐的同时延续浙江卫视"蓝"色的人文情怀。在第九季节目中，"微博墙"中一位"天意乱"的网友在微博中说："我是一只小小鸟，想要飞，却怎么也飞不高。习惯每天假装很坚强，可事实上自己很累，很想休息。每次听到赵传的《我是一只小小鸟》，就很受鼓舞，音乐的魅力真大。"另一位点播《至少还有你》歌曲的"谎言的锁"网友留言："每次一个人在家躺在床上，听林忆莲这首歌，眼眶都是红红的，特别是那句：'你掌心的痣，我始终记得在那儿'，一听到这，眼泪就决堤了"……

三、出奇创新，聚集品牌效应

《麦霸英雄汇》的品牌成功得益于卡拉OK在年轻群体中的流行和大众自我展示的欲望升级，得益于2008、2009年全国电视K歌潮的群体效应，同时也得益于节目本身"城际对抗、捍卫城市荣誉"的心理刺激战术。

1. 城市对决："自己人"效应

观众具有"自己人"效应，即受传者在信息接收活动中感到传播者在许

第五章 >>> **整合传播：**
浙江卫视的创新品牌传播

多方面（例如立场、地域、观点、个性等）与自己相似或相同时，会在心里上将其定位为"自己人"，因而提高了传播者的影响力。[1]

《麦霸英雄汇》节目组创造性地利用了观众这一心理，利用参赛队伍的城市，使观众自己对号入座，主动参与节目并成为选手的支持者。让观众不再是电视机前简单的看客，而有一种地域的归属感，对节目、对选手投入情感。

城市概念或地域的归属性是一个快速分类，而且观众很容易主动归属的一种方式。不同于足球、篮球的粉丝，对某一球队的喜爱和支持，需要较长一段时间的了解和培养。电视节目的团队常常是临时组建，如何迅速培养观众对选手的喜爱和支持，地域归属，应该是一个很好的方式。

在《麦霸英雄汇》活动中，常常出现当地的观众积极支持自己城市的麦霸，为他们加油鼓劲的场景。非常有趣的是一些当地媒体也加入到为自己城市选手加油的行列中。2011年8月28日，在成都举行的华西赛区总决赛中，《华西手机报》组织读者俱乐部的热心读者及编辑组成了20人的粉丝团，在现场为成都选手加油助威。同时，数百名读者通过读者俱乐部的QQ群和《华西手机报》官方微博一直关注成都选手的比赛情况。

2. 拉通编播，集聚品牌效应

连续拉通5—7天进行直播，这是《麦霸英雄汇》延续至今的一大特色。在2008年首次推出活动时，连续三个月大时段组织直播活动，更是前所未有。这一大胆的编播方式，将大型活动的集聚效应发挥得淋漓尽致。同时也收获了高收视效果，该节目连续四年位列全国卫视同时段综艺节目收视第一。

在《麦霸英雄汇》的直播节目中，各大城市的麦霸尽显自己的歌艺实力，有青春靓丽型、有搞怪幽默型，整个节目有情节、有细节、又有高潮，可以说是一微型电视剧，很好契合长假期间人们的电视观看心理。浙江卫视在编排上出奇招，最大限度的满足了人们的收视需求。这也是浙江卫视"胸有大格局，出手无定法"理念的又一次成功的实践。

《麦霸英雄汇》是从名牌节目《我爱记歌词》衍生而来的，一度是其附属产品，但其坚持放大自身的特色，如今日益凸显，成为一个独立且富有影响力的节目品牌，为中国电视创新提供了一种启示。

---

[1] 邵培仁：《传播学》，高等教育出版社2000年版，第294页。

第六章
CHAPTER 6

动态管理：
浙江卫视的组织变革制度创新

省级卫视在追求"从优秀到卓越"的过程中，除了关注节目创制和频道推广之外，还必须依靠科学的管理制度打破组织惯性、固化组织优势，将卫视塑造为学习型组织以应对不断变化的市场。

科学管理的重要性自不待言，但建立管理体系的过程却非一蹴而就。因为，管理制度具有时效性，一种管理模式未必适应组织的不同发展阶段；管理制度也具有不同的适用性，即同样的制度体系并非适用每个组织。

由于长期处于事业单位的科层制管理之下，传统媒体封闭内敛的管理烙印依旧存在。特别是电视媒体，承担着重要的宣传任务，所有制度都必须在保证播出安全的前提下进行。如何在这一整体职能规约下引入先进管理制度保证组织创新，需要中国电视机构自身的实践积累方能破题。

浙江卫视自2008年全面改版之后，通过内容改版、组织改制，获得长足发展，一举奠定省级卫视前三的竞争区位。经过四年实践，浙江卫视陆续推出了诸多独具特色的管理制度，为频道的"基业长青"奠定基础。

第一节　卓越的组织变革能力

如果我们将卫视的竞争运营视作在体制内部的一场市场化变革，那如何在保证组织基本属性不变的前提下突破"企业化运营"的边界，就需要组织变革领导力予以保证。因为任何组织变革都会遭遇巨大的阻力，而领导力是克服阻力、推动变革最大的保证。"变革型领导通过让下属意识到自己所承担任务的重要意义，激发其高层次需要，建立相互信任的氛围，促使下属为了组织的利益而牺牲自我利益，并取得超乎预期的结果。"[1]

一、传媒业组织变革的一般性规律

组织变革（organizational change）通常被认为是组织为了适应内外部的环境变化而对自身的目标、结构和其它组成要素做出的各种修改或调整。产品种类创新、技术流程调整、资源配置修改、发展战略重设等都是组织变革的具体表现。

组织变革的发生往往是多种因素共同作用的结果，这其中有来自环境的因素，也有来自组织本身的因素。我们将这些因素统称为组织变革的动力，根据其来源可以将它们进一步分为情景动力（context dynamics）和组织动力（intraorganizational dynamics）两大类（Greenwood &Hinings, 1996）。经典的创业理论将市场竞争视为公司创业的情景动力（Covin& Miles, 1999）。见图 6.1.1 所示。

如果在宏观水平上分析构成组织的事件流（flow of events），组织变革就是在大量重复性组织行为中出现的革命性转变；但如果在微观水平上研究这一现象，就会发现这种变化是由大量繁复和持续的适应性或调整性行为构成的整体（Orlikowski, 1996）。

---

[1] Bass B. M:《"Theory of transformational leadership" redux》,《Leadership Quarterly》, 1995 ,6 (4) :463 - 478.

第六章 >>> 动态管理：
浙江卫视的组织变革制度创新

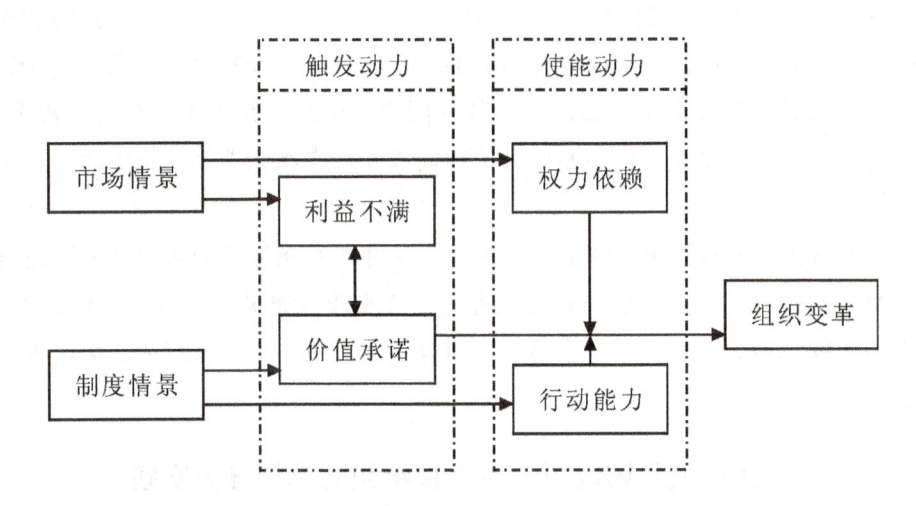

图 6.1.1　Greenwood 与 Hinings（1996）的组织变革动力模型

根据上述理论，传媒组织的竞争加剧提供了组织变革的情景动力，市场情景和制度情景变动的共同作用迫使传媒业实施变革行动以达到新的平衡。

张辉锋在《传媒经济学》中认为，变革的原因来自以下三方面：中国传媒经济市场化程度的加深、投资主体多元化以及中国传媒产业已处于成长期的后期。具体来说表现在：中国传媒经济市场化程度的加深使传媒业的市场独立生存能力面临前所未有的考验；传媒组织投资主体多元化使界定内部产权边界成为其正常运作的前提；中国传媒产业已处于成长期的后期，跑马圈地带来的暴利的消失使其必须苦练内功，内部挖潜。[1]

而组织变革的成功必须依赖卓越的领导力。领导力存在于任何一个组织中，它是现代领导者必修的内功，是领导者获得他人尊重的前提，也是领导者驾驭组织致胜、取得事业成功的关键。特别是组织变革期间，会遇到组织惯性的抵抗，若没有强有力的领导力支撑，变革成功率将大打折扣。

丹尼尔·戈尔曼（Goleman）等在 2002 年曾提出，组织的成长使之需要变化和变革，领导变革于是成为了最重要的领导力。[2] 组织变革无处不在，

---

[1] 张辉锋：《传媒管理学》，中国传媒大学出版社2009年版，第85页。
[2] 唐玲玲：《组织变革领导力的概念模型及其效能机制研究：基于ASD理论的视角》，浙江大学2009年博士学位论文，2010年05期网络出版。

是一个系统、动态的过程，组织的行为或者决策的变动都可以看作是组织变革的一个特定形式，是组织对外在环境变化的反应。美国管理协会的调查（American Management Association，1994）显示，变革成功的要素首先是领导力，随后才是共同价值和沟通等其他因素。因此，在组织变革的过程中，卓越领导力可以带领组织不断壮大，通向成功，在组织遇到危机的时候化险为夷。

当然必须于理论上澄清的是，领导力并非单纯指涉领导人个体，而是管理决策部门的合力。具象到省级卫视的运营实践，如果没有总台/集团领导力的支撑，频道领导力即无法显现。而且在实践中，这两者形成合力，本身无法完全区隔。

二、浙江广电集团统领下的卫视组织变革领导力实践

对于变革领导力，霍普（Hopper）和波特（Potter）认为主要领导者的变革领导力是指建立对未来的愿景，制定战略去实施该愿景，并确保组织中的每一个人为了这个目标而共同努力，并把这个过程称为"情感结盟"。[1]

浙江卫视"蓝色变法"的成功以及之后的高速发展都离不开浙江广电集团的变革领导力，正因为有集团的正确领导以及卫视上行下效的"情感结盟"，浙江卫视才能在短短的四年发展中，异军突起，进入省级卫视"第一阵营"，并向着更高的目标冲刺。

浙江卫视从2008年开始设定了全新的组织愿景，战略的调整迫使整个组织跟进调试。在这个过程中，组织变革领导力成为成败的关键。卫视领导层打破组织惯性，通过制度变革将隐性知识显性化，将浙江卫视团队塑造成学习型组织，增加了组织的适应性和灵活性。其中领导魅力、个性化关怀、感召力都是组织变革成功的重要支撑。

"中国蓝"的持续发展，需要有科学管理制度的支撑，浙江卫视在"蓝色变法"中，打破组织惯性、固化组织优势，将卫视塑造为学习型组织以应对不断变化的市场。

在改制及改人方面，浙江卫视把赏罚分明的激励机制引入了卫视内部，

---

[1] 唐玲玲：《组织变革领导力的概念模型及其效能机制研究：基于ASD理论的视角》，浙江大学2009年博士学位论文，2010年05期网络出版。

第六章 >>> **动态管理：**
　　　　　　浙江卫视的组织变革制度创新

通过典型事件打破组织惯性，在卫视内部全面推行扁平化管理，探索卫视变革能力持续开发的模型。浙江卫视灵活运用绩效考核方式调动所有员工的工作积极性，使他们摆脱过去那种把卫视看作"安稳窝"的思想，真正"活"起来，全力以赴，为卫视的发展各尽其力。

在人事改革过程中，除了重点培养主持人队伍，打造明星主持人外，浙江卫视还创立"首席制"，合理化各部门、各工种的职业生涯规划，真正用对人、留住人。在技术方面，浙江卫视加大资金投入，建立高清演播室，租用直升飞机，在《新闻深一度》栏目中首创三网融合的报道方式，通过网络、卫星、光缆等设备成功实现了主持人、观众和嘉宾的现场互动。

在精神面貌上，在频道"激情文化"的倡导下，所有员工的精神面貌焕然一新，再加之现在浙江卫视600多名员工中，"80后"占了近一半，这些新鲜的血液使得浙江卫视朝气蓬勃，焕发新生。

2011年，浙江卫视在"中国蓝"三周年工作总结大会上提出了"顶层设计、气质锻造、标杆突破、人本管理"的总体规划和"到2015年前实现综合指标全国第一"的目标任务，这些规划的执行、目标的达成，仍然有待于浙江卫视卓越领导力发挥作用。

第二节　系统的组织行为管理

"优秀公司最重要的特色莫过于采取行动。"[1]一个优秀的企业如果只有卓越的领导力，而没有切实贯彻执行的行动力的话，那么再优秀的企业也不可能持续保持竞争优势。浙江卫视在强化组织领导力的同时，非常注重对组织行为的管理、行动效果的评估以及组织文化的培育。因此，在短短的四年时间里，浙江卫视迈入了省级卫视强台之列，开启了"中国蓝"的"梦想"新时代。

一、系统科学的管理制度

浙江卫视在广电集团"明辨坚守，善思笃行"、"做大、做强、做久"等

---

[1]　[美]托马斯·彼得斯、罗伯特·沃特曼：《追求卓越》，戴春平译，中央编译出版社2004年版，第136页。

一系列科学理念的指导下,通过自身的不断实践,逐步整理出一套属于自己的系统科学的管理制度。

1. "三令"强化系统化管理的执行力

在"中国蓝"的变革中,浙江卫视的队伍不断发展壮大,从2008年的300多人扩大到现在的600多人,人员的增加给管理带来了一定的难度。为了更好的管理这支队伍,浙江卫视推出以"嘉奖令"、"处罚令"、"预警令"为核心的"三令"制度。

总监即时"嘉奖令"是指根据浙江卫视工作目标,对做出重大贡献的团队和个人即时嘉奖。如对于高影响力的节目、高贡献力的个人或节目组,卫视不仅在奖金和经费上给予很大支持,还在年终评比、职务晋升、职业培训等方面给予他们优先权。总监嘉奖令的主要目的是促使员工不断创新、积极进取,为浙江卫视的发展奉献实绩。

纠错问责"处罚令"是对在内容导向、屏幕形象、营销推广、技术保障、安全保卫、日常管理等工作中出现的事故、错误、不作为等各类问题,追究个人、团队、相关负责人的责任,轻则扣罚部门、个人奖金和节目经费,重则予以行政处理等。"处罚令"在给犯错者一定处罚的同时,也给其他员工以警示,让员工树立自我约束,自我成长的观念。

重点工作"预警令"是指卫视对重点工作建立倒计时进程表,明确时间节点,让大家对工作的进程一目了然。频道根据每个重点工作的时间节点,阶段性发布预警,跟踪提醒,及时督办。这一指令的颁布重在督促员工注重工作安排,提高工作效益,强调工作执行力。

"三令"制度的实施,为浙江卫视建立了一个管理框架,同时为其他细化管理措施的实行设定了边界。在"三令"制度的基础上,浙江卫视还进一步提出了"三问"新政,一问导向是否严格把关,二问执行是否坚强有力,三问团队是否廉洁自律。"三问"重在自我反思、自我鞭策、自我成长,提高浙江卫视的发展质量。

2. "五申"巩固制度化管理

浙江卫视在宏观上确立制度框架之后,又从微观角度,提出了更为细化的"五申"制度,从把关、品质、品牌、队伍以及廉政等方面出发,让管理更为细致化,具有较强的可操作性。

第六章 >>> 动态管理：
浙江卫视的组织变革制度创新

"五申"制度，具体而言，"一申"导向把关抓审片，即卫视严格实行"导向一票否决制"，任何人、任何节目、任何部门只要导向出现问题，都将从重处罚。浙江卫视所有节目都实行"三级四审制"，任何栏目、任何人必须服从审片小组的审片决定。

"二申"顶层设计抓品质。浙江卫视提出，在集团"合力打造卫视"的战略推动下，在"顶层设计"理念的指导下，再通过三年的努力，到2015年前，成为全省级卫视综合指标排名第一的卫视，使"中国蓝"成为最有价值的领军品牌。

"三申"品牌建设抓标杆。品牌是媒体的核心竞争力，特别是标杆品牌，更具有以一抵十、举足轻重的统领作用，因此，频道在品牌建设上着重抓标杆品牌的打造。其标杆品牌主要包括，新闻标杆品牌《浙江新闻联播》和《新闻深一度》，综艺标杆品牌《中国梦想秀》和《中国好声音》，剧场标杆品牌黄金剧场和自制剧品牌，主持人品牌"青春梦想"组合，人文品牌《艺术：北纬30度》、《人文深呼吸》、《南宋》等。

"四申"队伍建设抓重点。浙江卫视坚持"人才是第一资源"理念，按照"重点岗位重点选拔、全面规划全面盘活、系统设计系统激励"原则，立体化推进人才队伍建设。浙江卫视集中主要精力抓好主持人、新闻采编、综艺研发、节目编排等重要岗位的带头人，尤其加强"80后"年轻人才的培养，从主动招募实习生到新进员工拜师结对，从首席岗位竞聘到制片人、科级干部公开选拔，从创新大会到"试验田"制，从轮岗机制到星级考评等，创建了一个较为科学、完善的人才培养系统，呈现"人人有舞台，个个皆成长"的生动局面。

"五申"廉政建设抓惩防。浙江卫视不断加强民主集中制；加强制度管理，对购剧、落地、广告成本、节目经费、宣传推广、设备采购等数额较大的经费使用，切实做到依法办事、照章办事；加强廉政文化建设，领导干部、重要岗位人员每年不少于一次警示教育。同时，在经费使用上，切实遵循"把钱用在刀刃上"的原则，该用的厉行节俭，不该用的坚决不用。

在"五申"制度细化浙江卫视的管理体系之后，浙江卫视还陆续推出了更为细化的执行措施。这些措施和"三令五申"制度相辅相成，构成了一套完整的管理体系，从宏观和微观两方面入手，为浙江卫视的发展打下了良好的制度基础。

二、宽严并济的人力资源管理

对于一个企业而言,人力资源是第一战略资源,优秀的员工队伍,是企业的核心竞争力。卫视在激烈的竞争中,拼内容、拼品牌、拼营销、拼管理,归根到底,拼的还是人。

浙江卫视在打造"中国蓝"过程中,牢固树立"人才是第一生产力"的战略思想,在人力资源管理上投入了巨大心力,不断调整管理模式,适应日益壮大的组织队伍。

1. 重点岗位重点选拔

浙江卫视在人才资源管理方面非常注重各类人才的选拔,对真正有才能的员工给予快速晋升的机会,为他们的成长提供广阔的发展空间。为此,浙江卫视推出了"首席制"和年轻人选拔机制,同时还进行了以"三能"为核心的人事制度改革,真正做到了重点岗位重点选拔。

"首席制"始于西方,目前已经广泛运用于社会的各个领域。浙江卫视最早将"首席制"应用于新闻中心,评选出首席记者、首席摄像等,取得了良好效果。随后,这一制度被应用于卫视所有部门,设立了"首席广告营销"、"首席主播"、"首席编导"、"首席管理人员"等岗位。这一制度给年轻人提供了展现能力的平台,让他们通过自己的能力去竞聘所在部门的"首席",弱化了"官本位"的思想。在选拔过程中,公开、透明的基本原则以及能上能下的灵活机制,极大激发了员工的工作热情。

2010年,浙江卫视成功举办了第一届"首席竞选活动",在新闻采编、活动策划、综艺创作、营销推广、技术等岗位聘任了九位首席。2011年,浙江卫视传承并升级了这一活动,20位首席人员成功应聘上岗。这些首席人员的选拔,给其他员工树立了良好榜样,以一种"润物细无声"的方式调整了员工的工作态度,形成了团队的良性竞争氛围。

在重点岗位选拔方面,除了"首席制"之外,浙江卫视还推出了以中心推荐和自荐为主的人才选拔制度。每个岗位的竞聘都需要经过数轮投票,竞聘者还需面对所属部门员工公开演讲,回答质询。这样的竞聘方式完全让能力说话,也给年轻干部提供了和团队理念磨合的机会,为他们日后登上重点岗位迅速上手打下基础。

第六章 >>> 动态管理：
浙江卫视的组织变革制度创新

在以上人才选拔制度的基础上，浙江卫视还实施了以"三能"为核心的人事制度改革，以业绩定收入，凭实绩用干部，大胆选拔一批35周岁以下的处级干部和30周岁以下的科级干部。2011年，卫视通过民主推荐、公开竞聘等程序共提任科级干部15位，续聘、调整干部33位。其中，有17位"80后"员工进入管理中层队伍。值得一提的是，在17位"80后"员工中，最年轻的两位，分别是1986年出生的节目中心《快乐蓝天下》制片人和1985年出生的技术中心新闻播出部副主任。

2. 职业规划推陈出新

浙江卫视针对所有员工推出一系列人性化的培训计划和教育方式，力争激发所有员工的潜能，为他们职业生涯规划提供助益。

对于年轻员工的培训，浙江卫视在常规的培训之外，还特别推出一项卓有成效的培训方式——师徒计划。这一计划，将西方"职业指导人计划"和中国传统的"传、帮、带"师徒关系有机结合，效果卓著。

2010年，浙江卫视隆重举办了第一届"青出于蓝"拜师结对仪式，为新进员工一一落实指导老师，共有40对结成了师徒关系。经过一年的发展，年轻员工在师傅的带领下，快速成长起来，为自己的职业生涯规划画上了重要的一笔。2011年，第二届拜师结对活动创新升级，卫视对新入职的27位大学生进行了为期一个月的轮岗培训，在了解他们的实力以及适合的部门后，才最终确认他们的岗位和结对对象。在这次拜师结对中，共有32对师徒成功结对，包括27位新入职的大学生师徒和5对重点岗位师徒。

通过师徒结对活动，浙江卫视中的老员工不仅向新入职者传授专业技能，而且还对他们的工作态度、生活理念等方面进行有益的指导。这对刚刚走出校门的大学生而言，尤为重要。

浙江卫视的员工中年轻人占绝大多数，这就给组织管理提出了更高要求，需要不断根据代际差异进行制度创新。为此，浙江卫视针对年轻人的特点创造性地推出了同事教育、榜样教育和职业教育三种教育方式。

每年浙江卫视都会举行两次同事教育主题活动，引导鼓励全体员工相互学习，共同成长。卫视尤其注重典型人物的榜样作用。比如，新闻中心的年轻记者陈俊，业务能力非常突出，是中国新闻奖二等奖的获得者；同时还是浙江省新闻界捐献造血干细胞和浙江省骨髓捐献史上二度捐献的第一人，被评为"浙江骄傲"年度人物。陈俊曾两次为白血病患者捐献骨髓，第二次捐献时，因为身体不适他对再次捐献有些犹豫，但面对一个急需挽救的生命，最终还是毅然决然的再次捐献了骨髓。针对陈俊的事迹，浙江卫视党总支、共青团纷纷组织座谈会，发出倡议书，号召员工向陈俊学习，取得了非常好的效果。

员工的职业教育，浙江卫视有一系列措施：每年浙江卫视总监、频道党总支书记都会对新入职的员工进行职业教育；每年浙江卫视会对所有员工分批进行业务学习和培训，以适应新形势的需要；每年浙江卫视各部门的"首席"都会与员工交流自己的经验，帮助员工快速提升工作能力。此外，浙江卫视每年还会开展"创新"大赛，给员工充分的展示空间，在帮助员工成长的同时，促进卫视自身的快速发展。

浙江卫视通过一系列的制度和措施为每一个员工制定了行之有效的职业生涯规划，给每个员工足够的成长空间，让他们在浙江卫视这个大家庭中不断成长、成才。

3. 营造激情感恩的团队文化

一个成功的组织离不开团队文化，团队文化是一个组织区别于其他组织最明显的标志之一。

浙江卫视在"励志、勤奋、尽职、感恩"的集团文化和"立志如山、行道如水"的思想行为准则的指导下，坚持以人为本，培育激情感恩的团队文化。经过四年的发展，浙江卫视不仅打造了一支激情飞扬、创新拼搏、励志感恩的电视队伍，同时还营造了激情感恩的团队文化。

1）大型活动保激情

在培养团队文化的过程中，浙江卫视经过不断实践，摸索出了一系列促进团队磨合、促成团队文化的活动和制度。

浙江卫视每年固定举办三项活动，让"激情"深入到每一个员工的心中。一是新春联欢会。每年年终总结大会后，浙江卫视都会举办"浙江卫视新春联欢会"，让大家开开心心"过春晚"，快快乐乐"闹新春"。特别值得注意的是，卫视"春晚"是打破组织科层，集体互动的场域。在这个舞台上，员工可以通过诙谐幽默的方式向领导"谏言"，叹叹苦经、邀邀功劳。在网上广为流传的卫视视觉艺术部新春节目《"中国蓝"买卖》就是其中颇具个性的代表。

第六章 >>> **动态管理：**
浙江卫视的组织变革制度创新

二是职工运动会。每年上半年浙江卫视都会举行运动会。其中既有游泳、篮球、排球等大型团体比赛，也有扑克、拔河等趣味性比赛。通过运动会的形式，鼓励员工积极锻炼身体、增强体魄，同时也强化了团队合作。三是"中国蓝"欢庆周。每年8月份，浙江卫视都会举办"中国蓝"欢庆周活动。包括趣味运动会、篝火晚会等，活动充满趣味，广受欢迎。浙江卫视将延续这个传统，将周年庆活动办成内部互动、与观众互动的大平台。

2）"十有"制度添温情

"十有"制度是指学习业务有人牵头、团队活动有人组织、晚上加班有人服务、出门在外有人关心、心情调试有人辅导、生日节日有人祝福、生病住院有人探望、过年回家有人买票、放弃年休有所补贴、办公环境大有改善。浙江卫视将"十有"伸向卫视的每一个角落，让员工真切的感受到卫视对他们的关注，增强员工的归属感，让品质看得见、幸福摸得着。比如当节目组去阿根廷录制《心跳阿根廷》时，卫视会通过微信给他们送去关怀，提醒在异国他乡要注意人身安全，让他们充分感受到了卫视家人般的关怀；再比如管理中心会在员工加夜班时，为他们准备一碗暖暖的粥，消除他们加班的疲劳。

此外，为了更快、更直接地了解所有员工的工作生活状况，浙江卫视还实施了多层分级的谈话制度，积极解决实际问题、化解内部矛盾，发挥其"润滑"作用，为团队文化的形成提供了更多的保障。浙江卫视通过这些制度，架起了组织和个人交流的桥梁。让组织更加明了员工的需求，为员工创造激情的工作环境。

浙江卫视激情感恩的团队文化通过一系列的活动和制度的有效执行，向着更理想的状态不断靠近。而激情飞扬的人才队伍、感恩尽责的自我约束，以团队的风貌与共识伴生着"中国蓝"的今夕明朝。

三、绩效考核严密量化

在组织的发展过程中，员工工作的好坏、绩效的高低直接影响着组织的整体效率和效益，因此，绩效考核是组织经营管理工作中一项重要任务，是保障并促进组织内部管理机制有序运转，实现组织各项管理目标所必需的一种管理行为。组织实施绩效考核的最终目的是为了改善员工的工作表现，提高员工的工作效率以达到组织的预期目标，并提高员工的满意程度和未来的成就感。

1. 组织绩效考核

电视台内部组织绩效考核主要以节目传播效果评估为基础。电视研究学者陆地认为，中国评估节目的方法、方式和标准经历了一个从政治到经济、从简单到复杂的变化过程。从最早的政治标准第一，到后来的收视率挂帅，中国电视节目评估经历了一个从政治化到市场化的过程。但是，无论是政治标准还是收视率标准，一旦成为唯一标准，节目的评估就会产生异化，就会走向事物发展的反面。[1]

虽然收视率是衡量卫视综合实力的重要指标，但是"唯收视论"却造成了中国电视行业的过度市场化、庸俗化倾向，使得各卫视间竞争的同质化现象加剧，创新性缺乏。因此，建立一个科学的节目评估体系变得格外重要。

浙江卫视在绩效考核过程中着力思考省级卫视群体的媒介使命，贯彻落实频道"顶层设计"战略部署，制定实施了"浙江卫视节目评审办法"，对频道自办节目、频道委托制作节目进行评审。其目的是提高节目品质，推进节目创新，提升节目竞争力，完善节目考核、评价机制。评审以节目导向把握为重点，主要从（1）节目导向、（2）节目品位格调、（3）节目观赏表现、（4）技术质量、（5）节目形式与内容创新五个方面进行考评。

节目评定采取"百分制"，评分结果与当期节目绩效考核挂钩。对于有重大创新等突出成绩的节目，予以特别奖励；对于出现严重问题，评审未通过从而造成不能播出或延误播出的，给与相应的处罚。这样的评审涵盖所有自办节目，播前进行，而且及时兑现。这对节目的导向把握和品质提升发挥了重要作用。

与此同时，浙江卫视还相继推进建设节目评估体系和频道评估体系。这些举措完全顺应了市场的期待和主管部门的期望。

2. 个人绩效考核

员工绩效是指员工在某一时期的工作结果、工作行为及工作态度的总和。[2] 个人绩效考核为更好的实现组织绩效奠定了基础。只有组织中的所有

---

[1] 陆地：《构建科学的电视节目评估体系与博雅榜的价值》，载《南方电视学刊》2012年第1期，第11页。

[2] 廖小青、何家汉：《员工绩效管理系统的设计与实施：人力资源管理实务》，华南理工大学出版社2002年版，第108页。

第六章 >>> 动态管理：
浙江卫视的组织变革制度创新

个人充分发挥自身的能力，形成一个整体，为组织的目标而努力，才能达到最大程度的共赢。

浙江卫视在一系列组织变革中，制定了一套具有自身特色且卓有成效的"星级"考核体系。以星级来考评员工，星级与奖金、福利等挂钩。通过这些考核机制，浙江卫视将每一个员工都纳入到了绩效考核的范畴，激发员工的工作激情，从而不断加速浙江卫视的发展。

对于节目制作人员的考评，浙江卫视实行白、黄、红"三牌警示退出"机制，根据节目表现对制片人和栏目工作人员予以明确的奖罚。除了绩效考核制度之外，浙江卫视还提出针对科级以上干部开展"思想整风"、"岗位承诺公示"、"找差距、求突破"、"进退留转"岗位调整等一系列措施；针对所有员工开展"岗位承诺"和"我为频道献一计"等系列活动，激发员工的创新灵感，帮助频道出谋划策。这一系列制度的实施，确定了"能上能下"的工作氛围，强调了敬岗爱业、感恩励志的工作作风。

为增强浙江卫视的活力和创新能力，浙江卫视要求每年的"十佳"员工评选中，在创新领域有重要贡献的人员至少要占到三位以上；首席员工评选要以创新能力作为重要衡量标准；每季度频道大会至少安排一位创新骨干发言，交流创新经验。此外，浙江卫视还坚持加强思想政治和廉洁自律教育，对重要岗位的相关人员，由卫视党总支牵头，经常性开展交流谈心、法律讲座、参观监狱等活动。对购剧、广告、落地覆盖、技术采购、栏目等经费使用严格审计，定期抽查，通过电话询问合作公司或单位，营造更强烈的廉洁自律氛围。

四年来，浙江卫视在一系列行之有效的绩效考核制度下，获得了高速的发展，培养出了一支朝气蓬勃、锐意进取的人才队伍。在卓越领导力、脚踏实地的执行力以及系统科学的管理制度之下，浙江卫视顺利迈进省级卫视"第一阵营"，知名度、影响力不断提升。

第三节　战略性组织动态能力开发

"在当今动荡环境下，竞争优势来自于动态能力。"[1] 迅速变化的市场、激烈的竞争，使得"一招常鲜"式的管理模式无以为继。省级卫视要想保持长期的竞争优势，就必须从组织战略管理的高度开发组织变革动态能力，调整自己的状态去适应外界环境的变化、捕捉市场稍纵即逝的机会。

一、组织动态能力概述

动态能力的概念最早由蒂斯和皮萨诺（Teece&Pisano）于1994年提出。蒂斯等人(1997)把动态能力定义为：企业整合、建立、重构企业内外资源、能力以适应快速变化的环境的能力。他认为动态能力可以使企业获取新的竞争优势。

动态能力包括两个关键的部分："动态"强调组织更新、学习能力以获取对变化的环境不断的适应；"能力"强调了战略管理的关键作用，表现在整合、重构组织内外的资源、技能与能力来适应环境变化的要求。[2]

组织动态能力的形成是多种因素共同作用的结果。宏观上包括知识、能力、学习等，而微观上则包括管理者的整合能力、外部联系、过往的经验，等等。董俊武等（2004）认为组织知识是动态能力的基础，环境的变化要求企业知识的变化，企业改变能力的过程就是追寻新知识的过程。[3] 王核成等（2005）认为动态能力是更新企业能力的能力，企业在现有能力的基础上，不断地进行学习和探究，对现有的硬能力和软能力整合与重构，形成企业独特的能力（动态能力）。[4]

关于动态能力的构成维度划分，学界的态度不尽相同。蒂斯等（1997）

---

[1] 林萍：《组织动态能力的构成和作用的实证研究》载《第三届（2008）中国管理学年会论文集》，2008年。

[2] Teece,D1J., Pisano, G., and Shuen, A Dynamic capabilities and strategic management.Strategic Management Journal, 1997, 18 (7): 509-533.

[3] 董俊武、黄江圳、陈震红：《基于知识的动态能力演化模型研究》，载《中国工业经济》2004年第2期。

[4] 王核成、吴雪敏：《动态能力形成过程分析》，载《商业研究》2005年第12期。

第六章 >>> 动态管理：
浙江卫视的组织变革制度创新

提出了动态能力的 3 个维度：流程、位势和路径。[1] 郑刚等（2006）分析了动态能力的 4 个构成维度：组织文化维度、组织过程维度、资产和技术维度、成长路径维度。[2] 贺小刚等(2006)通过理论分析界定了动态能力的六个维度：客户价值导向、技术及其支持系统、组织机构支持系统、制度支持机制、更新动力、战略隔绝机制。[3] 而这些维度细化到不同组织中，可以有不同的构成维度，这些维度的细分整合架构出了一个动态能力的运作和发展过程。

Teece 等（1997）提出的动态能力构成详见表 6.3.1 所示。

表 6.3.1　Teece 等（1997）提出的动态能力构成表

动态能力维度	各维度的角色或构成要素
过程（process）	—协调 / 整合（coordination/integration） —学习（learning） —资源重构（reconfiguration and transformation）
位置（position）	—技术性资产（technological assets） —互补性资产（complementary assets） —财务资产（financial assets） —名誉资产（reputational assets） —结构性资产（structural assets） —制度性资产（institutional assets） —市场资产（market assets） —组织边界（organizational boundaries）
路径（path）	—路径依赖（path dependency） —技术机会（technology opportunity）

组织动态能力是一个不断发展完善的过程，它与组织领导力、科学系统的管理体系以及组织行动力共同构成了一个组织发展的整体。不过要明确的

---

[1] Teece,D1J., Pisano, G., and Shuen, A Dynamic capabilities and strategic management. Strategic Management Journal, 1997, 18 (7): 509-533.
[2] 郑刚、颜宏亮、王斌：《动态能力的构成维度及特征研究》，载《科技进步与对策》2007年第3期，第90—93页。
[3] 贺小刚、李新春：《动态能力的测量与功效:基于中国经验的实证研究》，载《管理世界》2006年第3期，第94—103、113、171页。

一点是，并非所有的组织都能上升到动态能力层面。克里斯（Collis，1994）认为企业能力是一个层阶，第一层称为"零阶能力"，是一种均衡状态下的能力。[1] 温特（Winter，2003）认为这种能力是"现在怎样维持生存"的能力。[2] 而动态能力是"高阶能力"，是组织在解决生存问题之后才能具备的能力。能力分阶详见图6.3.2所示。

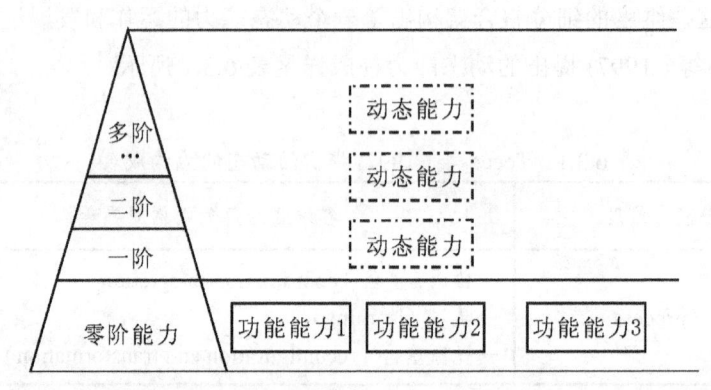

资料来源：参考 Sidney G Winter：Understanding dynamic capabilities，Strategic Management Joumal，2003,24（10）：991-995，略加修改。

图 6.3.2　能力分阶图

"竞争战略之父"迈克尔•波特在其1980年出版的《竞争战略》一书中，总结出了五种竞争力，即同行业竞争者，供应商的议价能力，购买者的议价能力，潜在进入者威胁，替代品威胁。这五种竞争力细化到卫视中，可以分为同行业竞争者、制片方的议价能力、广告商的议价能力、不同阶层卫视的威胁以及同一阶层卫视的威胁。在省级卫视的竞争中，那些还处于追寻"如何生存"阶段的卫视基本没有具备上述的五种竞争力，因此也就处在了"零阶能力"阶段，还无法达到战略层次的"高阶能力"（动态能力）阶段。

细化到浙江卫视自身来说，经过多年的发展，已经具备了上述五种竞争力，成功跨过"零阶能力"阶段，进入到了战略层次的"高阶能力"（动态能力）阶段。

---

[1] Collis,D.J.ResearehNote:HowValuableareo aniZationalCaPabilities?.Strategie Management Joumal, 1994, 15,(W):143-152.

[2] Winter,5.G.UnderstandingDynamieCaPabilities.StrategieManagementJournal,2003, 24(10):991-995.

第六章 >>> 动态管理：
浙江卫视的组织变革制度创新

二、浙江卫视的动态能力模型

浙江卫视"中国蓝"经过四年的发展，逐步探索出一套适应电视行业的动态能力模型。以动态能力划分维度为框架，以自身组织特点为基础，以传媒组织变革的一般规律为考量，浙江卫视的动态能力模型以"感知—捕捉—转化"为主要逻辑线索。

从宏观上来看，浙江卫视的整体战略管理无不实践着"感知—捕捉—转化"三个过程。在"争创一流，挺进前三"阶段，浙江卫视管理层在感知到后奥运时代省级卫视重新洗牌的时代机遇之后切实扑捉到这一机会，抓住组织市场化革新和品牌化营建这些管理重点，通过强有力的改版、改制式的变革打破组织惯性，调动所有管理杠杆让组织形成新的知识体系，从而将这一战略思维"转化"至日常运营和管理中。而在"生态传播"时期，浙江卫视基于市场对泛娱乐化的批判态度，迅速发起节目战略调整，在这一革新过程中转化的新型节目创制宗旨和模式为随后浙江卫视节目气质提升提供基础。而顶层设计、电视大片时期的战略调整，仍然是浙江卫视基于市场新的文化需求所进行的感知和机会捕捉，而快速将节目创制技巧类的经验融入组织文化，形成全新的组织目标、提炼卓越的组织信念、确立系统科学的管理体制则成为这一动态过程的"转化"重点。

动态能力"感知—捕捉—转化"的过程如同三个相互咬合的齿轮，是一个永动机制。即上一轮"转化"的成果会成为下一轮变革的"感知"基础，由此组织通过动态管理不断提升高阶能力。

浙江卫视动态能力模型详见图 6.3.3 所示。

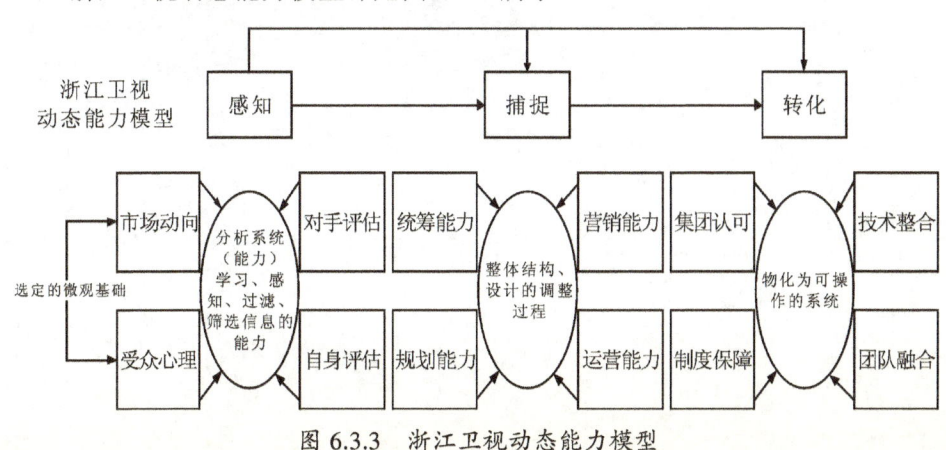

图 6.3.3 浙江卫视动态能力模型

中国蓝：省级卫视创新发展的浙江实践

　　从微观角度来看，浙江卫视每一个栏目的创制都考验着组织的动态能力。感知是整个过程中最初的一环，敏锐的市场感知能力是组织运营管理的基础。在浙江卫视的所有栏目中，《我爱记歌词》可以说是浙江卫视"感知"的典范。音乐栏目一直是综艺节目的重要组成部分，但如何丰富音乐节目内涵以适应观众欣赏旨趣的变迁，是一个不同阶段会有不同答案的开放性问题。2008年，浙江卫视在"草根"文化兴起和K歌业已成风的当下，敏锐感知市场动向，成功改版《我爱记歌词》，满足了观众渴望在舞台上歌唱展示自我的心理，将音乐节目真正拉至"零门槛"。之后，浙江卫视运用良好的统筹、规划能力进一步"捕捉"市场机会，推出了《麦霸英雄汇》将整个节目推向全国，真正打造出了一个具有全国影响力的综艺节目品牌。走过了"感知"和"捕捉"之后，浙江卫视将唱歌这一元素全面拉通，相继推出了《我是大评委》、《爱唱才会赢》等一系列以音乐表演为主元素的节目，形成了"综艺纵贯线"，稳固了浙江卫视在"平民K歌"节目风潮中的绝对地位，也将综艺创制能力"转化"至团队的核心能力中。可以说，没有那一轮的动态能力转化，也不会有现在《中国好声音》在音乐栏目的全面革新状态。

　　在"感知—捕捉—转化"动态能力模型的驱动下，浙江卫视推陈出新、积极进取，打造出了属于自己的标杆类栏目。而借助这一系列标杆栏目，浙江卫视鲜明的"蓝色"特征、"中国第一梦想频道"的称号都得到了有效的传递，走进了全国观众的心中，为浙江卫视未来的发展奠定了扎实的基础。

第六章 >>> **动态管理：**
　　　　　　浙江卫视的组织变革制度创新

・案例闪回：师徒计划

"青出于蓝"师徒计划

浙江卫视一直都非常注重人才的培养，特别是自 2008 年后，更是把培养一支有组织、有纪律、有能力、有激情的队伍放在了工作的重中之重。而在浙江卫视提出的一系列人才培养计划中，师徒计划可以说是最具特色的人才培养计划之一。

自 2010 年开始，浙江卫视已经连续三年在组织内部开展"青出于蓝"师徒结对计划，为新入职员工配对导师，以一年为期进行职业指导和心理支持。导师会根据新入员工的个人特性有针对性的加以辅导，帮助其更好的适应工作环境；而新入职员也可以从自己的导师身上学到专业技能，交流实践经验和人生体味。

一、"师徒计划"的产生背景

1. 理论背景

指导人计划指的是，一个在组织中更有经验的员工向经验不那么充分的员工，即学徒，提供支持（Kram, 1985）。

指导者一般被感知为组织中层级高于被指导者的个体，而他/她的作用除了工作技能的师徒传承，还在于让新进者了解组织内部正式或非正式的微妙关系，这是未来的管理者能够通过组织政治取得事业成功的保证。指导人计划，首先指导人会成为信息交换和知识获取的来源机制 (Mullen, 1994)；指导人亦会提供进入社会网络的途径，包括提供普通交流渠道无法获取的知识库；进入类似的社会网络，给被指导人向组织决策制定者展示才华和技能的机会。其次，指导人展示了组织内有效行为的规则，通过友谊、咨询和接受等行为，指导人帮助被指导人发展关于专业能力和自尊感以达致职业成功 (Kram,1985)。这一计划在企业领域的广泛运用，展现了其有力高效的一面，引起了其他行业的广泛关注。

2. 现实背景

自 2008 年 8 月"蓝色变法"后，浙江卫视高速发展，位列省级卫视前三强。浙江卫视高速发展的背后是所有员工的辛勤付出，而随着影响力和知名度的不断提升，浙江卫视对人才的需求量也日益加大。

对人员数量和素质要求的提高，带来更多的管理难题。而媒介组织的工作特殊性，使得学校很难成为媒介人才培养的最终环节，工作中的指导成为很多媒介工作者必经的环节。特别是在电视媒体中，由于电视工作属于典型的团队合作型工作，快速融入工作环境、熟练掌握工作技能对新进者尤为重要。传统上，媒介组织会委派老员工为新职员进行指导，结成"师徒关系"。师徒之间的交流和工作合作是媒介技能传承极为重要的方式。

在了解到"指导人计划"在企业领域以及"师徒关系"在媒体组织中的有效性之后，浙江卫视引入"指导人计划"，推出"青出于蓝"师徒结对活动，充分发挥中国传统的师徒"传帮带"效应，把这一计划落到实处，帮助卫视很好的解决了人才培养问题。

二、"师徒计划"的具体运用

浙江卫视将"指导人计划"进行本土化操作，提出了符合浙江卫视内部机制的"1+1+1"人才计划，系统设计，系统激励，为员工多渠道发展铺平道路，在卫视内部形成了一种新的人才培养体系。

在"1+1+1"人才计划中，第一个"1"是指浙江卫视在集团内率先实行专为科级以下员工设立的"首席制"，这一制度的提出为普通员工提供了一个快速晋升的通道，极大激发了他们的工作热情。第二个"1"是指"青出于蓝"师徒制度，即浙江卫视每年为新进员工一一落实指导老师，以"传

第六章 >>> 动态管理：
浙江卫视的组织变革制度创新

帮带"来帮助新进员工快速成才。第三个"1"是指浙江卫视人事部门到全国211重点院校，主动招募实习生，储备人才力量，比如2012年《中国梦想秀》第三季的开播就是在近百名实习生的协助下完成的。在浙江卫视内部，这三个"1"是有效结合的，选出来的首席人员会成为新晋员工的导师，而从全国重点院校招募来的实习生会成为"师徒计划"中的徒弟，三者的有效结合，构成了浙江卫视优秀人才培养体系，实现了浙江卫视人才队伍建设的良性循环。

2010年8月，浙江卫视隆重举办了新进员工入职仪式和"青出于蓝"拜师结对仪式，在这个仪式上有40对新老员工结成了师徒关系。同年，浙江卫视九位德才兼备、年轻有为的员工被聘为"首席"，而在这九位"首席"中有五位成为了师徒计划中的师傅，他们的加入使得"师徒计划"的成效更加显著。经过一年的发展，首届师徒结对活动效果显著，在卫视的内部引起了极大关注。浙江卫视根据"师徒结对"的成果，评出了第一届明星师徒，希望通过明星师徒的评比，将"师徒计划"的成效扩展开去，使得"师徒计划"更加深入人心。

2011年10月15日，浙江卫视隆重举行了第二届"青出于蓝"拜师结对仪式，27对新进大学生师徒和五对浙江卫视重点岗位师徒成功结对。为确保第二届拜师结对活动创新升级，突出实效，浙江卫视前期做了大量的调查筹备工作，专门设立师徒跟踪回访制度，通过谈话和测评，深入了解师徒结对的实际效果。2011年频道首先安排27位大学生进行为期一个月的轮岗培训，在最终明确各自部门和岗位后再定向安排和配备优秀的师傅人选。第二届师徒对子都属于同一个部门或栏目，从事同一个岗位的工作，师徒之间关系更为紧密、"传帮带"效应更为明显。

拜师结对活动是浙江卫视的首创之举，为了将这一活动更好地传承下去，2011年拜师结对仪式在具体环节上动脑筋、下功夫，活动现场颇有亮点。除了传统的敬茶、行礼等项目外，还特设了一面"师徒协议墙"，将师徒协议浓缩为"师傅经"和"弟子规"，对师傅们提出了"德行兼备，以德为先；诲人不倦，桃李满门"等具体要求，同时也为徒弟们制定了"尊师重道，感恩图报；学而不息，青出于蓝"等规矩，通过师徒双方的庄重签字，让大家明确各自的责任和义务。

经过两年的实践，浙江卫视的"师徒计划"取得了很大成效，不少徒弟在师傅的帮助、指导下，已经成为所在部门的骨干力量。"师徒计划"不仅仅只惠及结对的员工，她还在频道内部树立了老员工帮助新员工，大家互相学习、互相帮助、共同进步的风气。特别是对于所有新入职的员工，能够尽快了解基本的组织行为规范，为他们后续的职业成功提供了保障。

浙江卫视"师徒计划"的成功，得到浙江广电集团领导的肯定，目前集团内多个电视频道也开始学习这一管理举措。希望通过这一措施，提高员工的专业水准、实践能力和应对各类问题的能力，在激烈的电视媒体竞争中，获得主动权，占据一席之地。

梦想与现实的对话

后记 POSTSCRIPT

2012，与梦想的力量不期而遇。

2012年6月29日，《中国梦想秀·梦想盛典》盛大起航。在这个如梦似幻的舞台上，24位追梦人用自身独特的人生故事诠释"有梦想就有未来"。浙江卫视创制团队用美轮美奂的舞美灯光为追梦人打造了专属于他们的梦想舞台，在这个舞台上，他们是明星，是现场千名梦想观察员所选择的梦想代言人。

《梦想盛典》给第三季《中国梦想秀》谱写了华彩唯美的落幕曲，而《中国梦想秀》则给浙江卫视开创了历史，以标杆节目的市场强势地位，获得社会各界的广泛认可。

而之后播出的《中国好声音》，几乎是在大家猝不及防的状态下，完成了它惊艳的首轮亮相，引发了一批文化精英人士热烈追捧。看似简单的创制元素在节目中的有机整合，引发了剧烈的化学反应，让整个社会为之欢呼。《中国好声音》首播之后，收视屡创新高，从第六期开始更是每期破四，稳坐同时段的收视冠军宝座，并位列每周省级卫视所有节目收视率榜首。

《中国好声音》以微博热议为起点，瞬间席卷整个市场。节目播出当晚#中国好声音#新浪微博转发量突破600万次，新浪微博风云榜实时热点排行第一；百度影视热搜榜持续排行第一、实时热点排行第一；截至第六期，视频点击率超过6500万，直逼热门电视连续剧……各种溢美之词呈井喷式上涨，《中国好声音》被网友誉为"2005年以来最值得期待的音乐盛事"和"耳尖上的中国"。

面对上述两档节目，语言常常陷入诠释无力的困境，但他们给予国人的感动却持久绵长。《中国梦想秀》第三季舞台上的平凡追梦人、《中国好声音》中坚守音乐梦想的学员，以他们执着的梦想、达观的人生态度让人肃然起敬，心生感动。同属平凡之人，但他们的话语充满人性睿智、富有生活哲理，闪烁着灵性的光芒。

两档成功节目背后是一个慧眼识梦想、一心为他人圆梦的"第一梦想频道"。从此，综艺节目脱离那些已经造成审美疲劳的视觉缠斗，将震撼与触动从感官推入内心，在充盈的内容与意绪中，重建更加完整与完善的综艺概念：飞驰想象，建造意象，烛照世相。

这是浙江卫视"中国蓝"顶层设计理念的综艺实践，因为"第一梦想频道"和观众彼此间的理解，整个社会通由电视大片所辐射的"正能量"，再次确信只要经过努力不懈的奋斗，便能获得更好地生活。这是两档综艺栏目对传达大爱、传播主流价值的极致实践，是一个频道对自身价值取向的柔性表达，也是我们中国人面对消费社会对人生价值的温情回归。

（一）

浙江卫视在2012年开启了全新的"电视大片"时代，看似偶然的节目成功实则包含了实力平台、实力创制的成功必然。《中国梦想秀》和《中国好声音》在浙江广电集团的合力打造之下，浙江卫视全员投入、全程营销，精心谋划、精良制作，用真诚的创作态度、专业的资源整合能力，打造了省级卫视综艺新标杆。

2012年第二季度，浙江卫视周一至周五的收视排名列省级卫视第一，全季度收视排名第二。《中国梦想秀》11期常规节目播出过程中，先后四次获

>>> 后记
梦想与现实的对话

得国家广电总局发长文表扬。而之后的《中国好声音》更是好评如潮，刚播出不久就赢得了广电总局的两次发文表扬，号召全国卫视学习。这是来自国家主管部门的最高荣誉，表达了国家意志对一档综艺节目价值取向的认可和褒奖。

在第三季《中国梦想秀》策划之初，浙江卫视就预言："中国卫视竞争将进入一个全新格局，中国电视综艺马上要迎来大片时代！"凭借两档目前国人皆耳熟能详的综艺栏目，浙江卫视持续发力，铸就了新一轮的辉煌。而其后紧锣密鼓即将闪亮登场的《与卓越同行》、《艺术：北纬30度》，即将将电视大片理念拓展至财经、人文等节目。在这一轮竞争中，浙江卫视开创了新的创制模式，直接影响了当下电视节目的运营模式，开创了全新的"电视大片时代"。

所谓电视大片，必须承载基于当下中国社会发展实践的价值取向，丰富当代"中国梦"内涵。长期以来我们在中国的电视屏幕看到过多"奇观"式的当代性表达，过度放大转型社会存在的某些弊端，这并不利于中国社会不同阶层的平等对话，也会使中国在国际传播陷入被动，中国人、中国总是留给欧美民众热心权谋、追逐私利的刻板印象，其中有"妖魔化中国"的思维惯性，也有本国媒体对国家形象和社会风貌的狭窄表征。

在《中国梦想秀》的舞台上，我们看到了正面、积极、向上、向善的中国人，这是一群面对生活挑战却始终乐观和坚韧的人，他们代表着我们民族和文明迄今延续的精神脊梁。不贩卖苦难是"梦想秀"近乎严苛的教条，无论追梦人的故事有多悲凉动人，只要被"圆梦大使"和梦想观察团嗅出一丝利欲熏心，梦想的翅膀就不会为之升起。

在《中国好声音》的舞台上，我们看到了单纯、热情、执着、坚毅的中国人，这是一群因为音乐梦想而辛勤努力的年轻人，他们的梦想超越音乐本体展现了当代中国青年的精神价值。而他们身上所流淌出来的无畏气质和勇往直前的精神面貌，激发了全社会的情感共鸣。音乐的梦想没有终点，失败并不代表放弃，离开也不代表终结，只要梦想依旧，路就在前方。

所谓"电视大片"，不是"消费主义社会"浅娱乐的代名词，而要以理想主义的创制内核提亮梦想色彩。消费社会里快感至上、娱乐至死的文化接受方式，技术手段对人文关怀的僭越、工具理性对价值立场的扭曲，已经引发深刻的忧虑。正如浙江卫视节目中心负责人所评价的那样，曾经一段时间里，电视综艺节目过于信奉"娱乐至死"，过分强调"文以载趣"。浙江卫视通过《中国梦想秀》和《中国好声音》希望能够让电视综艺节目回到"文以载道"的方向，在娱乐的同时让大家学会思考。

所谓梦想，首先是一种理想化的生存样态，是对生命尊严的执着坚守。所谓梦想，也是在与现实的充分对话中不断丰满的个人追求。"哈佛女孩"张笑颜说过："我们每个人都经历了'圆梦大使'周立波的'深度拷问'，我们已经在《中国梦想秀》的舞台上，从现实的各个角度去判断梦想与现实的结合度，我们的梦想已经变得清晰，也变得更加接近现实。"所谓梦想，还是失败之后的坦然安适与戮力前行。在《中国好声音》的舞台上，有那么多拥有好声音的学员在现实中一次次错失了实现音乐梦想的机会，但他们没有放弃，最终，在《中国好声音》的舞台上，他们得以华丽绽放。这个舞台所给予他们的不仅仅是万众瞩目，还有个人的成长，让他们坚信只要坚持下去，梦想总会实现。

所谓电视大片，也必须打造极致的视听效果，完成"秀"的基本职能。浙江卫视《中国梦想秀》的舞台上，舞美、灯光、布景、配音，都以打造极致视听效果为目标；每一个机位的选择、每一个画面的剪辑，都行云流水，给人畅快淋漓之感。《中国梦想秀》的圆梦舞台，更是让人叹为观止，超豪华的明星阵容和主持群，以及大气恢弘的室外舞台，都向世人昭告这是代表当下综艺节目最高水平的巨制之一。《中国好声音》则吸收整合了各国《The Voice》版本的长处，舞美设计综合了英、美两个版本的所长，地台是英国版的，背景是美国版的，甚至它的导师转椅也直接从英国空运过来。得益于关注到细节的专业创制态度，《中国好声音》呈现出极致的舞台效果，让所有选手变现了最好的自己。

好莱坞大片能给人带来极致的视觉享受往往在于她对视听技术的持续突破。也许在《中国梦想秀》的舞台上，"秀"并不重要，不少"追梦人"完全没有才艺表演，但是他们背后的故事和梦想通由现代科技突破了一般意义"秀场"文化的规约。而在《中国好声音》的舞台上，没有任何的修饰，选手以最本真的状态出现，但却给人一种超越"秀"的空灵。这是谙熟传媒技术发展的电视机构创制的视觉盛宴，以"润物细无声"的非凡能力传布传播意图。

>>> 后记
梦想与现实的对话

（二）

《中国梦想秀》和《中国好声音》不过是近期浙江卫视节目创制的一个代表，是其标杆突破时期告捷之首战。一档标杆栏目的成功打造离不开背后平台的强力支持。通过《中国梦想秀》和《中国好声音》所掀起的综艺创制改革，浙江卫视"中国蓝"也再次强势进入学术关注焦点。

2008年8月2日，在浙江卫视全体干部员工大会上，浙江广电集团总裁王同元提出"解放思想、提升品牌、激活机制、开创新局"的四点要求。同时，浙江卫视新一届领导班子走马上任。

之后，浙江卫视用22天实现了一场被业界总结为"蓝色变法"的组织变革，将浙江卫视的品牌统一包装为"中国蓝"，通过改版、改制，实践"全力以赴，守正出奇，主攻新闻、综艺，锁定实力观众"的整体策略。

在集团领导的全力支持下，浙江卫视领导层以"胸有大格局，出手无定式"的超常规思维和"守正出奇"的行动策略率领电视浙军"挺进前三 争创一流"。得益于四年的实践，浙江卫视"中国蓝"的内涵经由时空观念再造、均衡发展走生态传播之路、战略设计打造"顶层设计"标杆栏目三个历程，内涵理念有了极大丰富。

从精神气质看，"中国蓝"是海洋经济的文化体现，创业创新和永续发展是其中的内核；从价值理念看，"中国蓝"力图完善社会责任的媒介表征，包容性发展与和谐发展是其中的主线索；从战略路径看，"中国蓝"是现代文化的电视承载，用多元节目表征、引领当代性的价值体系，走现代化、差异化的发展道路是她目前的实践主题。

2011年，浙江卫视提出顶层设计理念，对三年发展过程中出现的问题进行理性反思。2012年，《中国梦想秀》第三季的全新改版和《中国好声音》的横空出世恰可解释为顶层设计理念蕴于节目实践的成功范例。顶层设计希望通过系统构建，使得主流媒体的价值观念和其运营操作有机结合，从而达致体用一致，提高卫视群体发展的质量。这是一个卫视在品牌化初步完成之后，向名牌品质的跃进，原动力在于希望通过综合战略布局提升整体实力，改变卫视竞争资源消耗型发展的窠臼，提炼卫视群体的精神气质。

中国蓝：省级卫视创新发展的浙江实践

浙江卫视"中国蓝"的顶层设计是一种全新的战略设计体系，她的雄心恐怕在于通过系统性设计完善自身组织达致"基业常青"。而号召卫视群体特别是先发卫视在媒介责任规约下思考系统性战略布局，从追求优秀到追求卓越，是"中国蓝"力图在电视历史上书写的全新功绩。

浙江卫视"中国蓝"是一个充满创业创新精神的神奇舞台，四年的发展历程中，她用一个个创新举措给中国的卫视"星空"发出一份份"蓝色宣言"。这是一个值得深描的电视机构，这也是一个业已提供学术抽象可能的强势平台。

由浙江大学牵头，浙江工业大学、浙江省发改委政策研究院等机构全面助力，笔者组织了"中国蓝：省级卫视创新发展的浙江实践"课题组。经过深入访谈和民族志式的观察，对浙江卫视四年来的发展进行了学术梳理与总结。

全书分为两大部分。其中理论部分着力解决三个问题：浙江卫视顶层设计的理念起源、浙江卫视"中国蓝"的理念内涵；浙江卫视顶层设计观的大片实践。第一部分通过对国家文化发展战略、省级卫视群体发展现状的描摹，力图构建分析卫视频道的业界参照系。而后两部分则是对"中国蓝"内涵发展的学术总结。

本书的第二部分是实践部分，主要分析了浙江卫视四年来的内容生产战略，品牌推广策略和科学管理实践，守正出奇也许是浙江卫视上述实践最好的概括。

部分由于观察区域和描述角度的局限，全书仍然无法对浙江卫视"中国蓝"做全视角式的描摹，梳理、概括、总结是其中的主线也是现实写作策略。

《中国梦想秀》和《中国好声音》是对当下中国综艺节目创制元素的一次诗意的凝聚，是对当下中国主流价值观的一次精神的贯注。两档综艺节目体现着一个卫视频道对中国社会、对中国人充满情感的凝视，在个人梦想和现实社会充满张力的对话中，叩问和反思生命尊严和价值取向这些宏大却又有丰富"所指"的命题。

尼采说过，思想家，这意味着：他善于简单的——比事物本身还要简

>>> 后记
梦想与现实的对话

单——对待事物。这也解释了浙江卫视大片创制策略的成功：没有复杂的动机，只有做应做之事、做好应做之事的简单哲学。

都说理想主义者是不可救药的：如果他被扔出了他的天堂，他会再制造出一个理想的地狱。希望中国多些理想主义的个体，多些理想主义的电视频道，构建出一个充满合意、和谐的社会。

赵 瑜

附录
APPENDIX

省级卫视
综合评估研究报告

央视市场研究股份有限公司（CTR）
2012年12月

摘　要

电视频道及其节目评估关乎电视台的价值导向、内容制作、经营管理等，因此一直受到政府主管部门、电视业界以及社会舆论的广泛关注。随着我国电视业市场转型的持续深入，各级电视台对频道自身及电视节目评估的探索和实践从未止步。在新的媒介环境下，面对市场竞争的压力与受众日渐提高的需求，如何更好地平衡社会效益和经济效益，构建一套科学的评估体系来引导、激励电视频道的健康发展，成为摆在电视从业者面前一项亟待解决的新课题。在此背景下，本课题顺应时代要求，以省级卫视综合评估为契机，开始了新媒介时代的综合评估体系研究。

结合国家广电总局关于节目评估工作的相关规定，省级卫视综合评估体系以品质评价为核心内容进行构建，主要从引导力、传播力以及品牌力等主要维度出发，用来评价各省级卫视的社会效果、市场效果以及竞争力。该体系经过业内专家的充分论证与讨论，其中"引导力"测评频道作为党和政府喉舌的功能的体现及发挥程度，主要评估省级卫视是否充分体现出导向立台的频道定位，包括舆论引导、文化引领、政策响应三个指标；"传播力"评估省级卫视全国传播的规模和效能，主要包括传播效果和二次传播两个方面的指标；"品牌力"评估省级卫视频道的品牌价值和品牌成长性，主要从频道竞争力、内容竞争力、主持人竞争力等三个角度进行评估。

在省级卫视综合评估体系出炉之后，课题组利用该体系对全国31个省级卫视频道进行了评估。在方法论上，课题组采用定性和定量研究相结合的方式，通过观众入户调查、专家调查、收视率调查、覆盖率调查及网络监测等多种方法开展数据采集工作，通过科学的调查设计和质量控制手段获取专家、观众对各省级卫视的评价及其他客观数据，最后再经过科学的数据处理工作，最终获得各个省级卫视频道的综合表现以及在引导力、传播力、品牌力等各个方面的表现。

本次调查结果显示，传统强势频道表现突出，新兴强势频道崭露头角。湖南卫视、浙江卫视、江苏卫视、东方卫视和北京卫视等长期保持稳定竞争力的传统强势省级卫视进入前五强，这些频道在引导力、传播力和品牌力等分指标上也均表现较好，体现出全面均衡发展的能力。天津卫视、安徽卫视、山东卫视、江西卫视、黑龙江卫视作为后起之秀，跻身全国卫视第一阵营，排名进入前十强，在引导力、传播力和品牌力方面均有不俗的表现。

湖北卫视、辽宁卫视、广东卫视、云南卫视、四川卫视、东南卫视、旅游卫视、吉林卫视、重庆卫视、河南卫视处于全国卫视第二阵营，近年来品牌成长较快，社会影响力渐显，有较大的提升空间。

贵州卫视、山西卫视、广西卫视、河北卫视、宁夏卫视、陕西卫视、内蒙古卫视、青海卫视、新疆卫视、西藏卫视、甘肃卫视处于全国卫视第三阵营，仍处在品牌建设的初级阶段，在内容创作、品牌形象建设等方面有待实现突破。

此外，由于频道定位和品牌栏目的不同，不同省级卫视频道的竞争优势也不尽相同，在引导力、传播力和品牌力方面的竞争力各有差异。其中，引导力方面，北京卫视、东方卫视、浙江卫视进入前三甲；传播力方面，湖南卫视、江苏卫视、浙江卫视进入前三甲；品牌力方面，湖南卫视、浙江卫视、东方卫视进入前三甲。

综合来看，以引导力、传播力、品牌力为主的综合评估体系，既包含收视率等传播效果指标，也参照了总局从政策层面的管理意见，同时将专家、观众的意见纳入其中，从更为重要的品质评价角度进行考量，多维度地描述与评估媒体的传播价值，全面、准确地反映了频道的发展状况，能促使频道

>>> 附录
省级卫视综合评估研究报告

以新的更加科学的方式重新审视自身,为频道经营管理、内容创新等提供更加有益的参考。

省级卫视综合评估体系的研究与应用将为业界综合评估工作的大范围开展提供良好的示范、引导作用,为全国范围内综合评估工作的广泛开展提供借鉴和参考。

关键词:省级卫视;综合评估;引导力;传播力;品牌力

第1章 绪 论

1.1 研究背景

我国电视节目评估体系的构建，始于上世纪 90 年代末，本世纪伊始，为适应我国电视业市场转型持续发展的要求，各级电视台陆续推出一系列新的管理机制，最具代表性的就是调整节目评估方式。经过十多年的探索和实践，目前已经形成多种范式的节目综合评估体系。

从根本上讲，建构电视节目综合性评估体系体现了鲜明的体制特点和时代烙印。作为社会主义体制而非商业体制下的电视台，承担着推动社会主义文化大发展大繁荣的重要使命，既要服务于社会效益，又要同时兼顾经济效益。因此在评估体系中，除了要有与经济效益密切相关的收视率指标外，还要有能够反映社会效益的指标，要注重评估节目的导向作用及社会影响。就此而言，电视节目评估既是一种效果评估机制，更是一种激励和导向机制[1]。

纵观现存的形态各异的评估诉求和实践方法，一方面，这些评估指标和方法千差万别，尤其在综合评估频道和节目的社会价值和经济价值方面，还存在某种程度的不足或片面性，无法呈现电视媒体"社会效益和经济效益并

---

[1] 刘燕南：《电视节目评估体系解析——模式、动向与思考》，载《现代传播》2011年第1期。

重，以社会效益为先"的属性和功能。另一方面，在统一、适用的综合评估体系缺位的情况下，部分电视媒体过度看重经济效益，以收视率为主导，片面迎合观众需求，忽视媒体社会功能；部分节目娱乐至上，拒绝承载社会责任和主流价值，对电视行业的整体氛围和环境造成了伤害。

广电总局 2011 年 10 月 26 日下发《关于进一步加强电视上星综合频道节目管理的意见》，明确要求"建立科学客观公正的节目综合评估体系"。新的媒介环境下，面对市场竞争的压力与受众日渐提高的需求，如何更好地平衡社会效益和经济效益，构建一套科学的评估体系来引导、激励电视节目的健康发展，实现电视机构在价值导向、内容制作、经营管理等方面的持续完善，成为摆在电视从业者面前一项亟待解决的新课题。

近年来，各电视台尤其是卫视频道已经纷纷开始对原有的评估体系进行重新思考与定位。对于省级卫视频道，与其它各级播出机构一样，已从单一指标、单项实力的竞争转向多元系统、多重实力的角逐，因此构建一套可供卫视进行评估、对比和参照的综合评估体系，势在必行。

央视市场研究股份有限公司（以下简称 CTR）积极响应总局号召，顺应省级卫视综合评估的要求，率先开展相关研究，探索构建全面科学、客观公正且具备示范作用的综合评估体系。历经近一年的反复研讨以及科学的数据采集工作，终于迎来了阶段性的研究成果，构建了一套省级卫视综合评估体系，并应用该体系对全国 31 个省级卫视进行了评估，获得了较大的社会反响。

1.2 研究目的

本课题的研究目的旨在构建全面科学、客观公正且具备示范作用的综合评估体系，为上星综合频道持续打造、不断创制导向有力、内容鲜活、品质上乘、市场叫好的文化产品前置导向、预制规范；同时，通过这一导向、规范的建立、完善及应用，全方位引导上星综合频道营销推广、经营创收、管理升级等各项工作，促进引导力、传播力和品牌力等各项目标综合全面、均衡持续发展，切实肩负起推动社会主义文化大发展大繁荣的时代使命。

> >> **附录**
省级卫视综合评估研究报告

1.3 研究内容

本课题引入质化研究方法，从引导力、传播力、品牌力等多个维度对电视媒体进行研究，探索构建一套科学、合理的卫视综合评估体系，并应用新的评估体系对全国31个省级卫视进行综合评估；此外，还将通过专家调查、观众调查、收视率调查、覆盖率调查以及网络监测等科学的数据采集工作，了解在新的评估标准之下各省级卫视的综合表现及排名，以及在频道、节目、主持人等各层面的表现。

第 2 章　省级卫视综合评估体系

2.1 省级卫视综合评估体系的构建

2.1.1 综合评估体系的定义

上星综合频道综合评估体系（下称"综合评估体系"），是指以市场评价为基础，以社会权威评估机构为主体，以政府积极推动、引导和监督为保证，以观众满意为宗旨的，客观、公正、科学和真实地对上星综合频道的品质、价值和传播效益进行综合性、体系化的评价和估值的，由各类定性和定量的评估活动有机结合而成的整体。

2.1.2 构建综合评估体系的指导思想

以邓小平理论和"三个代表"重要思想为指导，深入贯彻落实科学发展观，按照高举旗帜、围绕大局、服务人民、改革创新的总要求，通过建立和完善科学全面、客观公正的综合评估体系，促进上星综合频道进一步强化社会效益和经济效益有机统一、弘扬主旋律与提倡多样化协调并存、推动文化繁荣与回应时代精神双向融合；进一步提高引导力、传播力和品牌力，促进社会主义核心价值观的生动、有效和广泛传播；进一步发挥引导社会、服务大众、促进发展的作用，从而为提高文化软实力和影响力，实现国家文化发展战略作出新的更大的贡献。

2.1.3 构建综合评估体系的基本原则

1. 全面综合原则

综合评估体系既应包括经济效益的评估，也应包括社会效益的评估；既应包括来自一般观众的评估，也应包括来自主管部门领导、专家等特殊观众的评估；既包括市场层面的客观评估，也应包括非市场层面的主观评估；既包括对单一频道的局部评估，也应包括对同一层级频道的全局比较。只有将上述各方面有机结合起来，才是全面的、综合的、有效的评估。

2. 科学规范原则

综合评估体系要在传播学、营销学、统计学等多学科的理论指导下进行体系建构。要以量化分析为基础，以品质评价为核心，引导力、传播力和品牌力等各项指标设置科学，权重合理，准确反映上星综合频道的实际价值。

3. 客观公正原则

综合评估体系要按照统一的评价标准和公平、规范的评价运作程序，将政府主导、频道自我考核、社会各界评价、专业调查分析四个方面有机结合起来，形成以市场客观评价为基础、以权威调查机构为主体、结合社会主观评定的整体评估机制，确保评估结果的真实性和公正性。

4. 广泛适用原则

综合评估体系将被应用于上星综合频道价值链上的各个环节，这就要求评估的各项标准和方法必须具有广泛的适用性，以此得到主管部门及业内人士的普遍认可。惟有如此，综合评估的最终结果才具有示范性和真实意义。

5. 稳定操作原则

在构建综合评估体系及实施过程中，应对目前既有的各子系列评估指标和方法进行分析，总结经验启示，尊重发展规律，建立起稳定的、具有可操作性的方法体系，并成为可以用来对频道品牌状况分析及品牌战略调整的指导性工具。

> >> **附录**
> 省级卫视综合评估研究报告

2.1.4 省级卫视综合评估体系的构建流程

CTR 在构建综合评估体系及实施过程中，对目前既有的各子系列评估指标和方法进行了分析，总结经验启示，尊重发展规律，建立起稳定的、具有可操作性的方法体系，并成为可以用来对频道品牌状况分析及品牌战略调整的指导性工具。

1. 基础研究阶段

通过专项座谈会、深度访谈等不同形式，广泛吸取媒体专家、价值观研究学者、市场测量与社会调查专家等不同领域内的权威人士的意见和建议，同时开展了针对普通受众基础信息的征询工作。

2. 指标设计阶段

依据全球通用的标准 SMART 原则设计指标。SMART 原则主要体现在五个方面：Specific（具体的）、Measurable（可度量的）、Attainable（可实现的）、Realistic（现实性的）、Time bound（有限的）。

数据采集渠道根据 KPI（企业关键绩效指标）指标设定的可测性和具体性等原则确定选择专家评分、受众调查、网络监测等。

3. 征求意见阶段

广泛听取业界同仁、广电媒体属下各级人员对评估体系方案的意见和建议，在意见和建议基础上进一步完善综合评估体系。

4. 实际试测阶段

通过实际调查和数据结果对评估体系和指标设计的合理性、目的的实现性进行了验证，改进、完善并最终确认综合评估体系。

2.2 省级卫视综合评估体系的具体内容及权重分配

2.2.1 省级卫视综合评估指标体系

省级卫视综合评估体系由三个一级指标所组成，分别是引导力、传播力和品牌力，用来评价各省级卫视的社会效果、市场效果以及竞争力。这三个一级指标被赋予不同的权重，其中引导力占30%，传播力占40%，品牌力占30%（表2-1）。

表 2-1　省级卫视频道综合评估指标体系

指标体系及权重				数据采集渠道
一级指标	二级指标	三级指标	考量维度	
引导力 30%	舆论引导 10%	舆论引导	频道是否传递出权威性、可信性及价值引领等形象	观众调查、专家调查
	文化引领 10%	文化引领	频道节目在传播优秀文化方面的能力	观众调查、专家调查
	政策响应 10%	政策执行度	频道对主管部门政策的执行情况	行业主管部门
传播力 40%	传播效果 32%	覆盖规模	频道的传播范围即频道所能覆盖的电视人口	覆盖率调查
		收视率	频道在全国网（35中心城市）的收视率	收视调查
		忠诚度	频道粘着观众的能力	
		收视份额	频道在全国网（35中心城市）的收视份额	
	二次传播 8%	人际传播力	谈论频道信息的观众比例，考察频道信息的人际传播范围	观众调查
		网络传播力	频道的网络影响力	网络监测*
品牌力 30%	频道竞争力 14%	知名度	知道某频道的观众比例（第一提及）	观众调查
		满意度	观众对各频道的综合满意度评分	
	内容竞争力 10%	频道在不同类型节目上的收视率	分不同节目类型（新闻类、综艺类、专题类、生活服务类、剧场）对频道晚间黄金时段的收视率进行比较	收视调查
		频道在不同类型节目上的观众满意度	观众对频道不同类型节目的综合满意度评分	观众调查
	主持人竞争力 6%	知名度	认为某频道有知名主持人的观众比例	观众调查
		主持人满意度	观众对各频道主持人的综合满意度评分	

注：一级指标和二级指标后面的数字为各指标所占权重。

2.2.2 省级卫视综合评估维度——引导力

"引导力"测评频道作为党和政府喉舌的功能的体现及发挥程度,主要评估省级卫视是否充分体现出导向立台的频道定位。包括舆论引导、文化引领、政策响应三个指标:

1. 舆论引导

评估频道在宣传引导、舆论监督方面的能力,包含权威性、可信性、道德建设、舆论监督等指标。

2. 文化引领

评估频道在传播先进文化方面的能力,主要包括专家和观众对频道品位的评价及频道在传播社会公益方面的表现等。

3. 政策响应

国家行业主管部门对省级卫视日常节目的批评及评价。

2.2.3 省级卫视综合评估维度——传播力

"传播力"评估省级卫视全国传播的规模和效能。主要包括传播效果和二次传播两个方面的指标。

1. 传播效果

对传播效果的衡量主要包括覆盖规模、收视率、忠实度、收视份额等指标。覆盖规模评估频道的传播范围即频道所能覆盖的电视人口;收视率排名从静态绝对量角度反映频道当前的实际收视表现,主要衡量频道在全国网的收视率表现;忠诚度通过收视率与到达率的比值进行考察;收视份额反映频道的市场竞争力。

2. 二次传播

频道信息的二次传播情况反映出频道对观众的吸引力。包含人际传播力、网络传播力等指标。

2.2.4 省级卫视综合评估维度——品牌力

当前媒体竞争已从收视竞争时代开始进入品牌制胜的时代,具备高品牌价值的媒体在未来更能占据竞争的制高点。为规范和引领媒体的健康发展,特设计"品牌力"指标，该指标主要评估省级卫视频道的品牌价值和品牌成长性。主要从频道竞争力、内容竞争力、主持人竞争力等三个角度进行评估。

1. 频道竞争力

多媒体跨角度评估频道品牌价值。包含频道知名度、观众对频道的满意度等指标。

2. 内容竞争力

评估频道在不同类型节目（新闻类、综艺类、专题类、生活服务类、剧场）上的竞争力。包含频道在各类节目上的收视率、观众满意度等指标。

3. 主持人竞争力

评估频道主持人的品牌竞争力，包含主持人知名度、观众对主持人的满意度等指标。

第 3 章 省级卫视综合评估体系的试行和实施情况

3.1 省级卫视综合评估体系的试行和实施方法

3.1.1 数据采集方法

省级卫视综合评估体系确定之后，进入评价体系的试行和实施阶段，该阶段主要通过观众入户调查、专家调查、收视率调查、覆盖率调查及网络监测等方法进行数据采集，通过科学的研究设计和质量控制手段获取观众、专家对各省级卫视的评价及其他客观数据。

1. 观众入户调查

调查执行周期为 2012 年 8 月至 9 月，面向全国 15-69 周岁的电视观众，在全国 35 个中心城市近 500 个抽样点随机抽选被访者；采用问卷调查，以访问员入户面访的方式进行数据采集，执行样本达 5000 个。

2. 专家调查

从专家库中随机抽选 20 位专家参与调查。专家主要来自主管政府部门、专业院校及媒体行业从业人员。为尽量减小因专家个体差异带来的对评估结果的影响，提高整个评估工作的公正性，要求每一位专家均对 31 个省级卫视同时进行评估。采用问卷调查的方式，征集专家对各省级卫视在公信力、文化品位等各方面的评价。

3. 收视率调查

收视率调查数据来源为 CSM 全国测量仪数据,采集周期为 2011 年 10 月 1 日-2012 年 9 月 30 日。

4. 覆盖率调查

覆盖率数据由北京美兰德信息公司负责提供。调研时间为 2012 年 7-8 月份,采用分层不等概率多阶段系统抽样方法进行抽样,面向中国大陆地区(西藏、港澳台地区暂缺),针对当地居住三个月及以上的常住电视人口,以入户访问的形式采集数据。本次调查的抽样点数为 584 个,共获有效问卷 20268 份。

5. 网络监测

"网络影响力"数据来自网络监测结果,指标包含知名度、关注度、收视度、美誉度等,由专业的网络监测机构北京中视动力传媒文化中心提供。

3.1.2 数据处理方法

对于观众调查,观众对各省级卫视公信力、文化品位等引导力指标的看法以及对频道、节目、主持人的满意度,均采用百分制打分的形式进行评价,所有观众样本打分的均值即为某指标的观众得分。此外,对于频道知名度的评价主要来自观众"第一提及"的频道,统计第一提及某频道的观众所占的百分比作为频道的知名度得分;人际传播力由观众对各频道的人际传播广度和深度综合而成,即对某频道进行传播的观众比例及传播程度(百分制打分)。所有观众调查搜集的原始数据均已根据各地区的实际人口规模进行加权处理。

对于专家调查,各频道的各分项指标亦采用百分制打分进行评价,所有专家对某频道评分的均值即为频道在各指标上的专家得分。

最后,为便于对多种量纲的数据进行统一汇总,对各项指标的数据均作了标准化处理,即将数据转换为无量纲化指标评测值,使各指标都处于同一个数量级别上,来进行综合评测分析。

>>> **附录**
省级卫视综合评估研究报告

3.2 省级卫视综合评估体系的试行结果

根据新的综合评估体系，经过一系列科学的数据采集工作以及数据处理工作，全方位、多角度地获得全国31个省级卫视的情况，清晰、完整地反映了各省级卫视的综合实力以及优势、劣势所在。

研究表明，湖南卫视、浙江卫视、江苏卫视、东方卫视、北京卫视、天津卫视、安徽卫视、山东卫视、江西卫视、黑龙江卫视进入十强。

其中，湖南卫视、浙江卫视、江苏卫视、东方卫视、北京卫视等传统强势频道表现突出，高居排行榜前五位，尤以湖南卫视、浙江卫视、江苏卫视表现最佳，在所有省级卫视中，仅此三家综合得分超过90。近年来，在限娱限广的大环境下，省级卫视尤其是湖南卫视、浙江卫视等传统强势频道纷纷调整频道规划和栏目布局，大力进行节目创新，使优秀栏目层出不穷，不仅受到观众、专家的高度认可，也为业界提供了良好的示范效应。例如，湖南卫视作为国内卫视的创新先锋，推出"快乐中国"这一独特的品牌定位，从频道运营理念、资源整合和体系搭建等方面出发，加大对节目创新的投入力度，使优秀栏目大量涌现，创造了良好的社会效益和经济效益；浙江卫视依托本省的文化资源，力推"中国蓝"概念，致力于打造"气质"型频道，涌现出一批具有独特气质和人文价值的高质量栏目，近年来又提出"梦想"呼号，打造中国"第一梦想频道"，不断引领频道和节目朝着更加健康的方向发展。天津卫视、安徽卫视、山东卫视、江西卫视、黑龙江卫视作为后起之秀，跻身全国卫视第一阵营，排名进入前十强的后五名，这些卫视近年来通过调整频道定位战略，打造核心栏目，在引导力、传播力和品牌力方面均有不俗的表现。

湖北卫视、辽宁卫视、广东卫视、云南卫视、四川卫视、东南卫视、旅游卫视、吉林卫视、重庆卫视、河南卫视处于全国卫视第二阵营，近年来品牌成长较快，社会影响力渐显，有较大的提升空间。例如，湖北卫视围绕"中国心•世界观"的频道理念，打造"精神高地"，形成新闻节目带、人文节目带、综合节目带、生活节目带等节目带体系，推出《我爱我的祖国》《天下同名人》等具有一定知名度和影响力的栏目，成长空间较大。

贵州卫视、山西卫视、广西卫视、河北卫视、宁夏卫视、陕西卫视、内蒙古卫视、青海卫视、新疆卫视、西藏卫视、甘肃卫视处于全国卫视第三阵营，综合表现不佳，尤其在传播力和品牌力方面得分较低，仍处在品牌塑造的初级阶段，短期内可能难以突破现有地位。

分指标来看，湖南卫视、浙江卫视、江苏卫视、东方卫视、北京卫视等第一阵营卫视在引导力、传播力、品牌力等方面均表现较好，体现出全面均衡发展的能力；而对于第二阵营、第三阵营的卫视，不难发现，这些卫视在传播力和品牌力方面的表现大都明显弱于引导力，说明这些频道在内容吸引力、品牌塑造等方面还存在较大瓶颈，有待突破。

省级卫视综合评估体系详见图3-1所示，综合得分及排名详见表3-1所示。

图3-1 省级卫生综合评估体系

表3-1 省级卫视综合得分及排名

排名	频道名称	综合得分	引导力	传播力	品牌力
1	湖南卫视	96.5	91.5	98.8	98.5
2	浙江卫视	92.5	92.7	92.7	92.1
3	江苏卫视	91.2	90.0	94.1	88.4
4	东方卫视	89.9	93.0	87.9	89.6
5	北京卫视	88.1	99.3	83.1	83.7
6	天津卫视	85.4	85.6	87.5	82.6
7	安徽卫视	82.6	84.2	85.5	77.2
8	山东卫视	81.8	86.6	85.0	72.9
9	江西卫视	80.4	84.8	80.8	75.3
10	黑龙江卫视	78.2	82.3	77.6	74.7
11	湖北卫视	77.6	83.1	76.2	74.0
12	辽宁卫视	77.3	83.7	74.8	74.3
13	广东卫视	76.2	86.3	72.2	71.3

> >> **附录**
> 省级卫视综合评估研究报告

续表

排名	频道名称	综合得分	一级指标 引导力	传播力	品牌力
14	云南卫视	75.1	81.9	73.5	70.4
15	四川卫视	74.8	76.9	78.4	68.0
16	东南卫视	73.8	85.1	69.8	67.9
17	旅游卫视	73.2	86.7	62.0	74.7
18	吉林卫视	73.0	82.7	66.8	71.6
19	重庆卫视	73.0	84.1	67.8	68.6
20	河南卫视	72.9	80.6	71.1	67.5
21	贵州卫视	72.1	77.3	71.6	67.6
22	山西卫视	70.6	81.3	65.2	67.1
23	广西卫视	70.4	76.6	70.2	64.5
24	河北卫视	70.2	78.1	68.6	64.5
25	宁夏卫视	70.0	79.0	64.4	68.7
26	陕西卫视	69.4	79.6	64.4	66.0
27	内蒙古卫视	68.6	78.8	62.5	66.4
28	青海卫视	68.3	75.4	65.1	65.3
29	新疆卫视	66.8	75.9	62.8	63.1
30	西藏卫视	66.5	76.2	63.8	60.3
31	甘肃卫视	64.1	72.0	61.1	60.3

综合来看，以引导力、传播力、品牌力为主的综合评估体系，既包含收视率等传播效果指标，同时从更为重要的品质评价角度进行考量，多维度地描述与评估媒体的传播价值，全面、准确地反映了频道的发展状况，能促使频道以新的更加科学的方式重新审视自身，为频道经营管理、内容创新等提供更加有益的参考。

结　语

2012年8月28日，广电总局下发《关于建立广播电视节目综合评估体系的指导意见（试行）的通知》，要求对节目和频道进行以品质评价为核心的综合评估，品质评价的内容主要包括思想性、创新性、满意度、专业性、竞争力、融合力等，为电视媒体的发展指明了方向。

此次省级卫视综合评估数据是在广电总局发布指导意见后业界首次发布

的综合评估结果。省级卫视综合评估体系的研究与应用将为业界综合评估工作的大范围开展提供良好的示范、引导作用，促进卫视在社会效益和经济效益等各方面全面、均衡、持续的发展，也为全国范围内综合评估工作的广泛开展提供借鉴和参考。